知財文化論

丸山　亮 著

発明推進協会

はじめに

人間の創造力が発揮される場所には、すべて感動がある。日常の生活を支える技術を生み出し、組織化し、さらに社会の制度を打ち立て国家の運営をはかるまで、創造力を高めながら人間は文化と歴史を積み重ねてきた。このエッセー集は、それを手ぢかにとらえようとして書き綴ったものである。

それぞれのエッセーは、全体で一つの論旨をなすように組み立てられているのではなく、いわば即興性の産物である。折に触れ創造場面に触れる感興が、自然と文章になったといっていい。本書を手にする読者も、気楽に、そうした創造の一端に自らを置く思いを味わってほしいと思う。

執筆期間中、著者は 特許業務法人 共生国際特許事務所 に弁理士として勤務し、世界各地を巡る機会に恵まれた。それは頭上の知識でなく、できるだけ現場で目にした印象を文章の起点とするのに役立った。

さらに著者は、作曲家、マルチメディア・アーティストとしても活動を続け、世界中に友人がいる。このため創作をする側と享受する側の双方の立場を、文章中に盛り込めたと思う。そして、多くの人が知財に興味を持ち、考えたり話し合ったりするきっかけとなるように心がけた。

本書が人間の創造行為に思いを致すとき、いささかでも読者に手がかりを与えることができれば幸いである。

二〇一七年二月

丸山　亮

目次

出典表示の一部については、次のとおり略記しています。
（例）朝日新聞→朝日、日本経済新聞→日経、日刊工業新聞→日刊工業

知財文化論

景観保護と眺望権

国立市の大学通り沿いにできた一八階建てのマンションは、七〇年以上にわたり沿道の地権者が建物の高さを制限し良い景観を守ってきた利益を損なうとして、東京地裁は二〇メートルを超える七階以上の撤去を命じていた。それが先ごろの控訴審判決でひっくり返り、一人ひとりの国民は良効な景観を具体的な権利や利益として自分のものにする地位にないと、景観利益の考え方を退けている。環境の享受に一定の法律的な権利を認めたのは一九七〇年代の日照権が早く、その後は松島や銀閣寺近くの東山の眺めを悪くするという訴訟に理解を示す判決が続いて眺望権が認められる方向にあった。今度の訴訟は眺望まではともかく、景観権を広く認めることはできないという現時点での司法判断を示すものだろう。

景観が広く社会的に保護すべき対象であることに疑いはなく、自治体が制定する景観条例は五百を超えている。これらは自治体に一定地域の建物の用途や高さを制限する権限を与えるものだが、強制力を持たせることが難しく、実効性に乏しい。このため京都の東山地区など、見るも無惨な変わりようだ。こうしたなか、国の主導で良好な景観の形成を目指し、具体的な規制ができる景観法が近く施行される。強制力のある景観計画や景観地区が出現するだろう。景観計画をした地域では、条例を定めて違反行為に変更命令を出すことができるようになる。この景観計画は、地権者の三分の二の同意を得て住民からも提案が可能だ。

環境に係わる権利は人間の働きによって環境が形成されることを考えれば一種の知的財産権とみるこ

とが可能で、しかもそれを享受する権利は人格権でもあろう。この環境権を保全するためにいま日本で環境税の導入が議論されている。これは、たとえば二酸化炭素の排出量に応じて石油や石炭などの化石燃料に課税し、税が転嫁されたことによる価格上昇が燃料消費の抑制に向かうよう促す仕組みだ。ヨーロッパではすでに実施している国が多く、なかでもオランダは運河や河川に汚染物質を流した企業に水質悪化の責めを負わせて課税した結果、排出の削減が進んだことで知られる。地球温暖化の原因となる温室効果ガスの排出規制も同様な効果を期待するものといえる。税収は、水質悪化の防止や温暖化対策など、直接の環境保全に使途を向けるほか、減税に充ててもよい。

ところで眺望という公共財を私的に独占し、他人の眺望を妨げるものには眺望占拠税を課すことにしたらどうだろうか。本来は私的自治に委ねられるべき建築活動に、建築規準法や景観法などつぎつぎとたがをはめられ、このうえ税金まで取られるのはたまったものではないという反対の声が直ちに上がるだろう。また、税だけ払えば他人の眺望を害することが免罪されるという考えにつながるのも困る。けれどもすぐれた眺望はまさに文化の所産であり、知的財産なのだ。

日本の作庭術や建築配置は借景を得意とし、これを妨げないのが共同体の暗黙のルールだったはずである。景観の引用は、公表された著作物を公正な慣行に合致する限り認める著作権の自由引用にも比せられる。

（発明　二〇〇五年一月号）

高層マンションをめぐる訴訟の控訴審判決は、最高裁判決で確定している。二酸化炭素の排出量取引は、今日一般化した。また、眺望占拠税に通じるものとして、タワーマンションの所有者への固定資産税を、高層階ほど増税、低層階ほど減税とする案が検討されている。

マイスターの行方

先ごろテレビで放映されたワグナー（一八一三―一八八三）の楽劇「ニュルンベルクのマイスタージンガー」を見ながら、ドイツのマイスター制度のことをあれこれ考えた。

マイスターはドイツで中世以来の伝統を持つ手工業の親方や名人のことだ。大工、石材加工、家具製造、食肉加工、理髪師など、現在でも四〇種以上で国が開業資格のマイスターを認定している。認定を受けるには親方のもとで徒弟、職人として数年間の修業を続け、親方試験に合格する必要がある。

ところでこの就業期間は、長く特許の保護期間と密接な関係にあった。ドイツ同様、親方制度のあったイギリスの例を見てみよう。一六二四年に発布され、近代特許制度の基礎となる専売条例では、保護の期間が特許状の日付より一四年またはそれ以下と定められた。これは一般国民が事業に習熟するのに必要な期限であるといわれる。当時のイギリスでは親方になるまでの徒弟年限が七年だった。つまり徒弟の七年間、親方の元で基本を学び、さらに七年間の実習を重ねて一般には習熟したとみなされたのだ。これを合計した一四年間が、一九一九年に至るまでイギリス特許の保護期間であり、各国もこれに類似の年限を採っていた（清瀬一郎「特許法原理」、一九二九）。日本も近年まで出願公告から一五年という期間が長く続いたが、今日ＴＲＩＰＳ協定によって、世界はいっせいに出願から二〇年を採用するようになっている。

さて、同一業種の親方と徒弟はギルドと呼ばれる組合を構成する伝統だった。これが新規な発明の保護にはたした役割は複雑だ。イギリスの場合、ギルドは一定の徒弟年限を終えない者には、たとえ技能がすぐれていても新規参入を認めていなかった。このため一三、一四世紀ごろ、イギリス国王が大陸から熟練した職人を招こうとしてもギルドの統制に阻まれるという事態が生じた。そこで国王がギルドに風穴を開け、国内営業の保障を与えたのがいわゆるレターズ・パテントと呼ばれる特許状で、今日に残るパテントの語の由来となっている。もとは公開を意味することばだ。

ギルドは対外的に独占の姿勢を貫いたのに対して、対内的には平等を原則とした。土地所有が平等とされたのをはじめ、新しい発明や発見が、特定の個人に富を集中させないような配慮もした。こうして技術水準の維持が計られる一方では、自由競争が排除され、保守的な性格に傾いていく。

マイスタージンガーというのは、親方たちが中世ドイツで文芸と音楽の運動を担っていた時代の親方歌手を意味する。彼らにはそれぞれの本業以外に作詩・作曲を競い合う文化があった。つまり親方はシンガー・ソングライターでもあった。ワグナーの楽劇に出てくるハンス・ザックスという靴屋の親方は一六世紀に実在した人物で、ザックスの旋律はとくに好まれたという。またザックスはいくつかのギルドに加入していたことも知られている。

楽劇中ハンス・ザックスが歌の規制にしばられ形骸化していく作曲傾向を批判するくだりがあるが、これはワグナーが同時代への批判をハンス・ザックスに仮託したものだろう。

ところで現代に続くドイツのマイスター制度がいま揺れている。欧州連合から参入規制だという批判を浴び、制度を見直すことを求められているのだ（朝日、二〇〇四・一一・二五）。しかし伝統の重みをそう簡単に捨てられるものか、今後の成り行きが注目される。

（二〇〇五年二月号）

ドイツでは二〇一一年、連邦行政裁判所が欧州連合からの参入規制批判にも答える形で「開業にマイスターの資格は必要」とする判決を出した。けれども大量の難民や移民を受け入れながら彼らにどう職を授けるかを考えたとき、高い資格を求めるマイスターの存在が障壁にならないか、再び問われることになるだろう。

文化財の管理権

ルーブル美術館にはナポレオンがエジプトへ遠征した折に持ち帰ったコレクションが多い。ロゼッタストーンや多くのミイラなど。また大英博物館では、以前の植民地でどういう方法によってか手に入れたものが陳列されている。こうした収蔵品が、今日その本来の場所にないのは略奪の結果だとして、返還を求められる場合も出てきた。時にはそれが政治問題となったりする。

日本にも、豊臣秀吉の朝鮮出兵や日韓併合を機会に彼の地の絵画や仏像が多く渡ってきた。略奪もあったろうが換金目当ての持ち出しもあったといわれる。戦後、日韓間にその返還をめぐる対立が生まれ、一九六五年に協定が結ばれて、政府の所有が数百品目引き渡された。けれども民間に渡ったものは返還されておらず、北朝鮮との間でも問題は未解決だ。

最近、日本にある朝鮮文化財を専門にねらった韓国人の窃盗グループが捕まった。兵庫県加古川市の寺から高麗時代の掛け軸などを持ち去ったほか、大阪、愛知でも犯行を重ねていたという。捕まった犯人は「日本が略奪した我が国の文化財を取り返そうと思った」と供述している（朝日、二〇〇四・一一・二五）。こうしたこじつけに対して、朝鮮日報の社説（二〇〇四・一一・一〇）は、「政府が率先して略奪文化財返還への努力をすべきだったところを怠ったため、窃盗犯が文化財を取り戻したと主張する滑稽な世の中になってしまった」と述べている。

有体物の所有権は法律的な問題として帰属が一義的に決定できそうなものだ。戦争などによる財物の移転があったときも、困難な外交交渉を抱えるにせよ、決着がつけられないものではない。ところがこれが文化財となると、ことは簡単でなくなる。単純な時効が働かないのである。これはどうしてであろうか。文化財は、一見個人や特定の集団が所有しているように見えても、それに付着した精神的な価値は、文化を共有する共同体によって認知され、管理されている。かつてゴッホ（一八五三－一八九〇）の絵を購入した日本の実業家が、死んだらこの絵を棺桶に入れてもらいたいと語ったところ、国際的な物議を醸したことがあった。確かに絵自体の所有権は本人にあるとしても、その文化財を生み出した西欧の文化共同体は、そんな処分の仕方を許しがたいと思ったのだ。ゴッホの絵という有体物は日本に移っているにしろ、それを評価し愛好する意識と結ばれた知的財産、つまり、文化の所産を公共のもとに置きたいと望む権利は、持ち続けていると思っている。こうした知的財産の管理権は移転が困難で消尽もしなければ時効もない。その度合いは、民族や地域の文化的なアイデンティティーにかかわると思われるものほど強いだろう。こうして世界各地で、文化財を本国に取り戻そうとする運動が起きている。

日本は一九五四年に「武力紛争の際の文化財の保護のための条約」へ署名しておきながら、これまで国内法の未整備を理由に批准していなかった。それが近く法の整備に合わせて、条約の批准も行われる見通しだ（朝日、二〇〇五・一・一六）。イラク紛争などでは貴重な文化財の国外流出が心配されているが、こうしたものを日本に持ち込ませないためにも、早急に対応策を用意しておくべきだろう。

（二〇〇五年三月号）

武力紛争の際の文化財の保護に関する条約は、日本の法制化を待って、二〇〇七年一二月に発効した。紛争下のアフガニスタンから盗み出されて日本で見つかった仏像や壁画が、これによってアフガニスタンに戻される。

発明の進化

約二千年前に中国で生まれ、世界に広がった鍼灸やマッサージのツボは、各国で違いが出てきているという（朝日、二〇〇五・一・一〇）。例えば、げき門と呼ばれ、動悸などに効くツボは、手首からひじまでを十等分したとき手首側から五分のところを日本と韓国が当てているのに対し、中国ではこれが十二等分のため、日韓より手首側にずれている。約三六〇ある古典的なツボの四分の一にこうした食い違いが見られるようだ。治療法の発明が伝播の過程で風土に適合しながら変異していく。

こういったことがもっと大がかりに起こるのは言語という人類の大発明だろう。印欧語の語族はもともと一つであったものが各地に分散しながら文法の共通性などを残して、今日相互の理解が容易でないところまで進化した。中でもラテン語のようにさらに枝分かれしてイタリア語、フランス語、スペイン語など特徴的な言語になっていったものもある。日本語や朝鮮語とタミル語の類似に注目し、日本語、朝鮮語の起源がタミル語であるという国語学者大野晋（一九一九－二〇〇八）の説は、まだ十分な支持を得ていないようだが、言語の系統進化を考えるうえで刺激的な仮説だろう。

一つの言語も、地理的な隔たりで容易に方言を生む。大河をはさんだ両側や山一つ隔てた谷と谷で言いまわしに差が出てくることはよく知られている。知人のスイス人作曲家はスイスのアルプス狭谷のそうした方言の差を録音して、音楽作品を作った。

言語を記録する字体も、中国は簡体字、香港、台湾は繁体字、日本は独自に簡素化した字体を使うため、今日、その統一は困難になっている。

ところでこうした発明の進化や変異の発生は一直線に進むとは限らない。生物進化のアナロジーでいえば突然変異に相当する事件が起き、それが社会に適合的であれば支持され、旧来のものに置き換わっていく。戦後日本の国字改革はこうして進められたが、中国、韓国はそれぞれ別の道をたどった。適応放散による進化に例えられようか。もっとも、生物界の実態は共生システムによって互いの進化に影響を及ぼしながら安定をめざそうとしている。従って、この共生システムが揺らぐことは生態系全体の揺らぎにつながりかねない。温室トマトの受粉用として一九九二年ごろから輸入されているセイヨウオオマルハナバチは、当初は働きのいい花粉の運び屋として農家に歓迎された。ところが北海道の一部地域で急速な増加が始まり、在来種との置き換わりが認められるに及んで、生態系への悪影響が懸念されている（朝日、二〇〇五・二・一〇）。在来種を輸入種に置き換え受粉を効率化する工夫が、生態系の揺らぎを通じた社会不安も呼びかねないのだ。地球温暖化防止のための京都議定書が発効した。国際社会は温室効果ガスの削減に向けて歩み出す。こうした新しい拘束は、省エネルギーのビジネスを活性化するだろう。一九七〇年代、アメリカでＥＳＣＯ（エネルギー・サービス・カンパニー）というビジネス・モデルが発明された。顧客施設のエネルギー利用状況に応じて省エネの改善策を提案し、契約で効果を保証する。それを国が補助金や税制の優遇で支えるもので、ここへ来て利用が広がっている。新環境に適応してこのビジネスはさらに進化していくだろう。

（二〇〇五年四月号）

京都議定書の発効から一〇年を経過した二〇一五年一二月、パリ議定書が採択された。産業革命前からの平均気温上昇を二度Ｃ未満に抑えるという長期目標や、五年毎の約束草案の見直しなどを規定している。

エミール・ガレとアール・ヌーボー

江戸東京博物館で「フランスの至宝――エミール・ガレ展」を見た。そもそもこの博物館がなぜ近代フランスのガラス工芸家ガレ（一八四六―一九〇四年）を取り上げるのか不思議に思ったが、見応えのある作品群を一巡してガレと日本の接点が少なくないことを知り、この企画に納得した。

ガレはガラス工芸の技法をギリシア・ローマの古代から現代まで時間的、時代的に長いつながりを感じさせながら援用する一方、空間的にもヨーロッパを起点にイスラム世界や日本にまで視野を広げ、その意匠を自らの作品に取り込んでいる。さらに自然界の動植物も彼の好んだモチーフだった。このような時空の広がりが、まずガレの特徴といっていい。

ガレと江戸、東京との接点には広重の浮世絵に見る誇張された遠近法や、明治期、フランスのナンシーに滞在してガレと交流をもった日本人画家、高島北海の水墨画などがある。博物館の展示はそれを確認させるものだったが、一九世紀末にフランスで流行した日本趣味ジャポニスムの反映は、ガレに限ったものではない。また、ガレがアラベスクを取り入れたところでは中東イスラムとも交差し、このようなオリエンタリズムも当時の西欧人の一般的なまなざしだったろう。

それはともかく、ガレが考案した技法は多彩だ。エナメル彩色や、寄木細工にヒントを得たマルケトリーと呼ばれるガラスの切りはめ細工、本来は水晶の彫りに使われていたグラビールという直彫りをガラスに応用したもの、さらにアプリカシオンという塑像の制作に対比されるものなど。ガラスの伝統工芸史を受け継ぎながら、パリ万国博覧会などの場を得て創意が一気に開花した。

ガレの評価が高まるにつれ、彼も模倣や盗用に悩まされることになる。ガレの場合、父親から引き継いだ高級ガラス製品の製造卸業に対応するため、生産部門を下請けに出していた。ガラス本体の製造を委託し、自らは製品に装飾をほどこす部分に深くかかわったようだ。この本体の製造所とそこで働く彩色職人、そしてガレの間では協定書が交わされている。製造所はガレのデザインに基づき、ガレの鋳型を使ってガレの指示のもとに製造すること、彩色職人は新開発の技法、装飾などを他には決して用いず、複製、変形、模倣を行ってはならないという内容だった（エミール・ガレ展カタログ）。それでも技術流出や模倣は起こり、ガレは訴訟で対抗したが、敗訴している。美術の先進国フランスでも知的財産の保護は容易でなかったのだ。

ガレに代表される一九世紀末から二〇世紀初頭にかけての斬新な装飾美術はアール・ヌーボーと呼ばれる。今日パリの地下鉄の入り口を飾る樹木の葉などを鋳込んだ鉄の門はその好例だ。アール・ヌーボーとは新しい芸術を意味するフランス語で、天才的な革新者たちが前時代とは目立って異なる作風を打ち立て、まさに一世を風靡したとき、アール・ヌーボーが出現する。その意味ではバロックからロココへの転換も広い意味ではアール・ヌーボーの到来だったろう。ガレ展と同じころ、東京都現代美術館では「アルス・ノーバ―現代美術と工芸のはざまに」展が開かれた。このアルス・ノーバはラテン語で、同様に新しい芸術を意味する。現代工芸界に新しい徴候を見たための命名という。もともとは一四世紀に出現した音楽の新しい動きを当時の作曲家フィリップ・ド・ビトリが自らを含めて呼んだことばで、前時代の古い芸術アルス・アンティカに対して用いられたのが初めだ。いつの時代にも旧時代とそれを革新する動きはあらゆる分野で認められるのである。

（二〇〇五年五月号）

ブータンの憲法

ヒマラヤ山麓にある王国ブータンが、国の歴史で初めて憲法を作る準備をしている（朝日、二〇〇五・三・一）。立憲君主制や環境保全を明記した成文憲法案が世に問われており、年末には議会でその可否が決められる予定という。立憲君主制を近代国家の一形態としてアジアで最初に確立したのは日本だった。すでに一世紀以上も前の明治一五（一八八二）年、伊藤博文は渡欧してプロシア、オーストリア、イギリスなどの憲法を調査し、四年後から憲法の起草に入っている。それは枢密院の審議を経て、明治二二（一八八九）年、大日本帝国憲法として発布された。

ブータンは一九〇七年に今の王朝となり、以来、絶対王制が続いていたが、二〇〇一年から国王の指示により、各界代表の起草委員会が憲法の草案づくりを進めてきたという。外国人の専門家による助言もあったと思われる。伝えられる草案では主権在民や民主的な立憲君主制が明記されているから、欧米あるいは日本の憲法がモデルとされている可能性もある。つい先ごろまで秘境だったブータンにはいま近代化の波が押し寄せており、伝統文化や環境を守っていくのはこれからますます難しくなるだろう。そうした国が憲法によって国の基本姿勢を明確にしようとするのは意味のないことではない。「環境」には独立した章が当てられていて、「政府は、国家の天然資源を守り、脆弱な山岳生態系の悪化を防ぐため、国土の最低六〇％が森林に覆われていることを保証する」という規定もある（同紙）。

一九七〇年三月、国際社会科学評議会主催の公害国際会議は「環境を享受する権利と将来世代へ現代世代が残すべき自然資源をあずかる権利を、基本的人権の一種として、法体系の中に確立することを要請する」という東京宣言を採択した。以来、日本の憲法中に環境権を取り込もうという動きが生まれ、それは自民党の憲法改正案にまで及んでいる。憲法それ自体はなにも近代国家の発明ではない。国の基本を法によって示そうという試みは、日本でも古くは聖徳太子が公布したといわれる十七条憲法の例があり、ここでは「百姓礼あるときは、国家おのずから治まる」としている。礼は儒教道徳の根本で、社会秩序を守る生活規範の一般を含むから、自然を含めた環境への配慮もこの中に入っていると見てよい。そうすると、日本はすでに太子の時代から環境憲法を持っていたことになる。

近代国家の成文憲法としてはフランス人権思想の影響が指摘されている「アメリカ合衆国憲法」が、時期の早さと波及力からいって、最も重要だ。一七八七年の制定で、人民主権、三権分立などの原則は、後の他国憲法の規範となった。また一七九一年に憲法の修正として置かれた権利章典は信教、言論、出版、集会の自由などを保障する。ただ、現代の環境権につながるような明示的な規定は見当たらない。もっとも財産権の保障に、公共財としての環境を享受する権利を読み込むことも許されるだろう。合衆国憲法で注目しておきたいのは、著作者と発明者が著述と発明を一定期間独占する権利を連邦議会が保障している点だ。近代特許制度の根拠がここに確認されている。

二一世紀になってもブータンのように、初めて憲法を持とうとする国がある。先進国の単なるコピーではない、自国の伝統とも合致した憲法が生まれることが望まれよう。

（二〇〇五年六月号）

ブータンの新憲法は二〇〇八年、国王が署名し、発効した。仏教国家としての伝統を保持しながら、文化や環境の保護をめざし、ＧＮＰに代わるＧＮＨ（国民総幸福）という概念を打ち出したことで注目される。

岡倉天心と伝統の継承

岡倉天心展（ワタリウム美術館）に足を運んだ。「日本文化と世界戦略」と副題されたこの展示から、近代化という避け難い日本の方向転換時に、一人の誠実な日本人が伝統とどう対峙したかを少し知り得たと思った。

展示によりながら天心の略歴をたどっておく。本名は覚三で一八六二（文久二）年、横浜の生まれ。七歳で英語塾に学び、一三歳で東京開成学校、のちの東京大学に入学。一八八〇（明治一三）年、卒業と同時に文部省に勤務。一八八四（明治一七）年、二二歳でお雇い外国人アーネスト・フェノロサ（一八五三－一九〇八）の古社寺調査に通訳として同行し、法隆寺夢殿で秘仏の救世観音の扉を開けている。その二年後にはフェノロサに伴われ、欧米の美術視察の機会も得た。一八八九（明治二二）年、東京美術学校が開校し、翌年校長に就任。近代化の過程にある日本に東洋精神を重んじる美術教育を定着させようとし、門下から横山大観（一八六八－一九五八）や菱田春草（一八七四－一九一一）らの逸材を輩出した。しかし西洋指向の強い学内の勢力と対立し、一八九八（明治三一）年、校長を退く。そして自らの理念を実行するため日本美術院を創立。一九〇一年にはインドに渡り、詩人タゴールとの交流を深めたほか、翌年にかけて仏跡も巡っている。一九〇三年、四一歳のときロンドンで“The ideals of the East”（東洋の理想）を出版。一九〇四年にはボストン美術館の中国・日本美術部顧問に就任。四三歳のとき茨城県五浦に別荘を新築し、海に面した六角堂と呼ばれる思索と執筆のための書斎を建てている。一九〇六年“The Book of Tea”（茶の本）をニューヨークで出版。一九一三年、病気のため五一歳で死去した。経歴から知られるように、天心は洋の東西を往き来しながら、日本の文化を地球的な文脈でとらえようとした。達者な英語力で、彼の考えは英語の著作によって海外へ発信されている。天心が理想化した芸術は茶道だった。「茶の本」は、中国文化の導入から始めながら日本が長い鎖国のうちに内省を重んじる独自の茶道を育てたことを述べている。これはまた東西の比較文明論でもあるが、どちらかの優劣をいうのではない。茶道に密接する禅を道教や仏教の無情感の表現と見たうえで、こうした東洋の精神がいかに西洋の趣味からは遠いところにあるかを強調する。けれども天心は、芸術が十分な鑑賞に耐えるためには同時代の生活にとって真実なものでなければならず、過去の創造を今日の意識に同化させるようつとめるべきだとする（「茶の本」）。

明治の開化期、夏目漱石など知識人たちは近代化を必然と受け止めながらアイデンティティーの確保に深刻な悩みを抱いた。天心も体をはって東洋精神を近代の創作に活かす道を探ったのだといえる。しかし彼は自らが心血を注いだ東洋美術学校を追われ、在野の日本美術院を創立するほかなかったのだ。天心という人物がこの時期に日本美術の将来を方向づけた功績は大きい。同時期の日本音楽が伝統を捨て、徹底した洋化に走ったことと比較してみるといい。

展示の会場には磯崎新と六角鬼丈の企画、設計による新六角堂が吹き抜けの空間に据えられていて、そこに座ると五浦海岸の映像に取り巻かれるようになっている。バーチャルな映像と波音に接しながら、天心が提起した問題が現代でも切実な意味を持っていることを感じないわけにはいかなかった。

（二〇〇五年七月号）

新六角堂は東日本大震災により流失したが、その後、創建当時の姿にまた再建されている。

テオ・アンゲロプロスと映像表現

静かな湖のような水面、黒旗を掲げ同じように黒づくめの男女を乗せた手こぎの舟が、集団で彼方から正面に向かってくる。テオ・アンゲロプロス（一九三五－二〇一二）監督の映画「エレニの旅」の忘れられない一場面だ。予告編でこの映像を見たとき、体にほとんど戦慄に近いものが走った。二〇世紀の初め、ロシアのオデッサから革命を逃れて故郷のギリシアに戻った逆難民の人たちの村ニューオデッサが大洪水で水没した場面を描く。

衝撃的な予告編に誘われて本編を見に出かけると、上演に先だって、映画館のロビーではアンゲロプロスが自作を語るビデオが流れている。話はちょうどこの映像をどうやって撮ったかに触れるところだ。これは近ごろはやりのコンピュータ・グラフィックスにはいっさい頼らず、すべて実写だという。

アンゲロプロスは、ギリシアの乾季、雨季で水面が上下し、乾季にはほとんど干上がってしまう人造湖を使うことを思い立つ。そして乾季に難民村のセットを作り雨季にそれを洪水に遭ったように水没させるという方法で映画を撮ることを決めたのだった。一〇〇軒以上からなる村を乾季の湖内に作り、スタッフや俳優たちが住んで暮らしたうえで村の雰囲気を出して撮影する。信じられないような大技だ。もっとも一回の乾季、雨季では撮り終えることができなくて、次の季節まで待って続きを撮ったというから、息の長さも相当なもの。アンゲロプロスが水の映像表現にこだわるのは、水に象徴的な意味を込めているためだろう。多くの人の涙を集めた水、河、海へとそれは連なっていく。こうした魂の拠り所としての水がもたらす洪水の場面を描くには、手間はかかっても人造湖の雨季、乾季による水面の上下を利用する工夫以上にふさわしい方法はなかった。

アンゲロプロスは、一九三五年アテネの生まれで、一九六二年パリの映画高等学院ＩＤＨＥＣに入学。この時の実習でカットの切りかえしというのがあり、彼はカメラを三六〇度回転させる案を主張したが教師と意見が合わず、放校処分にあっている（「エレニの旅」パンフレット）。撮影のための思いがけないアイデアを抱くことと、自己主張を貫くところは若いころからのものらしい。「画面のすべてを支配する自由、つまり画家の持つ自由は、ある種の映画監督がずっと探し求めてきたものだ。それは予算があってできること。」彼はこうも語っている（朝日、二〇〇五・五・一〇）。「エレニの旅」は三部作によって二〇世紀を総括するという壮大な試みの一部で、そうであればこそ、十分な予算と周到な準備のもとに進行していくプロジェクトなのだろう。

「エレニの旅」にはニューオデッサと並んで白布の丘と呼ばれる難民の町が出現する。別の難民グループの集落で、洗ったシーツが列をなして広場の風にはためいている。これも実に強い印象を与え、洪水のところを船が渡ってくる場面のように、ほとんど様式化されている。それは、市街戦で腹を撃たれたバイオリン弾きが流す血に、この白布が染まる場面とも呼応している。映画は二〇世紀初頭の発明で、すでに一世紀を越える歴史を持つ。その間、撮影技法も様々な進歩を重ねたが、アンゲロプロスは、素朴な実写にこだわりながら壮大な夢を紡ぐことが二一世紀でも可能なことを実証している。

（二〇〇五年八月号）

アンゲロプロスは「エレニの旅」の続編「エレニの帰郷」を二〇〇九年に発表。さらにその続編で第三部となるはずの“THE OTHER SEA”（もう一つの海）を撮影中の二〇一二年一月、交通事故で死去した。七六歳。

文化財の保存と展示

奈良県明日香村の高松塚古墳は、カビなどで傷んだ壁画を延命させるため、結局解体されることになった。現地保存がかなわない以上、石室や壁画を別の場所に移すことはやむをえないのだろう。高松塚の壁画が現代に知られ国を挙げてその大発見に興奮したとき、今日の事態を予想した人は少なかった。しかし遺跡の発見と調査は、その破損と背中あわせであることを思い知らせる結果となった。その後発見されたキトラ古墳も壁画が描かれている漆喰に亀裂や剥離がみられ、このままでは危ないという。こちらの方は壁画の修復保存が現地で進められており、それを機会に新しい知見がもたらされたりしている。

江戸東京博物館で開催中の「発掘された日本列島二〇〇五」展には、その石室の模型が展示され、実物のイメージをつかむのに好都合だった。キトラ古墳から出土した展示品の一つ、金銅製鐶座金具にはどことなく既視感がある。円弧の組み合わせが唐草模様に似ており、ケルトの紋様にも通じるような印象を与える。キトラ古墳が唐の影響を受けたものであるとすると、こうした連想に根拠がないわけではないだろう。発掘品の展示は、現代人の知的な好奇心を満たしてくれる上で重要な役割を果たしている。

ところでこうした発掘は、必ずしもそれが本来の目的であったわけではない。開発行為の過程で遺跡が偶然見つかったり、間近に迫った開発でそれが破壊されるのを座視できずに行う、いわば強いられた発掘もあった。それはどんなに慎重になされたとしても、発掘される遺跡を無傷にはおかない。

歳月を経て今日に伝わる遺跡は、それを残した当事者の意図を越え、社会の共有する文化財となっている。タリバンによるバーミアンの遺跡の爆破に世界が怒ったのはつい先ごろのことだ。彼らの政治的な意図とは別に、文化財を共有している意識は人類全体のものだった。トロイアの都の実在を信じて発掘を行ったシュリーマンはミュケナイ文明、ミノス文明というギリシアの先史時代を現代に明らかにする大きな功績を上げたものの、その発掘の粗雑さは、後日、批難されるところとなった。

二〇世紀の初頭、シルクロードに足を踏み入れた各国の探検隊は、貴重な遺品を現地から持ち出してしまうという大変罪深いこともしている。NHKの「新シルクロード」では、その持ち出しの生々しい跡を見せつけた。しかし、コンピュータ・グラフィックスによって各地に散逸した遺品の映像を合成し、昔日の姿を再現して見せたのにも驚いた。技術の進歩はそうした欠落を補うことを可能にしている。

高松塚古墳の石室は解体されることになったが、劣化した壁画を壊さずに石を動かすことができるのか。一つ間違えば取り返しのつかない結果を招くだろう。未知の分野には、好奇心旺盛で研究熱心な左野勝司さんという石工が取り組んでいる（朝日、二〇〇五・七・一二）。実物大の石室模型を使った実験を行い、二トンを超える天井石を、タコの吸盤のような多数のゴム板がついた鉄枠で挟んで取り外しが可能なことを示した。壁画のほうも、無振動の解体法を考案中のようだ。こうした慎重さと人に恵まれなければ、解体復元はおぼつかない。

「発掘された日本列島二〇〇五」展は、全国史跡整備市町村協議会の四〇周年記念事業にもなっている。史跡整備は文字通り市町村レベルで全国的に組織されていることが望ましい。それによって発掘、保存と展示に必要な高度な技術が共有されるようになるだろう。

文化財は今日だけでなく未来に向けた表象でもある。安易な発掘は差し控えるべきだが、いったんそれに手を加えるときは、細心の注意により、さらに得られた成果を広く公開していくことを望みたい。

（二〇〇五年九月号）

国債の発明

郵政民営化と並んで、国債が市場にあふれ出して混乱を招く心配も議論を呼んでいる。国の借金である国債は、官業の郵便貯金や簡易保険が集めた金を購入にあてることでかなりの部分が消化されてきた。そのメカニズムがくずれた時、誰が国債を引き受けるのか。

日本の国債は増え続け、現在、対GDP比で一五〇パーセントを超えるほどにも達しているが、これは日本という国の信用がそれを可能にしたのであり、一概に批判はできないだろう。ところが日本にはそう遠くない過去に、財政破綻から国債を紙切れ同然にした歴史がある。

太平洋戦争の時代、政府は戦費を調達するため、盛んに戦時国債を発行した。これらは国民が自発的に購入したというよりも、国民の義務感に訴えて購入を強制したに等しい。このころの庶民の日誌にはこんな記述が出てくる。「昭和一八年一二月一五日、国債債券班に一五〇円割り当てられる」「昭和一九年六月二四日、夜班常会国債債券の件。班長誰れも引受ける気がないので宅です」（島利栄子「戦時下の母『大島静日記』一〇年を読む」展望社、二〇〇四）。隣り組の班の常会は押しつけられた国債をどう割り振るか、苦労したことがうかがえる。

戦時国債といえば、日露戦争の戦費調達のため、高橋是清（一八五四―一九三六）が欧米に出かけて募集を行った外債が有名だ。当時日銀の副総裁だった高橋は、政府代表の財務官として募集におもむく。当初の目標は一億円。ロシアの反ユダヤ政策に反感を持つユダヤ系銀行家が日本に共感してくれたこともあって、この募集はうまくいった。「高橋是清自伝」（中公文庫）はこの辺の事情を詳細に伝えていて興味が尽きないが、中でも担保をめぐるやり取りが注目される。英貨公債の契約に際して、相手側銀行業者たちは、関税収入を抵当とすることを条件に持ち出してきた。しかも日本の徴税能力を疑ったある銀行家は英国から日本に人を派遣して税関を管理させるとまで主張した。高橋はこの税関管理の主張をはねつけたうえで年利六分、償還期限五年でポンド債の契約に至った。彼の手による外債募集は数度にわたるが、日本の戦況が優勢になるに従って発行条件が有利になっていくのがおもしろい。

こうした国家の名の下で借金をし、公の歳出をまかなう方法は、一三、一四世紀ごろのイタリアに起源をもつようだ（ヨハン・ベックマン「西洋事物起原」岩波文庫）。そこでは何か特定の目的をもった基金を「山」と呼んでいた。教皇ピウス五世（在位一五六六－一五七二）の時代には対トルコ戦争を続行するために「宗教の山」「粉の山」「肉の山」「ブドウの山」などの名を冠したさまざまな国債が発行され、それらの保証のために税金が課されたという。現代の国債に通じる仕組みができあがっていたわけだ。さらにこれらへ金を払い込ませるための条件づくりも盛んになされている。低利の場合、高利の場合、いろいろだが、掛け金返還時期の選択を国家が留保したり、利子を永続して払うかわりに掛け金を返済しない「買い戻しできない山」というものもあった。

現代の日本が国債の大量発行を続けていくためには、まず財政を健全化し、国債の信用を高めていかなくてはならないだろう。それが国債という古い起源をもつ発明を今日に役立てる一番の条件である。

（二〇〇五年一〇月号）

財務省の発表によると、日本の債務残高対ＧＤＰ比はその後さらに増大し、二〇一五年には二三〇パーセントにまでなっている。

マオリ族と伝統文化の保護

鎖や棒の先端から炎を出し、それをぐるぐる回して光の輪を描く。サーカスなどのショーでも見られるが、今夏、モスクワではこれが遊びとして流行し、モスクワ河畔に愛好者が集まってパフォーマンスを競ったという（朝日、二〇〇五・八・二九）。もともとはマオリ族の踊りに起源があるといわれ、これが各地の芸能に広がっていった。

ところでマオリ族の踊りは宗教的な儀礼であり、それが文化の文脈を離れて勝手に模倣されたとなると、マオリの人たちには心穏やかでないものがあろう。事実、ゲーム機、プレイステーション2用の格闘ゲームでは、上半身裸で腰布を巻いた主人公が悪者を倒す物語に取り込まれたのに対して、愛知万博（二〇〇五年）で来日したマオリ族のパオラ・リデル氏が不快を表明している。「我々の文化は入れ墨一つにも意味がある。十分な知識なしに真似されて利用されると、祖先を侮辱されたように思ってしまう」というのだ（朝日、二〇〇五・五・一八）。

こうした問題はマオリ族の住むニュージーランドでも以前から起きていた。この国では一九六〇・七〇年代に、マオリ族の表象が無関係な第三者によって商標登録されるという事態が起こった。問題を重視したニュージーランドは商標法を改正し、同様な登録をその後は不可能にしている。また英連邦に属するニュージーランドには英国女王と首長との間で結ばれたワイタンギ条約という部族の権利を認める条約の原則が生きており、マオリの伝統文化の保護にも拘束力を持つ。条文の適用・解釈は最高裁判事を含むワイタンギ・トリビューンの場で最終判断をする仕組みもある。けれどもマオリ族と、移民たちが構成する社会には、絶えず緊張が続いているようだ。

ＷＩＰＯやユネスコもフォークロアの保護に向けて議論を重ね、保護のためのモデル・ロー(模範法)やさまざまな提案をしてきているが、実効が上がっているとは思われない。こうした有形無形の文化財は、それ自体が変化を続けており、個人ではなく部族という集団が管理している。その保護が近代的な著作権法などになじまないのは明らかだ。

近代法制と全く交差点がないかといえばそうでもない。マオリの美術工芸品を部外者の商業的利用から守るためにToi Iho Maori Made Markを商標登録しているオーストラリアの例は参考になる。商標の一形態である証明商標や団体商標を活用するのも有効だろう。

ところで、パラオやパプアニューギニアなど太平洋の二六カ国で構成する太平洋共同体は「伝統的知識及び文化的表現の保護に関するモデル・ロー」を二〇〇二年の第一回文化担当大臣地域会議で採択した。一種の条約で、この枠組みに基づいて、加盟国が必要に応じた変更を加えてよいとされる。ここでは慣習法等に従って伝統的知識や表現を管理している権利主体は、その利用について、事前の同意を求める権利がある。ただ、この伝統文化に関する権利は、既存の知的財産法制に影響を与えない追加的な権利であるという。過去のモデル・ローなどがうまくいかなかったのは慣習法と近代法制の調整が取れなかったのが一因だが、これはどうか。先行きが気になるところだ。

(二〇〇五年一一月号)

固有文化の消滅

外来の生物が固有種を駆逐していく現象が各地に広がっているようだ。身近なところでは西洋タンポポが在来種（日本タンポポ）を圧倒しているし、人参やほうれん草など、普段口にする野菜ですら、いつのまにか西洋種に変わってしまった。さまざまな生物種に富みガラパゴスにもたとえられる小笠原までこの傾向と無縁でない。戦後のアメリカ統治下で持ち込まれたグリーンアノールと呼ばれるトカゲは全島にはびこり、虫たちを食い尽くそうとしている。外来生物法はこうした事態に対処しようという法律だが、手当てが追いつかないほど生態系の危機は迫っている。

このような変化は自然に起こるのではなく、そこに人間の関与があるのは明らかだ。危機にあるのは生物多様性だけでなく、人間活動の所産である文化も同様といっていい。

今日世界遺産として多くの観光客を集めるペルーのインカ遺跡、マチュピチュに立ったことがある。壮大な石の遺構はここに高度な文明があったあかしだ。寸分の狂いもない見事な石組み、二〇〇〇メートルを超える高地に設けられた灌漑施設、日時計や神殿など。これだけの文明を残したインカは、旧大陸のスペインからやってきた植民者によって徹底的に破壊し尽くされ、今日その歴史をたどることさえ困難になっている。ラス・カサスの「インディアスの破壊についての簡潔な報告」（岩波文庫）は、その破壊や暴虐を鳥肌の立つような生々しさで証言したものだ。

文化の消滅は、グローバリゼーションという名の地球の均一化が進行しているなかで、いっそう深刻だ。言語をみても、少数者によって維持されてきた言語はすでに多くが消え、アイヌ語なども伝承が難しくなっている。言語は民族と文化の記憶を担っているだけに、その消失は人類文化の全体にとっても痛手となる。

生態系の危機を前に一九九三年、生物多様性条約が結ばれた。それから十数年を経過した今年、ユネスコは文化多様性条約を採択している。固有の文化を尊重する多文化主義を前面に出し、地球の均一化に抗していくことを目ざす。日本を含む大多数の国が賛成しているなか、アメリカは生物多様性条約と同様、反対にまわった。生物多様性条約では資源の管理が国家主権の下に置かれ、自由な利用が妨げられることを嫌ったものだった。今回の反対は映画や音楽など、世界を覆うアメリカの文化と産業が、各国の保護主義によってこれも自由な流通と発展を妨げられることを懸念しているのだろう。経済の利害が固有文化を守る国際的な規範の成立を阻んでいるのは残念なことだ。

ところでこの条約は、各国の文化政策をデータベース化し、担当者が集まって議論を深めることなどにつながる。また、途上国が文化の多様性を保護していくための人材育成プログラムを開発し、危機を幾分でも緩和していく可能性も与える。少なくとも国際社会は、固有文化の消滅を座視していてはならないだろう。

この夏、神奈川県立美術館葉山でドイツの美術家ホルスト・アンテスの作品と、アンテスの集めた北米のプエブロ・インディアン、ホピ族によるカチーナ人形の同時展が開かれた。カチーナ人形の素朴な造作は美術以前の人の営みのなつかしさを感じさせるものだったが、それが現代ドイツの美術家に大きな影響を与えたことも、十分に納得できた。

（二〇〇五年一二月号）

種の交換

昔、秋に収穫物を並べて優劣を競う、品評会というのが開かれていたことを思い出す。りんごや柿、野菜、米などの取れたてが安曇野の公民館の会場を埋め、優秀な出品には賞が与えられた。農業技術を競い合う一種のコンクールであると同時に、それらを生み出す種や苗などを交換し合う場でもあったろう。もうこんな催しはとっくに絶え、全国的にもないと思っていたら、秋田県には「種苗交換会」が明治から今日に至るまでまだ続いている例があるという（朝日、二〇〇五・一一・七）。こうした交換会は明治期にいったん全国へ広がったが、今では秋田県以外にはほとんど見られないようだ。それに秋田でも、実際には種苗の交換は行われず、収穫祭のような催しとなっているらしい。今、各地で開かれている腕自慢の菊花展のようなものだろう。

種苗は今日、たいてい新品種の開発を担う産業によって供給され、農業試験場や種苗会社がその中心だ。けれども種苗の交換が日本から全く消え失せたわけではない。今でも農家は天候などの理由で自家用によい種が採れなかったり不作に見舞われたとき、互いに融通し合う。また、ＮＰＯ法人の日本有機農業研究会のように、自家採種の種苗を持ち寄る交換会を開いているところもある。いつでも交換できる「種苗ネットワーク」も立ち上がったようだ。有機農業には在来種が向いている場合が多く、市場で調達できない種苗を手に入れるのに重宝な窓口となっている。

このような種苗の交換システムは、育種者がその知的財産権を主張しないことによって維持される。

ソフトウエアの自由利用を認め合うフリーウエアの動きとも重なるものだろう。

インドなどの農業社会では、まだこの農民の互助組織が生きており、種苗の開発に知的財産権を認める動きを牽制している。TRIPS協定は植物の新品種の保護を定め、インドは植物新品種保護法が国会を通過したが、まだ施行の見込みが立たない。知的財産権が伝統的な農村社会を崩壊させることを恐れているのだろう。バンダナ・シバのような知財制度の懐疑論者の発言力も無視できない。

ところでインドの産業発展は、近年目覚ましいものがある。情報技術やさまざまな製造業が急速に伸びてきており、最近、物質特許が認められるようになって、医薬品の特許保護の水準も高まった。こうした事情を背景に、知的財産権を論じる国際会議の場で、インドはもはや先鋭なアンチ・パテント論者ではなくなっている。インドのような巨大な国は、工業を中心とする産業の発達と伝統的な農業にこれからどう折り合いをつけていくのだろうか。

WTO（世界貿易機関）の枠組みのなかで産業の振興を図ろうとすると、さまざまな国内矛盾に遭遇する。知的財産保護でも工業にだけ目を向け、植物新品種の保護を無視し続けることはできないだろう。日本を見れば、WTOの場で農業保護の配慮から農産物への関税を低くしたくない立場と、工業製品の輸出に関税の撤廃を目ざす立場が拮抗しているのがそれに当たる。

種苗産業が栄える一方で、農家が生み出す品種の交換システムが維持されている。社会の対応はそのように柔軟であっていいはずだ。


（二〇〇六年一月号）

インドではその後、職物品種保護制度が始まり、二〇〇六年一二月には「植物品種および農民権利保護規制」が公示された。新品種の育成または開発を行った農民は、品種の育種家と同じ方法で自己の品種を登録することもできるようになっている。

特許と独占禁止法

特許制度はすぐれた発明に対し、その公開の代償として一定期間、独占的な実施を保証するものである。したがって自己の特許発明を独占することは制度本来の趣旨からいえば何ら問題はないはずだ。自由な市場経済を歪める行為を禁じた独占禁止法も、特許権の行使は法律の適用外としている。ところがこの権利行使は無制限に認められているわけではなく、私的独占や取引制限とみなされるときには特許権そのものまで取り消される仕組みが用意されているのだ。

特許は、発明者に与える私益とその発明が社会化されることによって社会が受ける公益の微妙なバランスの上に成り立っている。特許法、発明の審査基準や判例がしばしば見直されるのはこのバランス調整の観点からだが、独占禁止法によるこの調整機能も今後はもっと重視されていいだろう。

アメリカでは競争政策と特許による新技術の振興策が時代とともにゆっくり交替し、この傾向がいわゆるアンチ・パテント、プロ・パテントと名付けられている。日本では公正取引委員会が平成一一年に特許・ノウハウライセンス契約に関する独占禁止法上の指針を公表したほか、技術標準と競争政策に関する研究会の報告書なども出している。国際的にはマイクロソフトが世界各地でその知的財産の活用法をめぐって独占禁止法の違反事件を起こしているのが注目されよう。先日、マンホールなどの下水道用鉄蓋を製造する最大手の会社が特許や実用新案を他社が使用することを認める一方で販売価格を拘束するなどをしていた疑いで、公正取引委員会の立ち入り検査を受けた。マンホール蓋は増水時でも外れにくくするため鍵を長いバールで開錠する構造になっており、会社は自治体へこの特許を仕様に入れるよう働きかけ、全国自治体の半数以上が仕様書で指定しているという（朝日、二〇〇五・一二・一三）。もっともその働きかけが直ちに独占禁止法の違反になるわけではない。優れた発明が特許による独占を嫌って公共工事から排除されるようであれば、特許制度の趣旨に反することになる。平成一〇年に旧建設省が出した「公共工事の品質確保のための行動指針」は、発注者が特許発明の新技術を採用しやすい道を示していた。自治体がその技術を必要と認めて特許発明を仕様書に指定したところまではよい。

自治体はメーカーの特許を採用する条件として競争入札が可能なよう他社にも製造販売させることを提案し、このメーカーはそれを受け入れて他社に許諾数量を割り振った。ところが同業他社が許諾数量を超えて販売するときには元のメーカーに生産委託をする契約になっており、この契約にメーカーが応じなかったといわれる。そして特許製品の数量制限は市場で需給調整効果が生じる場合、不公正な取引方法に該当するというのが先の独占禁止法の指針だ。自治体が特許を仕様に指定することと引き換えに、他社への製造販売の許諾を促したことが結果としてネジレを生じさせていないかが気にかかる。特に許権者と許諾を受けた会社が協会を作り一種のカルテルを構成していたのが、内紛によって独禁法違反の数量制限や価格調整という私的独占を浮かび上がらせたのではないか。特許技術を仕様書に指定する公共工事の発注元は、それと代替技術を常に両天秤にかけ、価格の低下をめざす責任がある。

（二〇〇六年二月号）

公正取引委員会はその後、地方公共団体向け下水道用鉄蓋の製造販売に関する事件で、独占禁止法に違反する疑いを裏付ける事実を認定するには至らなかったと発表している。

論文の捏造と取下げ

ソウル大学の黄禹錫教授らによる胚性幹細胞（ES細胞）の研究論文は捏造であったことが判明して、世界に衝撃を与えた。黄教授と研究チームは二〇〇四年の二月、ヒトクローン胚からES細胞を作製したとする論文をアメリカの科学雑誌「サイエンス」に発表。続く二〇〇五年にも、皮膚細胞からES細胞一一個を作製したと同誌に発表するが、論文に疑惑を抱くソウル大学が調査した結果、いずれも完全な捏造だったという。脊髄損傷やパーキンソン病などに有効な手段を提供すると期待を持たせ、ノーベル賞にも近いとされていた研究成果は、でっち上げにすぎないことになった。

研究者の世界は、資金とポストがからむ競争が激しくなっており、論文捏造を生みやすい環境にある。このため権威ある科学雑誌は不正な論文の排除に向け、自己防衛するようになってきた。疑惑が生じたときに内容を検証しやすくするため、生データを保存し、問合せには開示しなくてはならないなど、論文の再現性が容易となる手当てをしている。日本学術会議も昨年、科学におけるミスコンダクト（不正行為）防止を目的とする報告書をまとめ、各国の事例を紹介しているが、一次データの確保と保管を研究者の倫理として要求するところは少なくないようだ。

黄教授らの研究は、保存されていた論文のES細胞を外部専門機関がDNA分析したところ論文のデータと一致しなかったため、信頼度が一気に揺らいだのだった。つまり論文の再現性は根本から否定されたことになる。

学術論文には、不正行為や単純な間違いを含むものが発表されたとき、それを事後、初めからなかったことにする取下げの手続きがある。研究者は不名誉な論文をいつまでも掲げて他者の判断を誤らせ、汚名を着続けるよりも、取下げという一時の恥でそれを軽減する道を選ぶ。それは論文を掲載した発表誌の側にも望まれる措置だ。

黄教授らによるES細胞の論文を二度まで掲載した「サイエンス」は、論文が捏造とされたことを受け、二編をいずれも撤回している。このうち二〇〇五年の論文は黄教授ら全員から撤回の申し出があったが、前年のものにはなく、撤回は編集部の判断によるという。著者が複数の場合、撤回には全著者の申し出が必要なところ、先のものは全員の合意が得られなかった可能性がある。「サイエンス」ではこれを教訓として、今後は全著者から掲載前に同意書を求めるなどの対策をとる。

論文は取り下げられ、学術性が否定されても、いったん発表された著作物としての性格までも失うわけではない。執筆者の著作権は財産権、人格権とも宙ぶらりんながら存続するのだ。これが特許出願に結びついていると、財産権の処分と密接するだけに、出願の取下げには全出願人が同意しているかが問題になる。

黄教授らの研究では、論文発表と並行して、ソウル大学産学協同財団を通じ、幹細胞関連の特許が出願されていた。大学はこれらの特許出願もすべて取り下げる意向を示しているが、これを黄教授支持連帯は不当として、特許出願取消禁止の仮処分申請をソウル中央地裁に行った（朝鮮日報二〇〇六・一・一六）。論文捏造の余波は当分続きそうである。

（二〇〇六年三月号）

オリンピック

トリノの冬季オリンピック（二〇〇六年）を連日テレビの画面で追いながら、この祝祭が世界の緊張を和らげ、束の間の平和を実感させるすぐれた発明であることを思った。もちろん会期中にもイラクのテロはやまず、フィリピンではレイテ島の大規模な地滑りで多くの人命が失われている。オリンピックはそれらに対して無力であることも確かだ。

開会式がいかにもイタリアらしかった。選手宣誓に続く、空中に雪が舞っているような人体の造形がやがて鳩に変わっていくところなど、見事な演出だ。ビバルディ（一六七八ー一七四一）やロッシーニ（一七九二ー一八六八）、ヴェルディ（一八一三ー一九〇一）の音楽が鳴り響き、ダンテ（一二六五ー一三二一）の神曲やボッティチェリ（一四四五ー一五一〇）の「ヴィーナスの誕生」などが引用される。イタリアの歴史の厚みは現代に連なり、時間と空間の広がりがテレビを見ている側にも伝わってくる。

祝祭や儀礼は人類のもっとも基本的な発明で、オリンピックのそれは、いうまでもなく古代ギリシアにさかのぼる。主神ゼウスに捧げる祭典として始まり、紀元前八世紀にはすでに行われていたといわれる。競技の期間を休戦とするため、祭典の数カ月前から使者が全土に触れ回った。都市国家同士の戦いは、こうして一時的にしろ止んだのだった。

古代オリンピックは千年以上続き、ローマ帝国の時代にも引き継がれたが、伝統はゆがみ、退廃していく。紀元三九三年の第二九三回を最後に終焉した。

近代オリンピックはフランス人クーベルタン（一八六三ー一九三七）によって創始される。理念や形態が古代オリンピックに多くを負っていることは明らかだが、ただちに軌道に乗ったわけではない。開催国はその意義に無理解で、観衆もまばらだったと伝えられる。しかも国際平和を旗印にするとき避けなければならない過度のナショナリズムも抑えることが困難になってくる。

一九三六年のベルリンオリンピックではナチスが国威発揚に最大限利用した。もっともナチスのユダヤ人迫害はこの前から始まっており、ＩＯＣ（国際オリンピック委員会）はこれに抗議して政治的な演説や標語を禁止し、かろうじて面目を保ったのだった。

オリンピックが政治と無縁でないのはいうまでもない。世界最大の祭典に多くの人の目が注がれている以上、これを政治的な主張の場にしたいと思う勢力が出てくるのは必然でもある。そのもっとも忌わしい例は、一九七二年のミュンヘンオリンピックだ。パレスティナ・ゲリラが選手村に侵入し、イスラエル選手団の一一人を殺害する事件が起こった。この事件はスピルバーグの映画「ミュンヘン」の題材となり、三〇数年後の今日、トリノのオリンピックと並行して劇場で公開されている。政治が陰を落とした例としては、旧ソ連のアフガニスタン侵攻に反対した多くの国が一九八〇年のモスクワオリンピックをボイコットしたことも忘れられない。さまざまな問題を抱えながらも近代オリンピックは続いてきた。その成功は商業主義をも接近させた。パラリンピックのように、オリンピックモデルが拡散していく徴候もある。ＩＯＣはオリンピックのイメージ拡散と希釈化を防止するのに頭が痛いことだろう。五輪マークの使用が厳重に管理されていることはよく知られている。けれども北京オリンピックの公式記念メダルは、早くも模造品が中国で流通しているようだ。

荒川静香が女子のフィギュアスケートで日本選手初の金メダルを獲った。感動的なテレビの画面を見ながら、オリンピックの祝祭性がこの先も損なわれることのないよう願わずにはいられない。

（二〇〇六年四月号）

オリンピック開催の政治的、商業的な波及効果が絶大なために、招致活動のゆがみが批判されている。二〇二〇年の東京五輪招致をめぐって、国際オリンピック委員会の集票に金が動いたという疑惑があり、過去には長野やソルトレークの冬季五輪でも同様だった。

東京とベルリン

東京六本木の森美術館で開かれている「東京－ベルリン」展を見た。この二都がもつ相互の影響力が、歴史上どのように作用したかを見ていくもので「日本におけるドイツ年」の催しの一環だ。

回りはじめて間もなく、ドイツが明治期の日本にとってさまざまな意味で規範的な存在だったことに気付かされた。明治の帝国憲法は、プロシアに範を取り、伊藤博文（一八四一－一九〇九）などがその調査のために彼の地を訪れている。森鷗外のように、学術の習得や研究を目的として留学した人も多い。造形的な面では、都市計画や建築まで学びの対象だった。

ベルリンからは、建築家のヘルマン・エンデ（一八二九－一九〇七）とウィルヘルム・ベックマン（一八三二－一九〇二）が来日し、首都・東京に繰り広げる日比谷官庁街や司法省などの建築案を示した。このうち司法省の建物の名残は、今の法務省に見ることができる。

建築史では、日本の近代化の初期にこうしてベルリンの強い影響があったが、バウハウスと呼ばれる建築と工芸の運動が、後の日本のモダニズムに作用したことも見逃せない。

バウハウスは一九一九年、ワイマールに創立された国立の総合造形学校で、ベルリンの建築家グロピウス（一八八三－一九六九）が初代の校長になっている。ドイツのマイスター制度に範を取った教育システムや、大量生産に対する芸術性と手工芸への回帰の主張で特徴づけられる。ここを訪問し、あるいは実際に学んだ日本人の建築家、工芸家は少なくない。

日本橋白木屋のビルを設計した石本喜久治（一八九四－一九六三）は、一九二二年にこのバウハウスを訪れ、グロピウスに共鳴している。展示品の石本喜久治と山口文象（一九〇二－一九七八）による白木屋の建築透視図からは、ドイツの新しい建築傾向との平行関係が見てとれる。

ところでバウハウスの近代主義は、保守的なナチスの嫌うところとなり、政治的な圧迫を受けた。このため本拠はワイマールからデッサウ、ベルリンへと移転したあげく、一九三三年にはとうとう閉鎖されてしまう。ドイツのバウハウスはこれで終わったが、グロピウスをはじめ教授たちは海外に移住して、理念を継承していくことになる。日本には建築家ブルーノ・タウト（一八八〇－一九三八）がやってきた。来日時のタウトの考えは「日本美の再発見」などの著作から知られるように、桂離宮や伊勢神宮の簡素を尊び、東照宮に代表される過剰な装飾のいかがわしさを退けるものだった。会場に並ぶタウトが日本で手掛けた照明器具などの作品は、彼の嗜好を裏付ける。展示はこうして二都の触れ合いを見せはするが、それはどちらかというと日本のドイツやベルリンへの片想いに近い。

昨秋、機会があってベルリンを訪れた。統一ドイツのシンボルとして観光名所になっている国会議事堂の屋上には、さらにその上に新しく造られたガラスのドームがあり、内側を螺旋の歩道で上り下りするようになっている。中央部にはガラス板を段々に重ねた柱が置かれ、それを取り巻く上り下りの人の姿が幾重にも映しだされる。ドーム越しの外の風景と歩道を行く人の流れの双方を見て楽しむ仕掛けだ。議事堂脇の運河の向こうには、官公庁の新しいビルが川を跨いで立ち、これも斬新で、バウハウスのよみがえりを見る思いがする。そこから遠くないポツダム広場には、ソニー・センターと呼ばれる派手な建築群がある。ここはソニーのヨーロッパ本部が入居する。けれども、日本の顔はない。日本の片想いは依然続いている。

（二〇〇六年五月号）

ベジャールとディアギレフ

八〇歳になるモーリス・ベジャール（一九二七―二〇〇七）が振り付けた東京バレエ団の公演（四月一三日、東京文化会館）を観た。ベジャール＝ディアギレフと副題され、二〇世紀の初頭パリを賑わせたロシア・バレエ団の主宰者で興行師のディアギレフ（一八七二―一九二九）とベジャールのつながりを見せようという試みでもある。

演目には、ディアギレフがストラヴィンスキー（一八八二―一九七一）に作曲を委嘱した「ペトルーシュカ」が冒頭に置かれていた。同じころ、東京ではピナ・バウシュ（一九四〇―二〇〇九）が率いるヴッパタール舞踊団も来日し、これもディアギレフとロシア・バレエ団によるパリの初演がストラヴィンスキーの音楽とともにスキャンダルを呼んだ「春の祭典」（一九一三年）を公演している。一世紀を経たディアギレフとストラヴィンスキーの余波がこうして今になっても東京に及んでいるのは、その革新性がどれほど大きかったかを示すものだろう。

二〇世紀初頭のパリでは音楽も美術も前衛的な試みが相次いでいた。世紀末の爛熟したロマン派趣味に人々は飽き、新しい世紀にふさわしい自由な表現が求められていたのだ。舞踊でそれに応えたのがディアギレフだった。彼は二〇世紀の初めにロシアからパリに出てくると、まずロシア人による展覧会や演奏会を実現させた後、ロシア・バレエ団を結成する。これにはアンナ・パヴロワ（一八八一―一九三一）やニジンスキー（一八九〇―一九五〇）といった若手の優れた舞踊家が加わっていた。

旗揚げ公演は大評判となるが、その成功を決定づけたのは同郷のストラヴィンスキーに作曲を委嘱し舞踊公演を行った「火の鳥」（一九一〇年）と、先の「ペトルーシュカ」に「春の祭典」だった。ストラヴィンスキーはこの三作で二〇世紀を代表する作曲家となる。

典雅なクラシック・バレエ「白鳥の湖」（一八七七年）とトウ・シューズを捨てたむき出しの肉体が踊るこれらの舞踊との落差は大きい。そしてここにモダン・バレエの歴史が始まる。

ディアギレフの功績は舞踊・音楽・美術などの第一級の才能を集め、バレエを総合芸術の域に高めたところにあるだろう。ロシア・バレエ団は初めこそロシア風の異国趣味を前面に打ち出していたが、第一次世界大戦やロシア革命による時代の激変をくぐり抜けるなかでその色彩を弱め、国際性を獲得していく。一九二九年、ディアギレフの死によって団は解散し、中にいたバランシン（一九〇四－一九八三）がアメリカへ渡って新大陸を拠点にモダン・バレエを広げるなど、その後も影響は続いた。

二〇世紀の後半を代表する舞踊家はモーリス・ベジャールであろう。ロシア・バレエ団によって始まったモダン・バレエはその系譜に立つベジャールの創作した舞踊で世界を視野に入れたコスモポリタンなものに変わっていく。ベジャールはディアギレフと違い踊り手の出身で、本領はその振り付けを中心とした創作だ。ベジャールのまなざしは自身の立つ西洋からはるか世界の各地に及び、日本の歌舞伎などにも注がれて、創作の霊感を得ている。

東京バレエ団を彼が振り付けた「ペトルーシュカ」はディアギレフ一座のロシア・バレエ団によって生まれた歴史的な作品だが、ベジャールはストラヴィンスキーの音楽のみを借用しながら彼独自の舞台を作り上げている。ここでは魔術師を踊る生身のダンサーの姿がいくつもの鏡に映し出され、その姿を見てダンサーが反応する場面があり、虚像と実像に分裂した多重人格が舞台で踊りまくる。視覚の発明家としてのベジャールの才能を感じさせる場面だ。


（二〇〇六年六月号）

モーリス・ベジャールは二〇〇七年一一月に死去した。東洋の思想や文化への関心が深く、東京バレエ団に「ザ・カブキ」などを振付けたほか、歌舞伎役者とも積極的な交流があった。

シカゴの建築

シカゴの町の建築を見てまわった。そして、町全体にあふれる造形の強い意志に心地よい興奮を感じた。

マグニフィセント・マイル（壮麗のマイル）と呼ばれる地区。シカゴ・アベニューとミシガン・アベニューの交差点のあたりから、末広がりの台形をした高層ビル、ジョン・バンコック・センターの方を見てみる。黒くそびえ立つ現代のセンター・ビルは、そのビルの前、左右の古めかしい石積みの給水塔と水道局のビルとともに、時代の意匠を主張しながら対照をなしている。センター・ビルの台形の辺が斜めの線を空間に画す一方、それと重なって灰色をしたウォータータワー・プレイス・ビルの鉛直線が前後に交差する。このわずかな視界に、新旧、高低、黒と灰色、鉛直線、斜線が見事に組み合わされているのだ。

シカゴは一八七一年の大火によって街区の多くを焼失させ、それが契機となって復興に向けた建築を勢いづけた。さらに二〇世紀に入り、穀物集積地としての重要性が高まるにつれて、あらたな建築の需要を生む。フランク・ロイド・ライト（一八六七－一九五九）やヨーロッパからやってきたバウハウスの重要人物ミース・ファン・デル・ローエ（一八八六－一九六九）といった世紀を代表する建築家もシカゴを活動の舞台として腕を奮った。こうしてさまざまな偶然が重なり、この地に近代建築が世界のどこよりも発展する素地が生まれた。

けれども活発な建築活動が野放図に繰り広げられたわけではない。そこには都市美を求める強い倫理的な意思が働いていた。たとえばシカゴ大火で焼け残った給水塔やポンプ施設のビルは先に見た石組みの美しいゴシック調の建物だが復興のじゃまだから取りこわそうとする計画があった。これには強い反対運動が起こり、結局道路を迂回させても時代の記憶として後世に残すこととなった。後年の建築家はこの二つの建物を視野に入れたデザインをしているのだ。このように、三世紀にわたる一貫した都市計画が建築家の個性と共鳴しながら都市美に結晶していった。関東大震災や大戦によって焼け野原となった東京が復興のたびに過去の記憶をかなぐり捨ててきたのと対比されよう。

シカゴにはほかにも古いビルがよく保存されている。古いといってもローマやパリの古さとは歴史の尺度が違うが、オーディトリアム・ビル（一八八九年）など、建築史の時代を画すビルはことのほかていねいに、周囲との調和を計りながら現在も使われ続けている。

連邦政府センターの広場に立ってみよう。ミース・ファン・デル・ローエが中心となって設計したビル群は全体が黒い格子状の窓枠で統一され、簡素ながらその均衡は人を沈黙させる力を持っている。一九六〇－七〇年代の建築だ。これら連邦政府センタービル群の位置から見えかくれしているのは一九世紀末のマーキット・ビルなど。低層から高層に向かう窓のデザインは反復と変形を重ねながら、静的な政府ビル群の近代建築に対して律動感を与えてくれる。

そこからほど遠くないところに立つシアーズ・タワー。一九七四年の竣工で、先年までは世界一の高層ビルだった。しかしこれが周囲と全く違和感なくその位置にあることにも感心する。さらに驚くべきは、タワーの上の展望台から見下ろすと、眼下の政府ビル群など、すべてがある秩序の中に収まっているのだ。シカゴという町の建築群は、人間の持続する創意が肯定的に働いた例としてある。

（二〇〇六年七月号）

ナスカの文化

ひところ前までは世界四大文明という呼び名でエジプト、メソポタミア、インダス、中国の古代文明が人類史の中で特別な意味を持たされていた。それが近年では南米にもこれに匹敵する文明があったことがわかり、五大文明と言い換えられようとしている。先日も日本の専門家らがペルーで約四八〇〇年前の神殿らしい石造建築の遺構を見つけたことが報じられ（朝日、二〇〇六・六・二〇）、今後の展開に興味がいく。同じころ、国立科学博物館が地上絵で名高いペルーの遺跡ナスカを本格的に紹介する「ナスカ展」を催した。会場をまわりながら未知の文化の奥深さにさまざまな感慨をもった。

まずその地上絵を大画面のスクリーンで疑似体験するバーチャル・シアターに入る。広大な砂漠に何キロメートルにも及ぶ図形や線が描かれたもので、現地を飛行機から見下ろすのでなければ全貌のつかめない模様が、実写とコンピュータ・グラフィックスにより居ながらにして鳥瞰できる。この展示技術の進歩も特筆に値しよう。

さて、描かれているのはハチ鳥、蜘蛛、猿、コンドルなどの動物や、直線、台形など、幾何学的な模様だ。これは砂漠の上の黒い石と表土を取り除き、下の白っぽい地面をむき出しにすることで描線にしている。数人が横になって歩けるほどの幅だ。大きさは海鵜の類と思われる鳥の場合、絵全体の長さが六四〇〇メートル、直線状のくちばしだけでも三〇〇メートルあるという（「ナスカ展」カタログ）。

時代考証の結果、これらナスカの地上絵は紀元前後の数世紀間に描かれたと推定されているが、二千年も前に巨大で正確な図形をどうやって描くことができたのかは未だ十分に解明されていない。考古学者のアンソニー・F・アベニはまっすぐな棒の数本とロープのみを使用し、歩幅による計測で実際に同様な幾何学模様が描けることを、いわゆる実験考古学の手法で確かめている（同カタログ）。

それではこうした地上絵はどういう意図で描かれたのか。太陽や星の運行と関連づけた天文学との対応説、幾何学的な思索に関係しているという説、儀礼の道しるべや灌漑の儀式に使う道路だったとの説、さらに地下水のありかと関連づける説などが唱えられている。

考証が進むにつれて、水と豊穣を崇拝する信仰を持つ社会集団によって、儀式を行う場所として使われたとする説が有力になってきているようだ。

いずれにしても、こうした創造行為を文化の文脈に定位させることは相当な難しさを伴う。

もう一つの事例を見ていこう。ナスカ展で忘れられないのは、人の首級のミイラと、それを絵付けした壺類で、かなりの点数が並んだ。身体から切り離された首の頭蓋底に穴を開けて脳を取り出す。前頭骨の中心部にも穴を開けヒモを通し、端には持ち運びに便利なように木片が取り付けてある。上下の唇や瞼はサボテンのトゲを刺して開かないようにする。こうした首級は死後も生き生きとした表情を保つ。ナスカは好戦的であったといわれ、敗者の首を取って再生を願う呪術的・宗教的な儀礼に使ったらしい。壺絵はそれを物語る。

（二〇〇六年八月号）

日本の専門家とナスカの地上絵との関係は深く、その後も発見や新しい知識の獲得に貢献している。例えば山形大のナスカ研究所は、二〇一五年七月、リャマと見られる地上絵が二十数点、集中して描かれているのを発見したという。

鏡の意匠

鏡には姿を映すといった実用性のほかに、いくつもの象徴的な意味が込められているようだ。多くの神社で鏡がまつってあったり、皇室を象徴する三種の神器の一つが鏡であることがそれを物語る。古来、文芸や伝説の中でも特別な扱いがされてきた。

記紀の伝承ではアマテラスが自分の分身としてニニギノミコトに鏡を与えたとされる。また、白雪姫の話の王妃は、鏡に向かって「世界で一番きれいなのは誰か」と問いかける。このように、鏡は自我や無意識をも写すと考えられてきた。

そうしてみると、鏡が工芸技術の発達とともにさまざまな装飾を施されるようになるのは自然な成り行きだろう。中国では戦国時代や漢、唐を中心に前後千年を超える期間、豊かな装飾をもつ青銅器の鏡が作り続けられた。日本にも古代の早い時期に製法が伝わったと思われる。

先日、泉屋博古館で唐鏡の特別展があったのを機会に出かけてみた。唐という時代は中国の長い鏡の歴史から見れば限られた期間にすぎないが、この間にも装飾的な意匠が変遷していく様がうかがえた。

青銅で鋳た鏡の片面は、磨き上げて鏡面とする。装飾はその背面に施され、展示の主体はこの背面だ。円板の中央につまみの鈕《ちゅう》と呼ばれる盛り上がったところがあり、内区、外区、外縁と同心円状に外へ広がっていき、装飾が埋めている。

そしてこの装飾の意味は、道教や神仙思想など、時代の流行思想を象徴することだった。また唐鏡は贈答品として男女間で夫婦の契りを結ぶしるしなどにも使われたというから（「唐鏡」展カタログ）、授受の社会的な意味を担う必要もあった。そんなところから装飾のモチーフが決定されていく。

中心となるのは、めでたいしるしとされる瑞獣文様、瑞鳥文様、それに瑞花文様だ。獣は古来、青銅祭器などで文様の中心として使われてきたが、虎、龍、十二支などに続き、唐代には「海獣葡萄鏡」と呼ばれる鏡で外来の獣が形象化されるようになる。海獣といっても海の獣ではなく、獅子に近い風貌で、葡萄唐草文とともに西方の意匠による影響が見てとれる。

獣に次いで唐代の好んだ意匠は鳥だ。鳳凰、孔雀、鶴、オシドリなどが太平や美、長寿、福禄などを象徴するものとして用いられる。獣と鳥を組み合わせ、しかもシンメトリーに配することが好まれた。

唐鏡の意匠モチーフでは植物文様も重要だ。蓮華、なつめやし、石榴、葡萄などの連鎖が、多産や豊穣の象徴として現れる。唐草模様ということばがあるように、唐代は植物紋様が高度に発達するが、それは唐が西アジアやインドなどとの交流によってデザインの国際化を果たしたことによる。この植物紋様は装飾的な配慮からしばしば獣や鳥と組み合わされ、象徴性もいっそう強められたのだった。

中国の銅鏡は、卑弥呼が魏王から一〇〇面を贈られた記録で知られるように日本へは古代からもたらされたが、国産化が進むのは唐鏡をモデルとする奈良時代以降という。展示には平安時代の作になる国宝の瑞花鳳凰八稜鏡が特別に出品されていた。鏡面に仏像が線で刻まれており、唐鏡にない面がうかがえる。国産化に当たって仏教信仰という日本の国内事情を反映させたとすれば、そのこと自体にも興味がわいてくる。技術導入をコピーから始め、次第に日本的なバリエーションを加えていく流儀が、すでにここにも見られるからだ。

（二〇〇六年九月号）

ウィリアム・モリスと造本

近代の大量生産は物の値段を下げ、多くの人が買いやすくする状況を生む一方、手作りの良さを捨て去ることにもなった。ウィリアム・モリス（一八三四－一八九六）は産業革命後のそうした状況に苦い思いをしていたイギリスの工芸家、詩人で、理想を中世に求めながら、一九世紀末に手作りの復権による新しい造形の可能性を探り、成果をあげた。その影響は日本の民芸運動などにも及んでいる。

先ごろモリスの設立したケルムスコット・プレスの出版書を中心に、印刷と造本の歴史をたどる「イギリスの美しい本」展が開かれた（千葉市美術館）。会場をまわりながら、ルネサンスやバロック様式がよく引用される建築などと同様、出版には前時代の意匠が繰り返し取り込まれ、再生産されてきたことを知った。

イギリスに印刷術がもたらされたのはグーテンベルクの発明から二〇年ほど経った一四七四年か七五年ごろといわれる。ウィリアム・カクストン（一四一五？－一四九二）という人物が先に国外のブリュージュで試み、ついでロンドンのウェストミンスターに印刷工房を開いた。それから一九世紀に至るまで、イギリスの印刷術は発展を続けるが、装丁から挿絵、選ばれるテキストまで、大陸の刺激を受け、時には借用が行われていた（同展カタログ）。特にフィレンツェとベネチアの影響が大きいようだ。イタリア初期の挿絵本はビアズリーの挿絵の淵源でもある。

モリスは理想とする本造りを実現するため、一八九一年、ケルムスコット・プレスを設立し、一八九六年に亡くなるまでに三〇〇から五〇〇程度の小部数の豪華本を五〇点以上手がけた。インクと紙を選び、中世風の活字を自らデザインして、装飾と挿絵に趣向をこらす。モリスが活字のモデルにしたのは一五世紀にベネチアで印刷された本で、それをもとに彼の好みを加味したのだという（同カタログ）。

展示品に、モリスの「ケルムスコット・プレス設立趣意書」が印刷された一書があった。民衆の芸術は虚飾や器用さで人を驚かそうとはせず、押し付けがましいところはないが、最良のものには発明の才inventivenessと個性があり、それは壮麗なスタイルが決して凌駕できなかったものだというくだりが読める。モリスはいわゆる民芸の持つ発明の才に注目していたのだ。彼はそこから民衆の伝統工芸に範をとりながら、多くの美しい本を世に送り出した。

モリス自身のテキストによる「ユートピア便り」「輝く平原の物語」「イアソンの生と死」「世界の果ての泉」といった書物は活字と挿絵、装飾がよく調和し、重厚な革表紙をまとって、見るからに好ましい本に仕上がっている。またモリスがバーン＝ジョーンズに挿絵を委ねた「チョーサー著作集」は、世界三大美書の一つに数えられるほど見事なものだ。

こうした評価は同時代のイギリスを中心になされたものであることを知っておく必要があろう。けれども展示で同時に見ることができた他の二書、一九〇九年にアシェンデイーン・プレスが出版したダンテの「神曲」や、一九〇三年にダブズ・プレスが出した「欽定英訳聖書」を合わせると、イギリスの出版文化が一九世紀末から二〇世紀の初めにかけて、美的な本を出すことで頂点に達していたのが理解できる。

大衆文化が隆盛を見せる一方で、伝統をよりどころにしながら反時代的な革新を成功させたウィリアム・モリスという人物には、今日なお、興味をそそるものがある。

（二〇〇六年一〇月号）

ペレルマンとポアンカレ

ロシアの数学者グレゴリー・ペレルマンが数学のノーベル賞ともいえるフィールズ賞を断ったニュースは大きな話題を呼んだ。賞の対象の業績は、二〇世紀の初頭、フランスの数学者ポアンカレ（一八五四ー一九一二）が予想した空間の形を分類する幾何学の難問に、解決の道を示したというものだった。権威ある賞を彼がなぜ辞退したのか、さまざまな憶測が出ている。こうした栄誉を辞退した例には、ノーベル賞のサルトル（一九〇五ー一九八〇）や文化勲章の大江健三郎が思い起こされるが、ペレルマンにはどのような理由があったのだろうか。そもそも学術や文化の大きな功績には栄誉がついて回るのが一般的だろう。賞金や年金といった実利以外にも社会的な特典は多いし、何より本人の認知が高まることで、その自意識は十分に満足させられる。だからこそ、その栄誉にありつこうとして陰では競争者との熾烈な争いが展開され、時には業績の横取りという事態も起こる。学士院賞の業績の帰属をめぐって訴訟が起こされたこともあった。発明者が報酬の不十分を理由に所属していた会社を訴えるのと、そんなに事情は変わらない。ペレルマンは、自分の証明が正しければ賞は必要ないとして、脚光を浴びることを避けているという。さらに、数学界からの引退を表明し、他人が彼の業績を敷衍《ふえん》したような論文を発表したことには不快感を表したともいう（朝日、二〇〇六・八・二三）。ペレルマンには、栄誉や報酬以上に重きを置く彼なりの価値観があるのだろう。ペレルマンが取り組んだ「ポアンカレ予想」のアンリ・ポアンカレは、世界的な数学者、科学思想家で一般向けの著作も多い。ピカソは四次元を平面的に描くキュービズムのヒントをそこから得たといわれる。ボアンカレはまた、演説や科学者の評伝を集めた「科学者と詩人」（平林初之輔訳、岩波文庫）のなかで科学的な業績をどう評価すべきか、興味深い言葉を残している。たとえばその一章「砲兵学校交友」で、「世の中には功利家にはどうしても理解できないものがあるからです。秤ることのできない力、思念の力がそれであります」という。これはボアンカレが出身校である理工系の名門エコール・ポリテクニック（砲兵学校）に招かれ、校友会大会で演説したときのことばだ。母校はフランス革命下に創立され、以来、軍人は言うに及ばず、政治家、実業家、学者などの著名人を輩出している。ボアンカレはまず、分業が進んでいる科学界において早くから専門的になるほうがいいという世間の意見に対して、功利家には理解できないものがあると反論する。そして優先すべきは、思念の力だというのだ。母校が多くの声名ある人材を送り出したのは、彼らに思念の力があり、それが専門を超えた母校の先輩に連なる誇りとあいまって各人の魂を高揚させたのだと語る。彼はさらに、母校の光栄は共有の世襲財産だともいう。「祖国のために戦う人々も、真理のために戦う人々も、ともに此の共有の世襲財産から、あたかも、生気を与《あた》え元気をつける泉からのように、その力を汲みとるのです。……この名誉に対する連帯責任こそ、真の集団精神であり……」。ポアンカレは同窓生を前にこう話しかけているのだが、語り口は、科学というものを奉じる共同体の成員にまで向けられているといっていい。ペレルマンもその声をどこかで聞いていたのであろう。こうして思念の力が生む共有財産を増やすことこそが、彼の価値基準となったのだ。

（二〇〇六年一一月号）

ペレルマンのフィールズ賞辞退は、業績の判定に不公平な数学会への異議申立てだったともいわれる。

バイキング

ロケットの発明は人間を月へ送り込み、宇宙に基地を建設させるほどの力を持つに至った。千年以上も前、バイキングが発明した木造の船はその航海術と相まって、ヨーロッパからアメリカまで彼等の足跡を残すことを可能にし、後のヨーロッパ文明を方向付けた。彼等にとって陸地と海は互いに結ばれて一体のものという意識があったろうから、船足の赴くところ、どこにでも出かけていった。アジアもアラビアも、そして西欧も、歴史的には大航海と文化の伝播をしてきているが、バイキングの特徴はどんなところにあったのだろうか。先ごろ北欧を訪れた際にその遺物を見ながら、彼等の影響力や歴史上の意味を思った。

オスロのバイキング船博物館には発掘、復元された彼らの船がいくつか展示されている。船は先端が鋭い刃物のような形をしており、喫水線が低くていかにも俊足という印象を与える。貝殻を合わせたように前後がすぼまり、その構造で自立しているが、波の圧力や走行に耐えるよう、横に渡した肋材で補強してある。また、船底の中心を船首から船尾へと貫く竜骨が発達して強度と弾力性を持ったため、帆をかけることもできるようになった。

館の入り口にある一艘は、九世紀にほぼ半世紀にわたって使用された船でおそらくは女王のものといい、その死後、遺体とともに埋葬されたのが、二〇世紀の初めに発掘された。手の込んだ彫刻など、実用船にはないものも見られるが、基本的な形状や構造では変わらない船が今日でもノルウェーの北部では造り続けられているという。

木造船の建設は斧を主要な道具に、目測だけで行われたようだ。フランスのノルマンディー地方、バイユーの博物館にある横数十メートルにも及ぶ絵巻物のような刺繍は、バイキングを先祖とするノルマンディー公ギョーム（在位一〇六六—一〇八七）による、いわゆるノルマン・コンクェストを描いている。この中には木を切り出すところから船大工が船を造るまでを絵解きした部分があり、当時の造船術の一端がうかがえる。バイキングはこの優秀な船と航海術で各地を侵略し、あるいは交易し、定住もした。地中海の南からロシア、スカンジナビア諸国、グリーンランド、アイスランドにはその遺物や、変容して今日に伝わる文化を見ることができる。

ところで、宇宙開発をもたらしたロケットはまた、核ミサイルの運搬手段にもなりうる。現在はそうした使われ方を阻む条約などを中心とした平和維持の外交と、国際政治力学の均衡が存在する。ところがバイキングの時代、侵略技術の適用を阻むものはなかった。俊足の船はある土地にいきなり現れて略奪の後、すばやく去っていくという離れ業を可能とした。もっとも彼等はただ好戦的であったわけではなく、先に見たように遠隔地との交易や定住、さらに同化も普通のこととなっていく。

スウェーデンのヨーテボリにある博物館には初めは異教徒だったバイキングがキリスト教徒化していく過程を見せる展示がある。彼等の叙事詩サガは北アメリカ発見に触れているほか、いわゆる北欧神話を豊かに物語る。一九世紀になってワグナーは「ニーベルンクの指輪」でそうした神々たちの壮大な音楽劇を作曲した。オスロ空港の真新しいビルの天井は、合板の木材を梁にしているが、その薄みのある背の形状は、どう見てもバイキングの船べりを思わせる。

意識、無意識のうちに、バイキングの文化は今日へと引き継がれているのだろう。

（二〇〇六年一二月号）

セレンディピティー

スリランカの内戦がやまない。政府軍と反政府武装組織タミル・イーラム開放の虎（ＬＴＴＥ）は、二〇〇六年の二月、三年近くに及んだ停戦を以後も順守することを確認していた。それが四月に北東部のトリンコマリーで市場の爆破事件があったのを機会に、再び泥沼の戦闘状態に入ってしまった。今度の緊張の原因は、ＬＴＴＥが支配する地域にある灌漑施設の水門を政府の管理下に置こうとしたことによるものだった。いわば水攻めを企てた政府に対してＬＴＴＥが反発したのだ。

内戦状態に入る直前、束の間の平和時にスリランカを訪れた。コロンボ港のすぐそばに宿を取り、大きな船が頻繁に出入りするのを窓から見ながら、この国際貿易港が経済に大きな役割を果しているのを実感した。港のすぐ近くに海洋博物館がある。中には海を渡ってスリランカにやってきた人たちの歴史が展示されている。そのなかで、アラブの旅行家イブン・バットゥータ（一三〇四－一三六八？）の一行が一四世紀の前半に訪れたときの説明文が目を引いた。彼らがこの地をセレンディップと呼んだところから、その名が広まったという。アラブ語で「予期しない幸せな発見」を意味するようだ。彼らにとり、そこは確かに驚異の土地だったろう。やがてアラビアン・ナイトにまでセレンディップの名は浸透した。この地にはまた、セレンディップの三人の王子の物語で知られる民話があった。成立はセレンディップの名が与えられる以前だ。これが近世、ヨーロッパに伝えられた。王が教育のため三人の息子を旅に出し、その息子たちは困難に直面しながら、持ち前の勘のよさと能力で問題を解決していく。たとえば道草の食い残された跡を見て、迷子のラクダの歯が欠けていたことまで言い当てる。ここから、予期しない大発見を一九世紀ごろにはセレンディピティーというようになった。今日では発見に気づく能力の意味でよく使われる。近年出たアメリカ版の童話「セレンディップの三人の王子」（エリザベス・ジャミスン・ホッジス著、よしだみどり訳「セレンディピティー物語」、二〇〇六）には、旅先の王子たちに使者から故郷の消息がもたらされる場面がある。貯水池が管理されないばかりか、そこからの用水路も詰まって流れが滞り、農地へ水が行かないというのだ。スリランカには各地に人工の貯水池がある。たとえば古都ポロンナルワにはかつてこの地を支配した王が都市建設とともに築いた広大な人工湖が広がっている。池というにはあまりに大きく、湖岸には熱帯の木々が茂って、水鳥が遊ぶ景勝地だ。そこからは水が勢いよくほとばしり出て、灌漑や飲用に供されている。速い流れに向かって飛び込む子供の姿も見られた。セレンディップの物語が生まれたころには、もうこうした人工の灌漑施設があったのだ。物語ではそれが管理の不行き届きから水不足を起こしたことが使者によって伝えられる。歴代の王は、その整備に腐心しており、土木技術は古くからかなりの高度に達していた。歴史あるスリランカの灌漑施設は、いま民族間の争いの道具にされようとしている。セレンディップの王子たちの物語では、諸悪の根源である竜が退治されて、国に平和がもたらされる。現在のスリランカを覆う諸悪は民族間の憎悪だ。それを取り除き、この国が再び驚異の国となるようなセレンディピティーが働く余地はないのだろうか。便利な用語を使わせてもらっている世界にも、早く知恵を出すよう迫っているともいえよう。

（二〇〇七年一月号）

スリランカの内戦は、二〇〇九年、政府軍がＬＴＴＥ支配地域を制圧することで終結した。その後、復興事業が進んでいるが、民族、宗教間の対立が完全になくなったわけではなく、人権や海峡の漁場など、未解決の問題も多い。

テキーラ

異文化の出会いは、多くの発明を生む。それぞれの文化の体系が育んできた発明と発明の遭遇が、新たな工夫を導くのだ。

たとえばジャズはアフリカ音楽にアメリカのそれが融合して生まれた。また世界の料理や飲み物も、異文化接触を通じ多様化していく。マルコ・ポーロ（一二五四－一三二四）が東洋で出会って持ち帰った麺からスパッゲッティが生まれたという説の真偽は知らないが、こうした例はいくらでもあるだろう。テキーラという酒がある。メキシコのテキーラ地方などで造られる蒸留酒で、今では世界中に輸出されている。このテキーラは、先住民が何千年来伝えてきたリュウゼツランの発酵酒に、征服者スペイン人が持ち込んだ蒸留の技術が結合して生まれた。先ごろ「たばこと塩の博物館」で開かれた特別展「ビバ・テキーラ」を見ながら、この酒の来歴に思いを寄せた。

先住民の社会では、マヤウエルと呼ばれる豊穣の女神を祀った儀式で参列者に酒が振舞われた。これはリュウゼツランの一種マゲイの樹液を発酵させて作り、プルケという名で呼ばれていた。今日でもなお少量の生産は続いている（同展カタログ）。このように儀礼と結びつく酒の文化は世界の各地にあり、もちろん古来、日本にもある。

スペイン人によるメキシコ征服後の一六〇〇年ごろ、この酒を蒸留する工場が当地のテキーラに建てられた。この言葉は本来、飲み物の名前であるとともに、刈り取り、収穫する場所を意味していたという（同書）。

また蒸留の技術自体、スペイン人の独創ではなく、スペインにさまざまな文化を持ち込んだアラビア人から学んだものだった。

科学史の教えるところでは、古代エジプトに端を発する錬金術がイスラムに受け継がれ、有名な中世錬金術師ジャービル・イブン・ハイヤーン（七二一？－八一五？）が不老長寿の薬を探す過程で蒸留器を発明した。それがスペインにも及んだことになる。余談だが、この蒸留器は幕末、オランダから日本にもたらされて蘭引（ランビキ）と呼ばれた。展示の会場には、実際に現地で使われた古い蒸留装置が並び、当時酒を造った人の思いが伝わってきた。製造された蒸留酒は、はじめメスカルという名だった。この酒は輸入されるスペイン産のワインや蒸留酒と競合するため、時の政府に製造を禁止される憂き目に会うが、密造などを通じて生き残り、やがては課税を受け入れることで公認された。一九世紀から二〇世紀にかけて製造が本格化すると、テキーラ村を中心としたメスカル酒がテキーラを名乗るようになる。一方で原料となるリュウゼツランをアガベ・テキラーナ・ウェーバー・アスルという品種にしぼり、産地をハリスコ州など生育に適した地域に限って、品質を向上させていく。同時に「テキーラ」を原産地名称として他の産地のものと混同されないように保護する努力が続けられる。一九七八年にはＷＩＰＯに登録することで国際的な保護を求めた。リスボン協定による原産地名称の保護制度に乗せるためだ。さらにアメリカやカナダとの間ではＮＡＦＴＡ（北米自由貿易協定）で、ＥＵとの間でも同様な協定で、保護が行われる。そして日本も二〇〇四年に結ばれたメキシコとの自由貿易協定で、この名称の保護を約束している。歴史的ないわれのある蒸留酒「テキーラ」の地理的表示を国際的に認知させていくメキシコの歩みにも、見るべき工夫と戦略があるといえよう。

（二〇〇七年二月号）

アンコール・ワット

歴史に残る壮大な建築物は、ほとんどがそれを造った民族の宇宙観や価値観を象徴的に表現している。ピラミッドやルクソールの宮殿は古代エジプトの宇宙観に、中国の故宮は陰陽五行説などに則っているし、平安京の都市計画は、輸入された支配原理に従って様ざまな象徴表現を含んでいる。

南アジア最大の世界遺産アンコール・ワットをはじめとする一群の遺跡群にも、クメール人の宇宙観、世界観が色濃く反映している。先日、待望の地に立って、この眼でそれを確認してきた。

アンコール・ワット寺院に近いカンボジア中北部シェムレアップの町。近年まで陰惨な殺戮があった国とは思えないほど、ここは大きな近代的ホテルが立ち並び、夕刻遅くに着いたときにはどこの国へ迷い込んだかと思うほどだ。それでもあるところでは地雷除去の作業中に事故で死傷者が出るなど、先年までのカンボジアの不幸な出来事は、今に至るまで跡を引きずっている。

アンコール・ワットは一二世紀、インドシナ半島を支配したクメール人の王スルヤバルマン二世によって創建された。この時代はアンコール朝とよばれ、インド文化の強い影響下にあった。そのため建物の伽藍配置や、壁画のモチーフにはインドのそれとの明らかな共通性が見られる。アンコール・ワットはヒンドゥー教のビシュヌ神に捧げられた寺院であるとともに、スルヤバルマン二世の墳墓でもある。生前、王はビシュヌ神の化身とみなされていたため、死後、ここが墳墓となった。

寺院は南北一三〇〇メートル、東西一五〇〇メートルの方形をした敷地の外側に環濠を配し、それを二分する参道から内側の建物に入っていく。すると二重、三重の四角な回廊によって中心に近づき、その核に当たるところでは中央塔が天を目指している。

中央塔とそれを取り巻く四つの塔をいただいた中央祠堂は世界の中心である須弥山を、二重、三重の回廊はヒマラヤ連邦を、そして環濠は大洋を象徴するという。

参道には頭をもたげた二匹のコブラを入り口に向け、その長い胴体を両側に配したナーガと呼ばれる石の欄干がある。これは不死を象徴し、神と人間界の架け橋とみなされている。シェムレアップを流れる川に架かかった現代の橋の欄干にもこのナーガの意匠が使われており、クメール美術の息の長さを知らされる。

伽藍の全体は天空の楽園をイメージして造形されたマンダラのような配置になっている。建物の材質にまで象徴的な意味があり、堅牢な砂岩は神の神殿、木材は自然と密接な人間の王宮という使い分けもあるらしい。

こうした宇宙観の根底にあるのが、ヒンドゥー教の聖典で世界三大叙事詩にも数えられるマハーバーラタだ。ビシュヌ神と創造神話、聖山ヒマラヤなどはすべてここに起源を持つ。

回廊の壁面にはビシュヌと阿修羅の戦いや、乳海攪拌と呼ばれる創世の物語が壮大な石のレリーフで浮き彫りにされている。

乳海攪拌は、神々たちが大蛇の胴体を綱のように引き合ううちに海が攪拌されて乳の海となり、そこから先祖が生まれたとする神話で、カンボジアの誕生を物語る。アンコール・ワットに近い寺院でも、このモチーフの彫刻はよく顔を出す。ヒンドゥー教の寺院として出発したアンコール・ワットは、今日、仏教徒の信仰するところとなり、参拝する人の線香が絶えない。

（二〇〇七年三月号）

物語の類似

朝のNHK連続テレビ小説「芋たこなんきん」で、こんな場面が出てきた。主人公の町子が知人の住職から香港旅行で買った土産という仏像を預かることになる。それをあるとき取り出して触っていると、手がもげているのに気づく。自分が壊したと思い込み、その対応に頭を悩ますというものだ。けれども骨董屋に似たような品をもってこさせるあたりから、結末が予想できた。偽ものをつかまされたのではないかと思っていると、案の定、仏像はまがい物だったと判明する。

これには類話がある。モーパッサン（一八五〇－一八九三）の「首飾り」だ。安月給取りの妻が、夫のもらってきた招待状で文部大臣主催の舞踏会に行くことになった。しかし着けていく装身具がない。そこで友人に頼んでダイヤの首飾りを貸してもらい、急場をしのぐ。ところが自宅に戻って、この首飾りをなくしたことに気づくのだ。借金を重ねて似たようなものを探し、返したため十年近くも耐乏生活を送るはめになる。挙げ句、再会した友人から貸したのは実はまがい物だったと告げられるところが落ちになっている。

この短編は明治時代から日本でも有名で、小説作法の手本のようにみなされてきたが、そのあざとさを、たしか夏目漱石は嫌っていたという。

「芋たこなんきん」と「首飾り」の類似は明らかだとしても、これは盗作というべきものではないだろう。脚本家の頭へ半ば無意識にこのエピソードが入り込んだのかもしれない。

他人から預かったものを損なったことによって、それを元に戻そうと苦労するのは、近代小説以前の、むしろ神話的なモチーフといってよい。

たとえば古事記の海幸彦と山幸彦の話。兄の海幸彦から釣り針を借りた山幸彦はそれを失ったため、身につけていた剣を砕き五百本の釣り針にして返そうとするが、兄は受け取らない。結局、海神の宮におもむき、結婚した豊玉姫を仲立ちに、鯛ののどに刺さっていた釣り針を回収して兄に返すのだ。そして、実物の返却という難題を吹っかけた海幸彦には以後、災難が降りかかる。

ところでこの失われた釣り針が主題となったあらすじを持つ神話は、インドネシア、ミクロネシアから北米の北西海岸にまで広く及んでいるという（大林太良「神話の系譜」）。なかでもチモール島中部には、兄から釣り針を借りた弟がそれを失い、海中の鰐の王に会って取り戻す話が伝えられており、陸との交通手段に鰐の背を利用するところまで海幸彦と山幸彦の話に共通する。

さらに古事記の海幸彦、山幸彦には後日談がある。山幸彦が陸に戻って間もなく、豊玉姫が産気づいた。姫は海辺に来て、鵜の羽を敷いた産屋《うぶや》を造り、夫である山幸彦に出産場面を見てくれるなと頼んで子を産む。ところが夫はその約束が守れず、覗き込むと、姫は大きな鰐の姿になって身をくねらせていた。これを見た夫は驚いて逃げ出し、姿を見られた姫は絶望して海への通路を閉ざすと海底に戻ってしまう。夫が妻に約束させられたタブーを破る話は、古事記に繰り返されるモチーフで、妻イザナミを追って黄泉の国へ行き再会を果たしたイサナキは、見てはならぬというタブーを侵し、そのおぞましい姿を見ることになる。こうした話は現代の民話といってもいい木下順二の「夕鶴」にも見られる。神話的なモチーフは、時代を超え形を変えて再生産されるのだ。そこには意図した引用や借用かどうかを問わず、人間の心性を深いところで揺さぶる普遍的な作用があるからだろう。

（二〇〇七年四月号）

規制緩和と発明

法の規制は人間の創造活動を阻むところがあるので、緩和によって、さまざまな発明が生まれてくる可能性がある。たとえば新規ご法度の江戸時代から、特許による保護が始まる明治にかけて、発明の数は飛躍的に伸びた。

塩の専売制が一九九七年に廃止されて以来、製造や輸入はだれでもできることとなり、最近はいろいろな食塩が市場に出回っている。かつてのイオン交換法による味気ない塩しかなかったころに比べれば、塩の微妙な味わいが楽しめる時代となった。絶えていた伝統的な海塩の製法が復活したほか、にがりを加えるなど、これまでとは違った製法も生まれているようだ。

一九九八年には建築基準法が改正され、材料による高さの制限がなくなった。このため強度や耐震性、耐火性などの要求を満たせば、どんな材料でも使えることとなった。木造建築は燃えやすいと思われているが、一定の厚さの板を重ね合わせた合板パネルは燃えにくい上に、燃え抜けも防げるようだ。木材の熱の伝わりにくさに着目して、その集成材による高層の塔も提案されている（朝日、二〇〇七・三・一一）。

メディアの規制緩和では、新しいビジネスモデルが生まれてくるだろう。放送と通信の融合が起こり、これまでなかったサービスが受けられるようになるかもしれない。これには著作権処理など、側面の規制緩和を平行して進める必要がある。テレビの地上波と同じ番組をインターネットで配信するときの権利処理は、先ごろ著作権法の改正によって簡易化された。こうした流れは続くにちがいない。

反対に規制が発明の普及を阻んでいる例を見てみよう。新しい医薬品に公の機関による承認が必要なのは世界共通だが、日本は手続きが厳格なため治験のデータ収集から承認に時間がかかりすぎるといわれる。そこで、日本で開発された医薬品であっても海外で先に承認され、国外で発売となる例が少なくないようだ。

治療器機も同様で、外国では常用されている器具が、日本では規制によって使用できない事態が生じている。コンピュータ制御によって人体の定まった部位に放射線を集中照射させるサイバーナイフと呼ばれる装置では、その改良型を輸入したところが承認時と違うという理由で二〇〇二年に回収を余儀なくされた例がある。

重症の心不全患者に使用することを目的に開発された補助人工心臓は、日本の会社が欧州で販売承認を得たと伝えられるが、日本で承認に至るには、やはり年数がかかるだろう。研究の根元から規制がかかっている代表例は、ヒトの胚性肝細胞（ＥＳ細胞）を使った研究だ。これには生命倫理が絡んでおり、世界的にも規制の強弱では違いが生じている。受精を生命の始まりとみなすキリスト教の教義からすれば、その研究は生命をもてあそぶものということになり、容認できない。アメリカは宗教右派が特に反対しており、ブッシュ第四三代大統領もこの考えに近い。研究への連邦助成は、大統領の反対もあって規制の緩和に向かわない。個人の研究の自由よりもこうした倫理観を優先することでは、ヨーロッパも似た事情にあるだろう。もっともＥＳ細胞の研究に画期的な治療法などの成果が生まれる期待もあり、それが肥大化したのが、先に論文捏造が判明した韓国の黄教授の事件だった。規制にはもちろん理由のあるものもあるが、発明の芽を摘まないためにも、その必要性は絶えず検証すべきだろう。

（二〇〇七年五月号）

ボローニャの戦略

イタリアの古都、ボローニャを訪ねた。中世以来の塔があちこち天を目指して立ち、ポルティコと呼ばれるアーケードが街路の端に延々と続く。またヨーロッパ最古ともいわれるボローニャ大学があって、今日も多くの学生を集めている。

そんな町の中でひときわ目立つアシネッリの塔のてっぺんに上って、市域を眺めた。すぐ脇にはピサの斜塔のように傾きかけたガリセンダの塔があり、ほかにも塔があちこちに見える。ダンテがこの町を訪れたときには、二百本もこうした塔がそびえていたので驚いたという。市の有力者は、権力、財力を塔の建立によって誇示したのだった。

ボローニャは一二世紀以来、教皇や神聖ローマ帝国皇帝の支配を脱した自由都市としての歴史を歩む。商工業がそのため早くから発展し、食品、家具、靴などの伝統工業と並んで機械、金属、精密機械などに今日でも見るべきものが多い。

塔の上から見下ろす町は、赤い屋根の色調で統一され、周りを取り囲む低い山波と連なっている。ところが不思議なことに、見渡す限り川らしいものがない。ローマにはテベレ川、フィレンツェにはアルノ川が流れ、市域を潤している。エミリア・ロマーニャ州の州都で数十万の人口を擁するボローニャは水をどうしているのだろう。

実はボローニャの川は地下を流れ、人目に触れないようになっているのだ。市の中心にサラ・ボルサと呼ばれる旧証券取引所の建物がある。現在は図書館になっており、多くの市民が出入りしているが、図書室に連なるホールは床の一部が強化ガラスで覆われ、地下がのぞけるようになっている。ローマ時代の遺跡が顔を出しているほか、その地下の川の覆いらしきものも見える。

パリの地下下水道も有名で、小船が通れるほどの大きな下水道があるが、こちらはせいぜい百数十年の歴史しかない。ところがボローニャのそれは川そのものを覆ってしまう仕掛けで、中世以来だ。写真を見ると、アーチ状をしたタイルの天井の下を豊かな水量の川が確かに流れている。

ボローニャは、絹の紡績に古く水車を動力とする方法を思いつき、それによって一二世紀以来、生産で他を圧する地位を得た。そして競争力を維持するため、川や運河を覆って水力の利用を見えなくしただけでなく、紡績機まで隠してしまったのだ。塔により上空を指向する一方、市民の情熱は地下にも注がれた。

産業技術を秘密にした戦略で、ボローニャは長くその後も優位を保ち、農業用の機械や自動車産業など今日の産業を支える技術も培った。地下に秘密の構築物を造ることでは秦の始皇帝陵、カッパドキアのキリスト教徒が住んだといわれる地下都市など例がなくはない。けれども産業技術を人目に触れさせないため川まで地下に封じ込めた例はほかに知らない。イタリアの中世都市国家は、他の都市と競い合って栄えてきた。競争に負けることは衰退を意味する。海洋貿易で潤ったジェノバは、別の有利なルートを取ったベネチアとの競争に敗れた後、やはり衰退していくほかはなかった。ボローニャはまた、古代ローマ以前の先住民エトルリアに由来するデザインなども受け継いでいるのかもしれない。市立博物館にはおびただしいエトルリアの遺品が並ぶが、泊まった宿のベッドを縁取る鉄パイプの意匠に、それと通じるものを感じた。ここにも歴史の厚みを現代に覗かせるボローニャの巧みな戦略がある。

（二〇〇七年六月号）

手品の種

手品は専門家だけでなく、素人にもちょっとした練習でできるようになるものがある。言われてみればなぁんだというような工夫が潜んでいて、これは種と呼ばれる。知っている人でも知らない顔をして見ているのがつきあい上、求められるだろう。そして愛好家のために、種は売り買いの対象でもある。先ごろ、その種となる仕掛けをした硬貨が違法だとテレビが報じた際、必要以上に種を明かされてしまったという手品師たちが損害賠償を求める事件があった。彼らは手品の種が共有財産であり、保護に値するものだと主張している。

手品の種を文章化すれば、それ自体には著作権の保護が及ぶし、公開をおそれず特許出願すれば、場合によっては特許になることもあるだろう。だが、愛好家の間で古くから知られた硬貨を使うものなどいわば古典的な種は、仮に彼らの共有財産であることを承認するとしても、保護をする適切な仕組みはない。既存の法制の保護期間をとっくに過ぎているのである。

秘している限り値打ちのある情報は、いったんそれが漏れたとき、その値打ちを失う。そして、この情報化社会で、秘匿はますます難しくなっている。

推理小説の筋や結末を、まだ読んでいない人に話さないというマナーは一般に認められている。それは著作権の保護というよりも、読書経験によって初めて得られる満足を、あらかじめ奪ってしまうことが、社会生活の中で好ましくないとされるからだろう。小さな子供に向かってサンタクロースはいない、大人がかげで演じているのだと教えるたぐいの無粋な行為なのだ。

プライバシーをめぐっても、国民の知る権利を盾に報道する側と、秘しておこうとする側が衝突することがよく起こる。個人情報の保護は法規範ともなっているが、それはべつに財産的な権利というほどのものではない。個人の人権を保護する要請からだろう。年齢や職業、出自など、人にはかくしておきたいことがいろいろある。

手品師やそれを見て楽しむ共同体が存在するとき、手品の種はやはり共有財産の性格をおびてくる。共同体の知的財産といえば、フォークロアや医薬の民間療法などをめぐる伝統的知識が、近年その保護の要求を高めてきている。国連機関などさまざまな場で、要求にどう答えていくかが議論されてきたが、結論は見えてこない。条約や法といった厳格な社会システムでは到底対応できないのだ。共同体の尊厳を認め、その価値を蹂躙しないマナーを広げていくほかはないだろう。

スプーン曲げで有名なユリ・ゲラーが、彼の超能力はイカサマだといって彼のパフォーマンスの一部を録画した映像をユーチューブに投稿した市民団体と、アメリカで訴訟合戦を繰り広げている。ユリ・ゲラー側はその投稿が著作権の侵害だといい、訴えられた側は、関連のビデオ映像はわずか三秒にすぎず、批評のための公正使用であり、批判を封じようとするのかと反発する。そして、著作権の侵害には当たらないことの確認訴訟を起こした。ユリ・ゲラーのパフォーマンスが手品と同等視できるかはわからないが、訴訟は和解している。

報道には一定の自己規制が求められるだろう。手品の種にしろ、プライバシーにしろ、それを暴かれることを望まない個人や団体がいるとき、暴くことがどこまで正当化されるかを、広い社会的な文脈に立ち返って考えてみる必要がある。


（二〇〇七年七月号）

狩野派

天正遣欧使節がローマ教皇に送った狩野永徳（一五四三―一五九〇）の屏風絵「安土城之図」が一六世紀末の一時期、バチカン宮殿内に置かれていたことが確認されたという(朝日、二〇〇七・二・一一)。そうだとすれば、日本発の美術が地球規模の移動をしたことを示すもので、ちょっとした興奮を誘う。中国絵画から多くを吸収しながら独自の発展を遂げた日本絵画の創造性を、ローマにまで伝えたのだ。

狩野永徳は日本の絵画史上最大の流派をなした狩野派の頂点に立ち、「安土城之図」は織田信長が彼に描かせたものといわれる。永徳をはじめ狩野派は政治権力を背景に、血縁による専門集団として世間に君臨した。それを嫌う人がいるのは当然だが、画風の確立と伝承ということからみれば、多くの興味深い事実が浮かび上がる。このところ狩野派再評価の動きも目立ってきた。狩野派は、その祖・狩野正信（一四七六―一五五九）の室町後期から安土桃山、江戸を通じ、さらに明治初期まで、ほぼ四百年、日本画壇の中心にあった。それには親族が宗家を守り立てるため、養子縁組を繰り返し、家系を維持していったともいわれる（安村敏信「もっと知りたい狩野派」東京美術、二〇〇六）。

幕府権力による城や神社仏閣など大規模建築が盛んに行われるようになると、室内を飾る絵画の需要も高まる。その需要に応えるには、技量を持った画工を組織化することがぜひとも必要だ。これに応えたのが狩野派だった。

正信に続く元信（一四七六―一五五九）は、将軍家以外にも顧客層を広げ、寺院、公家や有力町衆からの注文を受けるに至る。このために、画風も水墨画に加え、色彩豊かな大和絵などを取り込んで、広範な趣味に応じられるように変化していく。

さらに狩野派は彼の代から工房化し、分業と集団制作によって多くの仕事をこなすようになった。王侯貴族の注文を大量に受ける必要から、百人の弟子を抱えてこれにあたったというルーベンス（一五七七－一六四〇）とその工房が思い起こされる。また、経済的基盤をより確かなものとするため、元信は扇面に絵付けをして売りさばく扇座の権利を幕府から得ている。先ごろ開かれた「狩野派誕生」展（東京・大倉集古館）には、そうして制作された扇面も並んでいた。狩野派が自派の結束を維持し、技法を代々にわたって伝えていくのには、粉本《ふんぽん》と呼ばれる教則本が威力を発揮した。古画の模写、縮図や写生を集め、この手本を学ぶことで、狩野派は派内の技量を高めただけでなく、古典の伝承をも確かなものとしたのだ。江戸期の狩野派で最大といわれる狩野探幽（一六〇二－一六七四）は、大火でこの粉本を焼いてしまい、それを取り返すために古画の模写や鑑定を積極的に行ったという（同書）。大倉集古館の館蔵「花鳥画展」には探幽のそうした筆になる縮図が展示されていたが、中に有名な雪舟（一四二〇－一五〇六）の達磨図があったのには驚いた。探幽はもちろんこれをみて描いたのだろう。彼の規範とする画家が誰だったかがうかがえる。狩野派は桃山期の永徳、江戸期の探幽という巨匠以外にも多くの画家を世に送った。その流れは明治以降、橋本雅邦（一八三五－一九〇八）を最後に事実上派が消滅した後も続き、昭和の川合玉堂（一八七三－一九五七）にまで及んでいる。狩野派は画壇を支配する力をもったが、それによってすべてが覆われたわけではない。江戸期にはまた、浮世絵に代表される、より庶民的な絵画が自然に生まれてきた。これもまた日本美術の活力を示すものだろう。

（二〇〇七年八月号）

マグナカルタ

イギリス南部の町ソールズベリーの大聖堂を訪れる機会があった。国内随一の高さを誇る尖塔がはるかかなたの平原から望まれる、ゴシック建築の傑作だ。堂内に置かれたヨーロッパ最古といわれる時計は今でも鐘楼の鐘を鳴らしている。

堂にはもう一つ誇るべきものがある。歴史に名高いマグナカルタの残存する四部のうち一つが、最高の保存状態で公開されている。堂内の特別室で、一二一五年に起草されたその現物を見た。

たった一枚の羊皮紙に薄いインクでびっしりと書きこまれていて、特色ある字体のアルファベットが読める。これは英語でなく、ラテン語なのだ。マグナカルタはそのラテン語で大憲章を意味する。

フランスとの領土争いに敗れた当時のジョン王（在位一一九九―一二一六）は、徴税によって苦境を脱しようとする。これに反対した貴族と、王権の介入を快く思わない教会勢力が結束して、王権を慣習法の明文下に置こうとしたのがこの大憲章だ。

前文は、二七人の貴族と忠誠な臣民の助言により王は以下の六三条を確認する、という体裁を取っており、貴族名を列記した中に、ソールズベリーの伯爵も含まれている。

マグナカルタは王とこの貴族の数以上のコピーが作られたのであろうが、現存するのは四部にとどまるという。このラテン語は、全条を一枚に収めるため筆記に省略を含み、しかも今日通用しているラテン語とは少し違っていると、案内人が語ってくれた。また、四部は、互いの間に幾分かの違いがあるようだ。何より当時といえども王と貴族の双方でどれだけの人がこれを読むことができたか、疑問に思えなくもない。

しかし、王と臣民が契約によって法を制定し、双方が拘束下におかれるという構造がここに確定した。法の支配やある種の基本的人権の尊重は、今日も続く原理として国連の人権宣言から各国の憲法にまでその射程が及んでいる。

マグナカルタの現代英語訳（訳 Claire Breay)を見ると、教会は自由であるべきこと、軍役代納金などは王国内で承諾なく徴収されないこと、人は裁判か国法によらなければ逮捕、拘禁され、権利や財産を剥奪されないことなどを定めた条項が目に付く。その第三五条は王国内の度量衡を統一すべきことも謳っている。ワイン、ビール、ロンドン地区の穀物、染布、毛織布の幅、その他重量も、標準化すべきであるとする。マグナカルタは経済法の側面も持っていたことがわかる。

さらに平時には、貿易のためあらゆる商人が自由に、イングランド内に入り、そこから去ることができるという条項がある。これは後年の重商政策を地ならしししているとも見られよう。やがてイングランドは大陸から技能を持った職人を招き、産業育成に乗り出すが、その土壌はここで早くも用意された。

英訳にはletters patentという字句が二度現れる。公権による公開状の意味で使われており、次の世紀には国王がギルドの統制の及ばない形で職人を招くのにこれがしばしば発行されるようになる。そして後に特許制度の語源ともなっていくことは歴史が教えるとおりだ。

一六二四年の専売条例は、議会と王権との契約の形で、王が発行できるletters patent（特許状）の対象を、新規で有用な発明に限定している。王による恣意的な発行の弊害を避けるためだ。その意味で、マグナカルタは専売条例に先立つ四百年前に、王権制限の雛型を生んだのだった。

（二〇〇七年九月号）

身体表現と発明

チンパンジーやボノボなどの類人猿では、しぐさが声や表情のように意思伝達の役に立っているらしい。例えば、手のひらを上に向けて腕を伸ばすしぐさは「食べ物を返して」を意味するという（米科学アカデミー紀要、朝日、二〇〇七・五・二）。つまりこの表現は、身体言語といえるほどに進化した文化なのだ。

普通の猿でも、メス同士が抱き合って互いの体を前後に揺さぶる集団の行動が観察されており、ハグと呼ばれる。緊張緩和などの意味があるようだ。さらにこれらの行動には地域差があり、二頭が正面から抱き合う形や、相手を横から抱いて背中に当てた手を開閉する形などの違いがあるという（朝日、二〇〇六・九・二）。ちょうど言語と方言の関係を思わせる。いずれにしても身体表現が文化的な意義を持つ場合があることでは、猿も人間も違いはない。ただ、こうした表現は、共有化され、社会化が進んだとき、はじめて積極的な意味を持つ。

舞踊のような複雑な身体表現には創造性が必要であり、それは一定限度で著作権の保護が及ぶ。創造を命とする舞踊家が安易な模倣を許さないのは当然だ。けれども身体表現が社会化されていく過程では、その模倣は、逆説的に不可避といっていい。

フラダンスの振付家の間で革命児として知られるマーク・ケアリイ・ホオマルは、フラの祭典に向け「ハワイで育った誰もが子ども時代に経験のある無邪気な魚釣りの光景をダンスに仕立てた」という

(朝日、二〇〇七・五・一三)。また別のフラの振付家アンクル・ジョージは、「独創的な振り付けは翌年、誰かにまねされる。私もマークもそうだった」と語っている(同紙)。創造と模倣はここでも微妙に均衡しているといえよう。能楽という最高度の身体表現が、自然界や他者の存在になりきる「ものまね」によって達成されることは、世阿弥(一三六三?―一四四三?)が「風姿花伝」で繰り返し説いているとおりだ。「およそ、何事をも、残さず、よく似せんが本意なり。しかれども、また、事によりて、濃き、淡きを知るべし」。芸術表現は、ただ似せるだけではだめだ。「花なくば、面白き所あるまじ。およそ、老人の立ち振舞、老いぬればとて、腰・膝屈め、身を詰むれば、花失せて、古様に見ゆるなり」と、似せる対象に応じて程度を加減すべきこともいう。剣の達人、宮本武蔵(一五八四―一六四五)は剣法の奥義を「五輪書」に著し、伝書とした。撃剣稽古の道を説く「水之巻」には例えばこんな記述がある。「足のはこびやうの事、つまさきを少しうけて(浮けて)、きびすをつよく踏むべし。足づかいは、ことによりて大小・遅速はありとも、常にあゆむがごとし。足に飛足、浮足、ふみすゆる足とて、是三つ、きらふ足なり」。これらの章句は、能々(よくよく)吟味すべきものなり、とか、能々ならひ得て鍛錬あるべき儀也、など、理想的な型に到達することを念頭に学ぶよう推奨されている。世阿弥も武蔵もその身体表現の奥義を書物で伝えようとしたが、本当の伝承は、稽古と鍛錬のみが保証する。

インドの伝統的な身体鍛錬法ヨガが、アメリカで特許や商標の対象にされているとして、インド政府はアメリカに抗議行動を起こすという。

伝統的知識を先進国で知財化するのは、芸能や薬草などの先例があるが、今度はそれがヨガにまで及んできた。伝統社会の尊厳を無視された側は抗議したくなるだろう。そもそも新規性が求められる特許にヨガがなじまないことははっきりしている。インドの抗議はどう決着するのだろうか。

(二〇〇七年一〇月号)

先住民族の権利宣言

国連総会は去る九月、「先住民の権利に関する宣言」を採択した。賛成一四三、反対が四で、アメリカ、カナダ、オーストラリア、ニュージーランドの、国内に先住民族を抱える国が反対。日本は賛成票を投じたが、アイヌを公式に先住民族と結論付けてはいない。ところでこの宣言は、人権理事会などで一〇年以上にもわたって行われてきた議論に基づくもので、同時期に国際機関や国連の専門機関が打ち出した条約や議論とも並行する。例えば一九九四年に発効した生物多様性条約は、遺伝資源や先住民が継承してきた伝統的な知識を不当な開発から保護し、生物の多様性を維持しようとしている。二〇〇五年にユネスコの採択した文化多様性条約も、先住民の固有文化を尊重する多文化主義を全面に打ち出した国際条約だ。今度の国連総会を舞台とした宣言は理念的にその延長上にあり、拘束力を持つ宣言ではなくても、その象徴的な意味、政治的な影響力はあるだろう。宣言は、先住民に、国連憲章や人権宣言で認められたすべての権利と自由を保障する。考古学的歴史的な景観、古器物、意匠、儀式、技術、上演、文学など、文化的、知的、宗教的、精神的な財産のすべてが、彼らの自由意志や事前の同意によらず、持ち出されることはないとする。第二次世界大戦後、多くの植民地が独立したが、これらの国は経済的な自立からは遠く、旧宗主国や先進国の援助も、その浮上にはつながらなかった。貧困にあえぐ国は、その国に豊富な遺伝資源や医薬などの伝統的知識を経済開発に結び付けようと図る。こうしていわゆる南北問題が資源ナショナリズムと結び付き、あらゆる分野で国際的な合意が形成されにくくなっていく。知的財産制度も調和が図りにくい時代に移行した。一方、先進国内でもその入れ子のような対立が生まれる。宣言の採択に反対した米国、カナダ、オーストラリア、ニュージーランドにはネイティブ・アメリカンやアボリジニ、マオリの人たちがいる。これらの先住民は、何世紀にもわたる収奪を通じた人権侵害に苦しんできており、他の先進国内で同様な立場に置かれた先住民や、南側諸国との国際的な連帯が生じた。かつてカナダのアルバータ州、ロッキー山脈のふもとカルガリーのグレンバウ博物館を訪れたことがある。ここの博物館は先住民の祭具、民具を多く収集するが、先住民族の部族との間で収集品の所有権移転に関する契約書を交わしていた。契約は収集品であっても本来部族に帰属すべきものは返還する、祭祀等に必要な場合、先住民は博物館の収集物を使用してよい、などと定めている。また、これらには「ユニバーサル・コピーライト」が適用可能な場合、それが部族に存することを認める、ともある。面談した館長のマイケル・ロビンソン氏は、他のモデルになりうるものだと語っていた。同じ時に会ったブラックフソト族の長老クリフォード・クレイン・ベア氏は、こうした館の行き方に感謝するとともに、部族が伝統的知識を保持していくのは固有の権利であり、その知識は天恵によって得られたものである、部族の歌、舞踊、紋様は固有の権利として永続的に伝承され、他人が利用する時は、部族の慣習法によらなくてはならない、と主張していた。二〇〇〇年の初夏のことだった。

　それから時が経過して、主張はいま国連の宣言にまでなった。知的財産にまつわる彼らの人格権は、いっそう尊重されねばならないだろう。

（二〇〇七年一一月号）

アメリカはその後、エール大学が所蔵するマチュピチュの発掘品をペルー政府に返還している。日本では北海道大学が保存するアイヌ民族の墓から掘り出した遺骨を、遺族などに返還することとなった。

トリスタンとイゾルデ

来日したベルリン国立歌劇場によるワグナーの楽劇「トリスタンとイゾルデ」を観た。ダニエル・バレンボルムの指揮、ハリー・クプファーの演出。無双の騎士トリスタンの腹が出ているなど歌手の見てくれはともかく、歌唱もオーケストラも極上で、めったにない聴き物だった。うねるような旋律と和声が、ずっと耳に残る。

中世フランスなどの民話「トリスタンとイズー物語」を原作とし、ワグナー自身が台本と作曲の双方を手がけている。老いて子のない叔父王のために、臣下の騎士トリスタンは外国から后となるべきイゾルデを連れてくる。ところがその侍女の計らいで毒薬の代わりに媚薬を飲ませられ、トリスタンとイゾルデは互いが恋仲となってしまう。それに気づいた王は悲しむが、最後は許しを与える。けれども二人は死によって、来世で結ばれるというもの。ここにはワグナー自身の人妻との恋愛体験が反映しているといわれる。

「トリスタンとイゾルデ」は一九世紀の音楽史、演劇史を書き換えたと評される革新性を持つ。どこがそうなのか。ワグナー以前は、均整がとれた歌のアリアを、ふしに乗せた語りのレチタティーヴォでつなげて筋を運ぶのがオペラ、つまり歌劇の伝統であった。歌手はアリアによって自慢ののどを聞かせ、なおかつ観衆はストーリー展開のある歌芝居を楽しむことができる。

ところがそのアリアが歌われる間、劇の進行は止まってしまい、演劇のようにせりふで微妙な心理のやり取りを伝えることはできない。ワグナーはそこを物足りなく思い、アリアとレチタティーヴォの区別を取り払って、アリアのようには完結しない旋律の受け渡しのみでつないでいくことにした。これを無限旋律といい、ワグナーでは前作の「ローエングリン」からそれが始まる。彼は自作に対して歌劇という言葉もやめ、楽劇と呼ぶようになる。

そうはいっても音楽と演劇のたどる時間は別の原理によって推移するから、双方が乖離していくのを避けがたい。これを結びつけて音楽劇としての統一を図るため、指導動機というものを導入した。「トリスタンとイゾルデ」では、愛の憧れ、愛のまなざし、愛の歓喜、愛の死などの観念に対応した動機が設定される。短い旋律的な断片だ。これらが歌われるとき、あるいは劇中で暗示されるとき、指導動機は歌に、あるいはオーケストラの伴奏に姿を現す。楽劇の初めに置かれる前奏曲からすでに、これらの指導動機は組み合わされて出てくる。

もちろん観念は言語ほど微細ではないので、その絡み合いで進む楽劇は、演劇的な筋運びをできるだけ簡略化する必要がある。ワグナーが「トリスタンとイゾルデ」で書き上げた台本は、原作の枝葉を完全に取り払い、主要人物の造形が浮かび上がるようにした見事なものだ。その手並みは長大な源氏物語から「葵の上」などを紡ぎだした能の作者にも匹敵する。

この楽劇の革新性は、半音階を多用した旋律と和声による音楽にも現れている。それは調という概念をゆるがせることにつながり、二〇世紀の音楽を導く先進的なものだった。一九世紀末から二〇世紀にかけて、ワグナーが周囲に与えた影響は大きい。ワグネリアンという言葉が生まれるほど、彼の世界にのめりこんでいく一群の人たちを生んだ。けれども彼のスタイルの真の後継者とみなされる人はいない。追随者は生んだが後継者が現れないほど、ワグナーはひとり突出していたのである。

（二〇〇七年一二月号）

医薬の発明と特許

特許による発明の保護を考えるとき、医薬の分野は他との際立った違いがあるように思われる。数の限られた特許が有効に働き、特許期間中は生産を独占できる一方、特許権が切れると後発品（ジェネリック医薬品）がすかさず出現し、市場価格が劇的に下がる。また、一つの医薬品を開発するには莫大な費用と時間を要するのが普通で、投資の回収は容易でない。国の内外で進む製薬会社の合併はそのことを物語る。

これが他の分野、たとえば機械や電気の分野だと、一つの製品に関係する特許の数は多く、優劣の差はともかく代替技術が少なくない。このため、特許使用の対価としての実施料は医薬品に比べて一般に低い。これらの分野では特許の実施許諾が行われやすいのに対して、医薬では、製薬会社が特許権を保持したまま医薬品の製造を独占的に行うことを望むので、その許諾がされにくい。

かさばらない医薬は、少量の生産でも、世界の需要を容易に満たすことができる。そこで、他者に市場を分割して製造を委ねる必要はあまりない。

製薬会社にとって特許はまさに命綱だから、これを有効に活用しようとする努力は涙ぐましい。基本発明に改良を加えて特許化し、本来の存続期間の延命をはかる、医薬品の認可に治験のデータが必要なところを盾に、後発医薬の申請がそのデータを簡単には入手できないようにする。また政府に働きかけて、他国の市場に流れた品が価格差を利用して並行輸入されることがないよう、国と国との自由貿易協定で、それを望んでいる国には圧力をかけて断念させるなども現に行われている。

世界貿易機関（WTO）は、先ごろカナダ政府から同国の医薬品メーカーに特許権の切れていないエイズ治療薬をコピーして輸出するのを認可した旨の通報があったことを明らかにした。

二〇〇一年にカタールのドーハで行われたWTOの閣僚会議は、エイズなどの感染症に苦しむ開発途上国がこれらの医薬品を安価に入手することができるよう、加盟国を拘束する知的財産権の協定、いわゆるTRIPS協定の強制実施権条項を見直すこととした。これを受けて国際的な議論が高まり、製薬業の反対もあったが、二〇〇三年に一定限度でこれを容認する方向が打ち出された。そして二〇〇五年には協定の条項が改正されている。また、この措置を望む輸出国、輸入国の双方は、事前にWTOへ通報することとなっていた。

カナダは、製薬業のアポテックスが特許権を持つグラクソなどの意向にかかわらずジェネリック医薬品を製造し、自国で生産できないルワンダに向けて輸出することになる。もっともTRIPS協定は、許諾を得ない特許の使用に対して特許権者が経済的な価値を考慮した適当な報酬を得ることも保障しているが、商業ベースの実施許諾に比べたら名目的な報酬額にとどまるであろう。今度のカナダとルワンダ間の輸出入は、TRIPS協定の改正後、強制実施権を設定して行われる初の場合となるので、その成り行きが注目される。

（技術と経済　二〇〇八年一月号）

特許医薬品の製造を、公衆衛生の観点から特許権者以外に強制実施権を付与して可能にしようという企ては、インドやブラジルが前向きな姿勢を示しているほか、先進国のアメリカ国内にも、それを主張する議員団がある。

技術の秘匿と組合

先年、機会があって松本城の天守閣に登った。建物の構造や窓から望む常念岳は確かに見ものだったが、内部に展示されている鉄砲のコレクションと関連文書も目を引いた。この天守閣は鉄砲の使用が確立された頃に建てられたから、展示とはもちろん密接な関連がある。中で一つの地味な古文書に足が向いたとき、しばらくその場を動くことができなかった。それは、松本の城内に結成された鉄砲組が技術の伝授と秘密を守ることを血判によって誓ったことを示すもので、新来の鉄砲術が組合の命がけの結束で保持されていったことを生々しく伝えていた。軍事機密の保護と、鉄砲術の特殊技能を扱える仲間の優越を保つ意味を兼ねていたかもしれない。

このあいだイギリスのオックスフォードを訪れた際、古都の石組みの建築、なかでも名所クライストチャーチに施された細部の彫刻を楽しんだ。中世以来、キリスト教建築を支えたのは、これも特殊技能を持った建築家や石工のような建設業者の組合だった。町に残る職人技は、そうした石工のギルドが残したものだ。技量が親方をしのいだ徒弟との間で師弟の確執があったというおもしろいエピソードもガイドから耳にした。

石工や医師など同業者の組合は、すでに古代のエジプトやギリシアにその形跡が見られるようだ。ピラミッドは彼らの力が発揮された例だろう。また、ギリシアの名医とされるヒポクラテスとその一派は、いわゆる「ヒポクラテスの誓い」によって倫理を共有した集団で、その医術は門外不出とされていた。

ところで、石工のギルドはやがてフリーメーソンと呼ばれる団体に変質する。自由な石工を意味し、王権により移動の自由が保障され課税が免じられていたことにこの語の由来がある。フリーメーソンもはじめは技術の保持や生活互助のための同業者組合で、入会には秘儀的な儀式を経なければならなかった。石工のギルドに入るときの儀礼が発展していったもののようだが、そこには様々な象徴が込められているという。組織は一八世紀の初頭、ヨーロッパで広がり、やがて新大陸にまで及んでいく。さらに教会など大規模建築の需要が少なくなると、会員は石工に限らず、門戸が一般人にまで広げられるようになる。

モーツァルトはそうした一人で、彼のオペラ「魔笛」では、フリーメーソンの自由と友愛の思想のほか、その儀式と象徴が下敷きになっているといわれる。主人公のタミーノとパミーナに課される火の試練や水の試練、三人の侍女や童子が持つ三という数の象徴などだ。

新大陸ではアメリカの初代大統領ワシントンもフリーメーソンの会員で、バージニア州のアレクサンドリアにはその記念会堂が建っている。内部にフリーメーソンの博物館も置かれ、関連の歴史をたどることができる。

石工の同業組合で技術の秘匿や伝承にかかわった団体が、後には別の文化史的な意義を持つに至ったのだ。同業組合は今日どう形を変えたのだろうか。技術標準の拠り所であるコンソーシアムはその一形態と見られなくもない。それは公開されている特許の集合を管理している団体であるから、もはや秘儀性を持たない。思想や心情とも無縁な純経済的な組合で、これこそがまさに今日的な同業組合なのであろう。

（二〇〇八年二月号）

南方熊楠

発明や発見には、気づきが大切であるとよく言われる。この気づきはどこから生まれるのだろうか。知の巨人南方熊楠を紹介する「クマグスの森」展（ワタリウム美術館）をまわりながら、そのことを考えた。

南方熊楠（一八六七—一九四一）は和歌山県の生まれ。柳田国男（一八七五—一九六二）と並ぶ日本民俗学の創始者で、関心は粘菌を中心とした植物学から生物学、風俗や夢にまで及んだ。残された日記、論文、手紙類、さらに植物図譜や標本などを見ると、まさに森羅万象を記述しようとした人のように思われる。また、神社合祀によって社の森が消えようとするのに体を張って抵抗した、先駆的なエコロジストでもあった。

彼の知的な発見を支えたものは、微視的な集中力を発揮する前提としての視野の広さであろう。滞米、滞英の生活が長かったから、日本を相対視する眼力をもつことができた。比較される柳田国男としばしば意見が対立するのも、この視野の相違が原因といわれる。相対視が可能ということは視野に死角がない、タブーがないことを意味する。彼の関心は、性や男色にまでむけられる。

英語力に優れていたほか、アジアのいくつかの言語にまで学習欲を示し、それによる知識の吸収と発信が可能だった。大英博物館に通って民俗学関連の稀覯本を漁り、書き写したロンドン抜書と呼ばれる分厚いノートは五三冊を数える。その一部が展示されていた。この写すという行為は、南方にとって特別の意味を持った。幼い頃の「本草綱目」や「和漢三才図会」など博物書の筆写から、長じてきのこを採集、模写し彩色した見事な「菌類図譜」まで、実によく写し取っている。写すことを通じ、彼は広い視野をさらに鮮明にする認識方法を獲得したのだろう。

視野の広さは、観察している物事の比較を可能にする。一八九二年イギリスの学術誌 Nature に寄稿した、中国インドの星座比較論はそのいい例だ。

比較は星座という具体的な事物に限らない。精神世界と物質世界の比較にまでいくところに、彼のスケールの壮大さがある。「心界と物界といかにして相違に、いかにして相同じきところあるかを知りたきなり」。知人の真言僧、土宜法龍に書き送った南方の言葉だ。彼はその手紙の中で、無数の錯綜した因果関係からなるこの宇宙を、南方独創のマンダラとして図示している。

一方、彼にとって粘菌の研究も、単なる博物学的な興味に発したのではなかった。もちろんこの分野でも世界的な発見をしているが、それにとどまらず「粘菌の原形体を使って生死の交錯を分析し、人間と比較する」ことにこそ究極の目的があった。

展示品の中で、「十二支考」として知られる論説の鶏を論じるにあたって用意したメモ「腹稿」が目を引いた。大きな和紙一枚に細かい筆字が脈絡なく書かれている。何十という小さな覚書が何らの階層や段落もなくただひたすらその紙を埋めているのだが、彼の思考は論理よりも直感に多くを負っているのではないかと思わせられる。事実、彼の論文は一つの結論に収斂していく整序された論理構造を持たず、羅列的な印象を与えるもので、その点が批判されることもあったらしい。ただこれは欠点というよりも、まさに南方の思考のマンダラ的な特徴をなすものだろう。

（二〇〇八年三月号）

人形芝居

春の国立劇場文楽公演で「義経千本桜」を見た。義太夫の語りと三味線の音色に耳の快楽を委ねながら、人形の動きを目で追う。この演目は歌舞伎にもなっており、猿之助による宙乗りの場面を思い出したが、感動は人形で見る文楽の方が深い。

せりふが太夫によって節に乗せて語られる人形浄瑠璃つまり文楽と、役者自らが語る歌舞伎の違い、支える音楽の義太夫と、長唄の違い、使われる楽器の三味線の違いなど、音楽劇として共通する文楽と歌舞伎にはもちろんいくつかの違いがある。なかでも人の扱う人形と、生身の人間という、役を演じる主体の違いが両者の印象を決定的に隔てている。

文楽の主要な役を担う人形は、頭と手足を三人の分業で扱うのだから、こんな不経済な上演形態はない。世界各地に人形芝居は多くあるが、三人に分担させるほどのものはないだろう。もっとも、初期には一人使いだったのが、人形浄瑠璃発展史の初期、江戸の中ごろにはこの形態となったようだ。

人形そのものにも、写実性を求めて次々と改良が加えられていく。こうして口を開き、目を動かし、まぶたを閉じ、眉を動かすなど、複雑な動きが可能になった。人形を使う技は、当然これにつれ洗練されていくが、人間の個性よりはむしろ人物の典型を見せることに注がれたようだ。

谷崎潤一郎の小説「蓼喰ふ虫」は、文楽や、それと起源を同じくする淡路人形への賛歌といった趣があり、谷崎は作中の人物にこう語らせている。「昔の人の理想とする美人は、容易に個性をあらはさない、慎み深い女であったのに違ひないから、此の人形でいい譯なので、此れ以上に特長があっては寧ろ妨げになるかも知れない。」

舞台では、義経の家臣に化けていた狐忠信を使う勘十郎がなんと自ら宙吊りになり、宙を飛ぶ狐を見せて幕が下りた。舞台機構が整わない昔、こうした演出は不可能だったはずで、人形浄瑠璃に宙吊りが取り入れられたのは、明治になってからという。つまり演出面でも、文楽はかなりの進化を遂げた。

そもそも人類が人形と付き合いだしたのはかなり古く、日本でも弥生時代の遺跡からときどき人形が発掘されている。当時の人形は呪力を託されたものであったろうから、呪術と結びついた演劇への導入も、必然のなりゆきだったと思われる。

ドイツ・ロマン派の小説家E・T・A・ホフマン（一七七六－一八二二）の短編「砂男」には、人が人形のオリンピアに恋する話が出てくる。この主題は当時よほど好まれたと見えて、後にオペラ「ホフマン物語」や、バレエ「コッペリア」が生まれるきっかけともなった。

このように人間と人形の付き合いは人類史と共にあり、現代でもこの関係は続く。「鉄腕アトム」は無機物のロボットを擬人化させ、大成功を収めた。流れは虚構を離れて近年加速され、産業用や家庭用のロボットを人に近づける工夫が続く。無機物を人のように動かしたいという欲望は、人間に生得的なものなのだろう。それにつけても、江戸時代に情念的な人形芝居を完成していた日本人の工夫に、改めて目を見張らされる。現代のロボットが人の情念を描く日は、果して来るのだろうか。あるいは現代の人形芝居に、情念はもはや無用なのだろうか。

（二〇〇八年四月号）

ハワイ島

ハワイ諸島で最も大きいハワイ島に滞在した。太平洋のへそと呼ばれる位置にあり、四千メートルを超えるマウナケア山やマウナロア山がそびえている。しかもキラウエア山は今も噴火を続ける世界最大級の火山だ。

島は多く溶岩台地で、真っ黒い地肌を見せる。宿のヒルトンホテルがあるリゾートは、その溶岩台地の一角に、いきなり椰子の木で囲まれた緑の楽園として出現する。ボートで棟と棟を行き来できる水路があったり、移動用のモノレールまである規模の大きさに度肝を抜かれた。ただ、米国資本による金にあかせたリゾート開発とみえても、一九世紀のホテル王リッツ（一八五〇－一九一八）が同様な開発を手がけて以来の歴史を踏まえているのだろう。ビジネスモデル自体、新しいものではない。

この島にいる動物といえば、マングースや野生化したヤギ、豚、馬、ロバなどで、これらはみな、人間が外地から持ち込んだものという。大陸から弧絶したハワイ島にもともと哺乳類はいなかった。また、蛇は今日もいないので、その持ち込みは生態系保護の観点から厳しく制限されている。浜辺には海亀が寄ってくる。

その浜辺では結婚式が行われていた。フラの踊りと歌に祝福される新郎新婦が輝いて見える。新婦は喜びを、自らフラで表現する。もっとも司祭に誓いの言葉を述べるところなどは、キリスト教的な結婚式が入りこんでいるのだろう。

そもそもこの島には人が住んでいなかったのを、千六百年以上の昔から数度にわたって渡航してきたポリネシア人が先住民として定住したのだといわれる。統一ハワイ王朝の大王となるカメハメハはその出自で、一九世紀からは新来の白人による開発が進んだ。サトウキビの栽培では日本人はじめ多くのアジア人が労働者としてこの島に渡ったが、その辛酸は並大抵ではなかったという。

王の娘婿となった米国人パーカーは、広大な土地を相続し、彼が始めたパーカー牧場は東京都の二倍の広さがある。今は個人でなく、財団の経営となっている。

島の最高峰、マウナケア山頂には世界各国の天文台が並んで壮観だ。日本のすばるは一番新しい施設なだけに、大気による観測誤差を抑えるための様ざまな工夫がこらされている。高地で大気が薄く、しかも通年してほとんど晴天という気象条件が、これだけ多くの施設を呼び寄せた。各施設は互いに競いながら、協力もし合っているのだろう。

ハワイ島は、無人島に人が住み着き、自然に適応して社会組織や神話、芸能など、文化を育んで行った過程、そのような先住民の文化を西欧文明が凌駕していく過程、アジア系移民と西欧人の共棲により生まれた食などのクレオール化、自然環境を利用した天文や火山の先端的な研究などを、狭い島内に圧縮、重層化してみせる。

日系人が経営するコナの町のレストランで、不思議な食べ物を味わった。ソーセージ入りのクレープの上に焼き飯が盛られ、それを目玉焼きが覆っている。まさに異文化のサンドイッチといっていい。ここでは自然と人間の共生、異文化の融合、先端技術の移転などがどこまで可能かを、様ざまなレベルで実験しているように見受けられる。

（二〇〇八年五月号）

病と医療

メタボ健診と呼ばれる制度ができた。特定健診・特定保健指導のことで、簡易な事前チェックを基に、生活習慣を改善する保健指導が行われる。国民の健康向上が本来の目的ながら、差し当たっては医療費の抑制につなげたいという政策判断がある。

医学は専門家に独占されやすいが、医療知識と健康情報は独占を離れて広く国民一般に共有されることが望ましい。健康と長寿はいつの時代にも多くの人の願いだったろう。

国立公文書館が春の特別展で「病と医療」をテーマにした企画をしたのを機会に、会場へ出向いた。江戸から明治を中心に、伝染病の記録や養生法、医者や薬のことが書かれた書物の貴重なものが並んでいる。

「安政箇労痢流行記概略」では、安政五（一八五八）年の江戸でコレラの流行によって死者が相次ぎ、焼き場に棺桶が山積みされている様子が多色刷りの挿絵からうかがえる。こうした書物が一般に読まれたことにまず驚いた。はしか、天然痘、梅毒や結核も伝染病として恐れられていたのではないか。当時の医学水準では、積極的な治療法がなかったから、その恐ろしさのみに触れた書物が目に付くが、甲州出身の蘭方医、橋本伯寿が著した「断毒論」は、西洋医学の知識に立って今日の常識と変わらない説を展開している。伝染病を定義し、予防には感染経路を絶つべきことや、「毒気」「正気」の語によって抗体や免疫の概念にまで触れている。文化六（一八〇九）年から八年にかけての刊行だ。

この展示では西洋医学、つまり蘭学がどのように広がっていったかがわかるように工夫されていた。杉田玄白（一七三三―一八一七）らの「解体新書」は安永三（一七七四）年に初版が出てからも改訂を加えて読み継がれていったようで、玄白の門人、大槻玄沢による「重訂解体新書」が出品されていた。初版から半世紀後の文政九（一八二六）年の刊行で、初版の木版図がここでは新技術の銅板による細密図に改まっている。

陸奥一関藩の漢方医、建部清庵は蘭方に興味を引かれ、杉田玄白に文書による質問を重ねた。それは後日「和蘭医事問答」として出版のうえ、玄白の門下生への教科書として使われたという。蘭学の地方への広がりがうかがえる。寛政七（一七九五）年の刊行だ。

産科医の不足は今日大きな社会問題となっているが、産婆による出産が普通だった江戸時代には、「産育全書」や「病家須知」などの書物が現れる。後者に収められた「坐婆必研」ではとりあげばばと呼ばれた産婆に向けて、子宮と胞衣の形状、逆子や双子の取り上げ方などを図入りで解説している。江戸の開業医、平野重誠（一七九〇―一八六七）の著で、天保三（一八三二）年から五年の刊行。

徳川吉宗は幕府の医官、林良適（一六九五―一七三一）と丹羽正伯（一七〇〇―一七五二）に命じて「普及類書」を編纂させ、官費で出版、江戸の本屋を通じて全国に流通させたという（同展カタログ）。和漢の医書から入手しやすい薬、療法を選んで庶民が読める和文で記したものだ。今日につながる医事行政の見本だろう。

インターネットで医療や医薬の知識は簡単に手に入る時代になったが、ここに至る先人の努力は並大抵でなかったのだ。

（二〇〇八年六月号）

先住民の権利と商標

世界各地の先住民が持っている伝統的な知識や表現が、現代社会の商業的な利用で不当な扱いを受けていることは、たびたび指摘されてきた。そうしたなかでも彼らの標章が第三者によって商標として使われるようになるとき、どんな問題が生じるだろうか。二〇〇八年五月にベルリンで開かれた国際商標協会（ＩＮＴＡ）の総会で、それを話し合うワークショップが開かれた。

何人かの報告者は、主にニュージーランド、オーストラリア、フィジーほか、太平洋諸島の先住民が伝統的に使用してきた部族のマークや、酋長の顔、入れ墨などの例を挙げていた。これらが図形を伴う商標に取り込まれて商品に付され、テレビのコマーシャルで放送されたりした。もちろん許諾を得ているものもあるようだし、すべてが不当というわけではない。

西欧を中心とした近代社会がそれとは異質な先住民の社会に好奇の目を向けるのは避けがたく、むしろそれだからこそ、この人目を引きつける力を広告に利用しようとする考えが生まれる。

ニュージーランドの先住民マオリ族の人たちにとって、入れ墨の模様は他とは区別される独特の様式をもっており、それは威厳や宗教感情など様々な意味を担う。欧米人の顔にこの入れ墨を施してレストランなどの広告宣伝に使われるとしたら、彼らには耐えがたいものとなろう。商標としてだけではなく、標章を取り込んだ靴やテーブルクロスなどの商品が売られることもある。部族の神聖な象徴が他人の足や腰の下に置かれるのも、やはり許しがたいだろう。

ユネスコやＷＩＰＯなどの国連機関は早くからこうした問題への対処法で議論を重ねてきており、二〇〇七年九月には国連が「先住民の権利に関する宣言」を採択した。ここでは文化的、宗教的、精神的な一切の財産が、彼らの自由意志や事前の同意なしで持ち出されることはないとされる。このワークショップで報告者が求めていたのも、利用者の最低限のモラルとしての事前の同意と、利益を上げた場合の分配であった。もっとも、その同意を得る相手をどうやって特定するのか、利益の分配はどのくらいが適正か、ことはそれほど単純ではない。

古くから問題が多発していたニュージーランドには「マオリ商標助言委員会」が置かれ、同様の原則を求めている。また、太平洋の二六カ国で構成する太平洋共同体は「伝統的知識及び文化的表現の保護に関するモデル・ロー」を採択し、ここでも事前の同意を原則としているが、拘束力のあるものではない。

先住民が現代社会で持つ権利や無形の財産は、これから無視できない重みを加えていく。グローバリゼーションに伴う市場経済の広がりは、時にこの権利や財産と衝突を起こすだろう。そこで、現代社会の倫理的な基準をはっきりさせていく努力が今後とも求められようし、それには教育が重要というのが報告者たちの強調する点だった。

日本はようやくアイヌを公式に先住民族と認めたところだが、こうした問題を内にかかえていることは疑いない。そのほか愛知万博（二〇〇五年）では、まさにマオリの標章の利用で抗議を受けている。教育の必要は他人事ではなく、むしろ私たちにも差し迫っているといえよう。先住民や異文化への眼差しは時代とともに変わってきており、これからはなにより、他者の尊厳への感度を養う必要がある。

（二〇〇八年七月号）

大田南畝

江戸の太平が長く続くと、庶民文化の花が開く。歌舞伎や浮世絵、落語、川柳などとともに、狂歌の流行もあげておかねばならない。蜀山人の号で知られる大田南畝（一七四九－一八二三）は、その筆頭だ。太田記念美術館で開かれた「蜀山人　大田南畝―大江戸マルチ文化人交遊録」展を一巡しながら、南畝の古典への深い教養と幅広い交友を通じた表現の面白さを味わった。

太田南畝は御徒という下級武士の生まれながら、幼いころから学問に励み、幕臣となってからは、パロディー精神にあふれた狂歌によって江戸文壇の注目を集める。身分、階級を越えて交友を広げ、その中には歌舞伎役者や浮世絵師もいた。五代目市川団十郎には直接狂歌を指導しただけでなく互いに家を行き来する仲だったというし、平賀源内（一七二八－一七八〇）は南畝の「寝惚先生文集」に序文を寄せている。

南畝が初期に狂歌作者として名乗った四方赤良（よものあから）は、万葉歌人の山上憶良によるのだろう。南畝七二歳の時、大坂と京都の知人を料理屋に招いて宴会を催した際の狂句が記された扇面がある。このころの号は蜀山人で、蜀山は中国の蜀が銅を産し、また、南畝が大坂の銅座出役に任ぜられていたことによるといわれる。

みやこ鳥いざこざなくてすみだ川なにはのなにもかものはなしも　蜀山人

伊勢物語にある在原業平（八二五－八八〇）の有名な歌を下敷きにし、難波と賀茂の人物が集う様を詠んだのだろう。

古典の教養は、和歌から漢籍にも及ぶ。

南畝が活躍した文化・文政期には、文化人たちの幅広いネットワークが形成されていた。江戸文化の成熟を物語る。こうして浮世絵師と版元が結びつくのは自然の成り行きで、さらに南畝が提供した戯文に喜多川歌麿（一七五三ー一八〇六）などが挿絵を描いた黄表紙が出版されている。また、肉筆の浮世絵に南畝が狂歌の賛を加えたものも多く、彼の一筆を期待する人は相当な数に上ったと思われる。これらは微禄の彼の家計を補うなにがしかの収入をもたらしたろうが、後年、彼の筆跡をまねた偽物に悩まされることとなる。多くの依頼をさばくため、門人に代筆させることもあったというから、責任の一端は彼にもあるのだろう。自筆の狂歌の掛け軸の裏面に、世上偽筆が多いがこれは真筆である、と自ら断って、蜀山の落款を押した極め書きが出品されていた。当時、世間一般の著作権意識はそれだけ低かったのである。

南畝が古典籍に多くを負ったように、明治期になって南畝の作品を愛し、それを作品中に取り入れた作家がいる。永井荷風（一八七九ー一九五九）は東京散策記の随筆「日和下駄」で「江戸名所に興味を持つには是非とも江戸軽文学の素養がなくてはならぬ」といい、そのなかにはもちろん南畝も入っていた。そして「崖」の章で、目白の眺望を詠んだ蜀山人の東豊山十五景の狂歌をすべて引用している。

江村飛雪と題した一首「酒かひにゆきの中里ひとすじにおもひ入江の江戸川の末」はことに味わい深い。荷風が生まれた小石川と南畝の生まれた牛込は近く、この辺の地形を描写する荷風の筆もさえている。江戸の文人の面影を留める近代の作家といえば荷風をおいてない。南畝は古典と当代を結ぶだけでなく、次代の明治に生を受ける文人への橋渡しもしたのだった。

（二〇〇八年八月号）

インドネシア更紗

かつてジョクジャカルタの王宮でガムラン音楽の響きを楽しんだ後、近くのバティック工房を訪ねたことがある。ろうけつ染めの更紗を作るところで、何人もの女性が、溶かした蝋をチャンチンという小さな如雨露のような容器の先端から綿布に落としながら、一心不乱に点を打っている。集中と持続が要求される大変な作業だ。こうして防染を施したうえ、茶や紺を主体とする染めの工程を幾度も加えると、見事な一枚の布ができあがる。模様の多くは伝統的な花鳥や抽象的な線で、日本の更紗とどこか似ていなくもない。シャツに仕立てたものを土産に買って、しばらく着ていた。

先ごろ「インドネシア更紗のすべて—伝統と融合の芸術」展（千葉市美術館）があったので、なつかしい模様に出会いたくて行ってみた。

多くの展示品のうち一番の見ものは、やはり王宮の周囲で作られたバティックだ。単純な模様が規則正しく反復されていく中に生まれるリズムが心地よい。中でその文様が禁制だったという説明に興味を引かれた。ジャワのヒンドゥー系王宮文化の中で生まれた模様は、高度に知的な創造物で、それが一般の模倣を許さなかったとしても不思議はない。

中国では古くから、礼法により衣服を社会的身分の表象として位置づけていたので、服装の自由がそもそもなかったろう。礼服の模様と色は、階位によって規制されていた。日本も律令制の以前から服装の規制があり、その遺制は奢侈禁止令の江戸にまで及ぶ。そしてジャワの王宮は、一八世紀末から、数度の布告でジランプラン、パラン・ルサク、スンバゲンなどと呼ばれる模様の使用を王族のみに限っていた。その禁が解かれるのは二〇世紀も半ばになってからのことである（戸津正勝「バティック・インドネシアの成立過程」同展カタログ）。

だがバティックの模様は、位階を維持する必要だけから禁制とされたのではない。例えば腰布を彩るパラン模様。細かい抽象文様が斜めに配され、その濃淡は少し離れてみると全体に波のようだ。けれども細部を構成する文様は一つ一つが違っていて、おびただしいバリエーションが生まれる。そのバリエーションの全体が、大衆化するのを嫌う創作保護の目的から禁制とされたのだろう。近代の意匠制度以前にこうした王権による保護制度があったことは注目されてよい。

もっともジャワ更紗の意匠の源泉はインド更紗であるともいわれており、現物が王室の手で占有されていたことが、それの発展したジャワ更紗の王宮による独占を容易にした面もあるようだ（小笠原小枝「インドネシアの更紗展」同展カタログ）。

バティックは、もちろん王宮以外でも作られていた。模様の禁忌が解かれ、一般にも制作されるようになると、いっきに民主化、大衆化が進む。さらにインドネシアの歴史を反映して、オランダの植民地であったことを気付かせるヨーロッパ起源の模様や、移住した華僑の色と模様を反映したものもかなり流布している。日本の軍政下では、着物のデザインに近いものも生まれた。

展示からは意匠の国際的な浸透が窺え、インドネシアの更紗は、諸文化の意匠を受け入れ変容していく可塑性で際立っていると思われた。

（二〇〇八年九月号）

教育の力

安曇野に帰省したのを機会に、隣市松本の旧開智学校を見に行った。明治九年の建築で、瓦屋根の上部に八角形の塔とバルコニーが付いた和洋折衷の奇妙な意匠だ。塔の窓にはステンドグラスがはめられる一方で、校舎内の間仕切りには欄間のような波型、飛竜の木彫がある。明治初期のこうした学校建築は全国的にも珍しいらしく、国の重要文化財に指定されている。

建物は昭和三八年まで九〇年にわたっておもに小学校として使われたが、破損が激しいため現在の地に移転し、保存修理を経て一般公開されるに至った。内部には教育博物館として様々な資料が展示されている。それにしても、山国信州に洋風の影響が及んだ理由は何なのか。

案内によると、この建物は松本の大工棟梁である立石清重（一八二九－一八九四）が手掛け、設計には東京に出かけ開成学校などの先駆的な例を見て参考にしたという。計画は当時の筑摩県権令らの発意によるが、全国でも最大規模のこの学校の工費の七割は、実に住民の献金によるものだった。

いったいに松本近辺は江戸時代から教育熱心なことで知られ、私塾、寺子屋はかなりの密度で広がっていた。幕末には各村に一、二カ所あったといわれる。

松本の隣の安曇野には、務台伴語（一八一四－一八八七）という天保から明治にかけての寺子屋師匠がいた。その寺子屋を「温知堂」と称し、読書、習字、算術、礼法、挿花、俳諧などを教えていた。安曇野、松本から通う子弟は千人を越えたという。子弟たちによる筆塚「寿蔵碑」は明治一七年の建立で今に残り、脇には務台伴語の事跡を刻んだ石碑も合わせ立っている。それによれば彼は本居派で、肥後、京都、江戸をはじめ信濃国内外に師を求めたといい、「中萱加助伝」「耶蘇教研究記」などの著書がある。私塾はやがて明治の学制にあわせ、この地方最初の小学校である「野沢学校」へと発展していく。

松本に開智学校が開かれたのは、周辺にこのような私塾が多く存在し、その師たちが開明的であったことにもよるだろう。

帰省の折、高校の友人、本山修一郎氏から「明治の女学生本山志づゑ修学日誌を読む」という私家版の出版物を贈られた。これは氏の祖父の妹にあたる志づゑさんが、安曇野の一隅から電車のない時代、片道九キロの道を徒歩で松本の高等女学校に通った四年間、欠かさず綴った修学日誌を紹介する本だ。記述は明治四一年から四五年にわたり、女性史の観点からも注目されている。

高等女学校は当時の中学校、今日の高校に相当し、そこに通えたのは同村の出身者では五人しかいなかったというから、彼女が恵まれた境遇にあったことは間違いない。それでも徒歩で片道二時間半を要する通学に堪えてまで進学する意志は、並大抵のものではないだろう。「今日は英語が実におもしろく良くおぼえました」とあったり、音楽の教師に前から望んでいたベートーベンの「月光の曲」を弾いてもらう記述も出てくる。卒業間際の試験では「主婦としての美的情操の必要な所以をのべよ」という問題などが課されている。彼女は明治四五年に卒業し、すぐに大きな商家へ嫁したのだった。

松本から安曇野にかけての明治期を中心とした教育の一端を垣間見た。この地方の進取、開明の気風がどうやって生まれてきたかがわかるような気がする。

（二〇〇八年一〇月号）

フーガの技法

上野の森の奏楽堂でJ・S・バッハ（一六八五－一七五〇）晩年の大作「フーガの技法」が演奏されるというので、期待して出かけた。この建物は、旧東京音楽学校の奏楽堂を東京芸大のキャンパスから移築した、日本最古の木造音楽ホールである。芸大のキャンパスには新奏楽堂が建っているが、木造ホールを壊して新ホールを建てることに反対の声が上がり、近くに移築となったのは記憶に新しい。その旧奏楽堂が興味深いプログラムを提供してくれ、現役でいるのはうれしいことだ。

さて、「フーガの技法」は、バッハが晩年に手がけた「音楽の捧げもの」「ゴールドベルク変奏曲」と並ぶ対位法の集大成で、西洋音楽史上でも特異な地位を占めている。フーガという対位法の最も高度に完成された音楽形式を知的な操作で人間業とは思えないようなところにまで持っていったのだ。対位法は、違った種類の旋律を組み合わせて同時に響かせる技術で、中世、ルネサンス時代から徐々に発展してきた。またその一形式のフーガもバッハ以前にすでに存在した。フーガの本来の意味は逃げることで、先行する旋律を別の声部が追っかけて行くとき、先の方は逃げていくように聞こえる。輪唱として親しまれているカノンとは近い関係にあるが、カノンよりはもっと手が込んでいる。

バッハの「フーガの技法」では、短い一つの主題が一〇数曲ある曲集の中で形を変えながらも一貫し、曲ごとにその扱いが様々に異なっている。そしてこれが四つの声部を支配する。フーガのカタログのような趣があり、教科書的な意義ももちろんある。

第一曲ではこの主題がそのまま現れ、続く第二曲で、主題は鏡に写したように楽譜上の音の上下を入れ替えた反行形となっている。のちの曲ではこの原形と反行形が一曲のなかでともに用いられたり、その長さを倍に拡大したものや半分に縮小したものと重ねられるなど、複雑さが増していく。そして、鏡像フーガと呼ばれる全声部が鏡に写した関係を持つ一対の二曲が現れるに至って、技法は頂点に達する。バッハはこの曲の完成後間もなく世を去っており、生前に演奏されることはなかったという。また、曲の特異さから、今日でも演奏されることはまれだ。

「フーガの技法」は四声部を一人の鍵盤奏者がオルガンなどで弾くことも不可能ではないが、この日の演奏は、アンサンブル・コルディエによる弦楽四重奏を主体に、時々チェンバロが加わるスタイルで演奏された。このため各声部がよく分離して聞こえ、技巧のあやが楽しめた。

バッハの時代の音楽はバロック音楽と呼ばれ、これは歪んだ真珠の意味をもつ美術史上の用語を借りた命名だ。ルネサンス美術がだんだん技巧的になり、初期の素朴さを失ってひねくれたものが生まれたとき、この用語が使われるようになったのだが、音楽でも、バッハのこれは技巧の偏執が際立っているため、バロックと呼ぶのも当たっているだろう。情を伝える音楽のもう一つの面に、数学的なパズルにも等しい知的操作が及んで西洋音楽史は綴られていった。もっともバッハのそうした面はやがて時代遅れとなり、息子たちの音楽では継承されていない。時代はもっとすっきりした感覚を尊ぶハイドンやモーツアルトのギャラント様式に衣装を変え、古典派の音楽へと移っていく。

（二〇〇八年一一月号）

音楽の伝承

雨の皇居で、毎秋恒例の宮内庁楽部による雅楽公演を聴いた。事前に往復はがきで申し込み、抽選に当たらなければならないなど、手順はややこしいが、日本最高水準の雅楽が聴けるのはうれしい。

雅楽は奈良時代の前後に大陸から渡来した楽人が伝えたもので、長い年月を経て日本風に変貌を遂げながらも、なお古風で大陸的な味わいを留める不思議な音楽だ。しかも発祥の地である中国などではすでに伝承は絶えている。最近中国の古典音楽を納めたＣＤが発売され、敦煌に残されていた楽譜を元に復元した音曲などを収めるが、伝承されたものではない。また、雅楽でも廃絶した曲を現代になって復元する試みはあるが、この日の公演はすべて古くから受け継がれてきたものだった。

音取《ねとり》という儀式的な調律で笙、篳篥、笛、鞨鼓、琵琶、琴が順次加わる前奏曲。次いでこれら管弦が、ゆっくりしたテンポでうねるような合奏を繰り広げる。その波動に身を委ねるのが心地いい。聞き物は漢詩を管弦の合奏に合わせる朗詠一声だ。漢文読み下しの日本語の母音を極度に引き伸ばして揺らしながら、楽人たちが声を一つに合唱する。こうしたスタイルは、平安貴族による創造だった。

休憩後は、舞楽に移る。胡飲酒《こんじゅ》や地久《ちきゅう》という中国系、朝鮮系の舞が管弦の伴奏に乗って、ゆったりと踊られる。これも伝承の当初からは変容していると考えられるが、源氏物語の世界が眼前にある。紅葉賀で、光源氏は唐楽の青海波を見事に舞い、帝や藤壺などを感激させたのだった。青海波はこの日の演目にはないものの、今日でもなお演じられることがある。

雅楽が今日まで生命を保ってきたのは、宮廷や寺社など、それを保護する有力な社会基盤があったことが大きな理由だろう。楽家という家ごとの専門集団が存在し、その芸は世襲された。今日雅楽を担う東儀、多等《おおの》の姓は奈良時代にさかのぼるというから、その伝承の長さが知られよう。

ところで最近の軍事衝突により一躍注目を浴びたジョージア（旧称グルジア）は、古代から続く多声合唱でも知られ、今年ユネスコの無形文化遺産の代表リストに登録された。裏声の高音を駆使する男声合唱で、儀式や農作業などで歌われるほか、日常の即興歌も含む。これが紛争によって伝承の危機を迎えているという（朝日、二〇〇八・一〇・二五）。伝統を受け継ぐ指導者を養成するための教室が各地につくられているが、紛争でその活動も滞りがちなようだ。

雅楽公演の数日後、今度は尺八奏者中村明一の「虚無僧尺八の世界」と題したリサイタルを聴いた（紀尾井ホール）。中村は優れた技量をもつ奏者で、尺八音楽の源流である虚無僧尺八を極めるため、全国の虚無僧寺を訪ね歩き、そこに伝承されている音曲を学んだという。この日は京都の明暗寺に伝わる古曲を紹介した。寺は宋から尺八を学んで帰った臨済宗の僧、覚信の流れを汲み、尺八の重要な曲を今に伝えている。中村は自身が開発した「密息」という身体法、呼吸法によって、古典に新しい生命を吹き込んだ。

生物多様性の重要なことが最近叫ばれているが、身近にある無形の貴重な伝承が消えようとしている。文化の多様性こそ、人間社会の将来を保証する創造性と進化の源なのだ。

（二〇〇八年一二月号）

たばこの文化史

たばこの害がはっきりしてきて、禁煙の勢いはとどまるところを知らない。けれども喫煙という文化的な営みの記憶までが、世間から追放されてしまうのは惜しい。

たばこと塩の博物館が開館三〇周年の特別記念展として開催した近世初期風俗画展をのぞいてみると、安土桃山から江戸初期の風俗画のどれにも、喫煙の様子が生き生きと描かれている。まさに老若男女、貴賤を問わず、喫煙が時代の風俗だったことがうかがえる。芝居見物の主人を待つ駕籠かきが小屋の前で一服していたり、大坂冬の陣の雑兵がきせるをくわえている絵まである。また、盛り場で一服一銭のたばこを売る者や、葉を刻むたばこ職人の姿もみられる。

この喫煙の風潮は南蛮人によってもたらされ、いっきに広まった。慶長から元和にかけて何度か禁煙令が出されており、たばこの売買や耕作が禁じられた時期があった。防災や風紀の面から、為政者はたばこを好ましくないと考えたのだろう。反対に、たばこの薬理効果に注目し、これを病気療養中の徳川家康に献じたフランシスコ会修道士の記録もある（「近世初期風俗画―躍動と快楽」展カタログ）。喫煙が日本の風俗として定着すると、たばこ入れやたばこ盆など喫煙具は独自の発展を遂げた。根付けのような、世界に知れ渡った工芸品もその中から生まれてくる。

喫煙は、中央アメリカのインディオが紀元前から行っていた。マヤ族の神官がパイプをくゆらしているレリーフや絵文書が残っているように、たばこは宗教的な儀礼と密接な関係があったと思われる。また、薬としての使用も広がっていた。今日なお、彼らの民間療法では病気を体外に追い出す目的でたばこの煙が用いられることがある。北米の先住民の間でもたばこは嗜好品であるとともに、社交上、重要な役を担っているようだ。かつてカナダの環境生物学者シンシア・ピックさんと面談した折、先住民の部族長に話を聞くにはたばこを贈るなど、先立つ儀礼が必要だと強調していた。

たばこの文化史はなかなか奥が深いが、コロンブスが伝えたと言われるヨーロッパの事情はどうだったのだろう。一六世紀の中頃、ポルトガルのリスボン王宮にたばこの種がもたらされると、まずそこの庭にまかれた。当時ポルトガルに駐在していたフランス大使のジャン・ニコは種子を譲り受けてフランス宮廷に送り、フランスで嗅ぎたばこが流行する元をつくる。大使の名ニコは、ニコチンの名の由来となっている。それはともかく、たばこが社会に賛否両論をもたらすのはどこも同じらしく、ルイ一四世はたばこ嫌いだったため、これを専売にして国庫の収入を増やすことにした。この政策は当時ヨーロッパの他国にも見られる。

ところでルイ一四世が庇護した天才演劇人モリエールはドン・ファン伝説に基づく喜劇「ドン・ジュアン」を書いている。ドン・ジュアンの従者スガナレルは、嗅ぎたばこ入れを手に、冒頭「アリストテレスやほかの哲学者がなんと言おうと、たばこに勝るものはない」と切り出す。そして脳を浄化するだの、人を正直にさせるだの、さまざまな能書きを並べ立てて笑わせるのだ。

たばこの害を十分知りつつ、人類の重要な文化の功の部分も、時には思い出してみるといい。

（二〇〇九年一月号）

東寺と空海

二〇〇八年一二月の初め、京都の東寺を訪れた。冷たい雨が降っていたが、まだ見ごろを過ぎない境内の紅葉が塔や寺堂に映え、思わぬ出迎えをしてくれた。平日の午後で参拝の人は少なく、古都のゆっくりと流れる時間を心ゆくまで味わうことができた。

唐に渡った空海、後の弘法大師（七七四－八三五）が真言密教を学んで帰朝し、天皇から東寺を賜ると、空海は講堂や諸尊像と五重塔の造営を始める。東寺はこうして真言密教の根本道場となっていく。講堂や塔は後に焼け落ちて、現在見ることができるのは再建されたものだ。

重要文化財の講堂に入ってみる。空海によって着工されたが、その後の大破や焼失を経て、室町時代に再建されている。中心には大日如来が置かれ、その前後、左右には阿弥陀如来など四体の尊像が対称的に配されて、如来部を構成する。その左は不動明王を中心とするこれも対称配置の明王部、また大日如来の右には金剛菩薩を中心に五体の菩薩部がある。さらに堂の左右側面には三部を挟むように、持国天、増長天などが各三体、全部で二一体の尊像があり、うち一五体が国宝、日本最古の密教彫像群だ。配置がマンダラ様の、いわゆる立体曼陀羅で、空海の密教思想を表現したものとされる。密教は本尊である大日如来との神秘的な融合体験をめざすものだから、堂内の諸仏とその曼荼羅配置には空海の深い思いが込められているだろう。

曼荼羅というのはサンスクリット語の漢字表記で、真髄、本質、醍醐味を意味する。古代インドのヒンドゥー教で育まれた宇宙観が、中国からさらに日本に伝わった。多神、多仏の上下関係を視覚的、象徴的に表現し、日本やチベットなどではこの図像が今日でも制作されている。講堂の尊像は、万物が中心にある大日如来に発してまたここに収斂していくことを示し、前に立つ人をも包み込むようだ。さらにいえば、塀で囲われた東寺の境内の伽藍配置がまた、曼荼羅を構成している。

空海が日本にもたらした曼荼羅を含む密教思想は、従来の日本になかった新規思想を単に移転したものではない。象徴の体系を自らのものとするには、理性を離れた神秘体験が必要で、それを日本の風土へ定着させるのは一種の創造行為であった。

空海は宗教者としてだけでなく、教育の普及や土木工事の指導などにも情熱を傾け、さらに書家としても才能を発揮した。空海が高野山で入定後、弘法大師の名を贈られると、東寺の御影堂は大師堂と名を変え毎月御堂供が行われるなど、後の庶民信仰の中心となった。弘法大師に結びついた伝説は日本各地に五〇〇〇を数えるといわれ、その多くは空海の事績とは無関係なようだが、庶民の大師信仰が異常に高まったことを示す。

現在国宝となっている境内の大師堂（御影堂）は、康暦元（一三七九）年の焼失後に再建され、入母屋造りの礼堂、切妻の中門、さらに緩やかな勾配をした檜皮葺きの屋根は、寝殿造りの優美を留める。大師の命日とされる毎月二一日は京の町で弘法さんと呼ばれ堂に安置された国宝の大師像が拝める日で、二〇万人の人出があるといい、その信仰は今日にまで及んでいる。

（二〇〇九年二月号）

雪舟

雪舟（一四二〇－一五〇六）という画家は、残された作品の真筆とされるものは多くないものの、その技量と人気の高さは日本伝統絵画の画家の中で群を抜いている。以前見た江戸時代の画家探幽が狩野派一門のテキストとして編集した粉本の中に雪舟の達磨図が模写されていたのを鮮やかに覚えているが、後世に与えた影響も絶大だった。この雪舟という画家はどのようにして日本の絵画史に登場してくるのだろうか。先ごろ千葉市美術館で開かれた「雪舟と水墨画」展を見たのをきっかけに、周辺を探った。

平安貴族の後押しで生まれた「源氏物語絵巻」のころから日本の絵画は国風となるが、鎌倉以後の武家社会では、中国文化の影響が再び強まる。大陸との交易の広まりでその絵画は画法とともに日本にももたらされ、中国文化への憧れの眼差しが強まっていく。雪舟はこういう時代に生を受け、僧門に入りながらまず如拙、周文ら日本の先人から中国水墨画の技法を吸収する（塚本成雄「水墨画の流れ」日貿出版社、一九八六）。

しかし雪舟はその画法を根本から学ぶには中国本土へ行くに限ると思い、機会をうかがっていた。そして応仁元（一四六七）年、ついに当時の明に赴き、最初は寧波、次いで南京、北京と移りながら修行をしていく。画家の修行はもちろんのこと、禅僧としての修行も怠りなかったようだ。北京では明朝政府の役所の中堂に壁画を描く機会を与えられているから、その技量は明の画家に遜色がなかったものといえよう（同書）。雪舟の滞明は足掛け三年に及び、山河など自然の景観と山水画の関係を納得したうえ、多くの画稿を抱えて帰国した。

会場でまず眼を引いたのは、方形の紙に筆で扇の輪郭を引き、その中に墨の濃淡で断崖上の酒家を描いた山水図だ。扇面に描く前の下図とも、そのような体裁を取った山水画とも取れるが、右下に雪舟の署名があり、扇面の外側にはさらに玉澗というもう一つの署名がある。つまり雪舟は宋末元初の画僧玉澗に倣ってこの絵を描いたことを自ら表明しているのだ。同じ展覧会に並んでいた玉澗の廬山図と雪舟のこの絵を比べると、溌墨法と呼ばれる共通した画法を採用していることが見て取れる。これは水気を含んだ刷毛で画面をさっと掃いた上に墨を注いで滲ませ、輪郭のあいまいな山や崖を描いたもので、いずれも墨の濃淡だけで遠近感が見事に表現されている。雪舟はこの技法を自己のものとした。このような玉澗のほか、夏珪など中国の画家に倣った雪舟の作品はほかにも何点かあるようだ（「雪舟と水墨画」展カタログ）。さらに二人は画法だけでなく、禅宗の僧であることでも共通する。

僧侶が画家を兼ねる画僧の伝統は、中国はもとより日本の伝統ともなった。この展覧会には雪舟以後の一休や門弟の如水、雪村らの作品が並んでいた。彼らにとって画技は禅人としての生活の一部だったのであり、禅の観念から理想化された生活と景物が画題となった。雪舟の画業は秋月、宗淵、周徳らの直弟子から雪舟五代を自称する長谷川等伯などにも影響が及んでおり、技量の流れの大本にいる雪舟の意義は大きい。

雪舟は中国絵画の伝統を継承しながら、それをただ日本に移し替えたのではなく、禅宗絵画の精神性と自然観察を加味した独自の日本的な表現を獲得したと見るべきだろう。京都国立博物館が所蔵する「天橋立図」はそれを物語っている。

（二〇〇九年三月号）

民芸の系譜

　産業革命後のイギリスで機械的、画一的なデザインの氾濫を快く思わなかったウィリアム・モリス（一八三四―一八九六）は、自然や中世の職人芸に美を認め、それを日常生活の中に蘇生させる美術と工芸の運動を始める。一九世紀後半のことだ。彼自身その運動の理念を説く社会思想家であるとともに、建築内装や造本に腕を振るうデザイナーでもあった。

　この運動は産業革命をイギリスより遅く経験したヨーロッパ周辺国や、さらに日本にも、いくらかの時差を伴って波及していく。東京都美術館で開催中の「生活と芸術―アーツ&クラフツ展」は、そのことを概観するのにいい展覧会だ。

　起点となったイギリスからはウィリアム・モリスのタペストリーのように中世風の意匠の露わなものから、アーネスト・ギブソンの肘掛け椅子のように前世紀の田舎の椅子を原型にしたものなどが並ぶ。これが中部ヨーロッパになると様子が少し違ってくる。ウィーンからはオスカー・ココシュカ（一八八六―一九八〇）やウィーン分離派のポスターなどが出品され、そこでは装飾芸術と純粋芸術は同格という彼らの主張が確認できる。けれども新しい芸術運動が出現した印象が強く、イギリスのように前時代の手工芸と積極的なつながりを求めたものではない。

　この展示の目玉の一つは三国荘と呼ばれた建物内部の再現だ。日本の民芸運動の拠点となった建築で、柳宗悦（一八八九―一九六一）らの設計になり、昭和三（一九二八）年、東京上野の博覧会場に民芸館として出品され、後に大阪の実業家に買い取られて三国に移築されたことからこの名がある。

思想家の柳宗悦は大正後期、民衆的工芸を略した民芸という言葉とともに、日用品に美を見出し、それを創作の源とする建築と工芸の運動を始める。和風の木造建築のうちに暖炉やテーブルが置かれた居間と、それより一段高い主人の部屋があり、様々な調度が置かれた様は和洋折衷、しかも中国や朝鮮の趣味も取り入れた幾分まぜこぜな趣のある建物と内装だ。ここは民芸運動に携わる同人のサロンとなり、そのあり方を巡って議論が重ねられたという。

こうした日本の動きがウィリアム・モリスらによるアーツ&クラフツ運動の四十年を経た日本的な展開であることは疑いないが、モリスと柳との間にはやはり微妙な隔たりがある。柳は著書「工芸と文化」の序文中でこう言っている。「吾々の工芸界における運動は、「民芸運動」として知られて来たが、私どもの密かに誇りとすることは、これが外国の思想に発したものではなく、日本自らが産んだものだという事実である」。序文が書かれた昭和一六年当時の国粋主義的な風潮を度外視できないとしても、柳にはこの運動がモリスのコピーではないと言い切る強い自負があった。

柳はまた、最高の知性を備えたデザイナー、ウィリアム・モリスの手になる作品が、結局のところ名もない中世職人の技を越えられないという批判も述べている。柳が辿り着いたのは日常の工芸そのものに美を発見し、称揚することだった。日本や朝鮮などアジアの国には伝統に立つその優れた実践が脈打っていたのであり、それを絶やさないことこそが肝要と思われた。彼にはモリスのように、工芸の水準を美術の位置にまで高めるという意識はなく、それはあるがままですでに美しかったのである。その意味で三国荘は、近代個人主義への批判に立ちながら、なお試行錯誤の過程にある。

（二〇〇九年四月号）

歴史的建築の保存

東京中央郵便局は、再開発計画によれば建て替えで現状の十数パーセントしか保存されないはずだったが、日本郵政を所管する総務大臣の横槍によって案は白紙に戻され、保存部分が三割に拡大するという。また、日本郵政社長の登録文化財を望んでいないという発言も取り消され、登録を目指すこととなる。渦中の東京中央郵便局舎を見に行った。

建物正面の中央、大時計からは時針が取り払われ、ガラス窓が格子の桟と共に無愛想な表情をさらしている。側面は覆われてその内部では取り壊しか補強かの工事が進んでいるのだろう。昭和初期の名建築といわれるものの、ひところのビルはおおよそこんな感じのものだった。関係者が取り壊して新しいビルにしたいと思ったのも無理はない。日本建築学会は、日本近代建築史上、戦前を代表する傑作で、国指定の重要文化財の水準をはるかに超える価値がある、という見解を発表しているが、開発者側との価値観の開きは大きい。

二〇〇六年の春、森美術館で開かれた「東京―ベルリン／ベルリン―東京」展は、二つの首都が建築を含む様々な芸術活動で共振してきたことを示す内容だった。一九世紀末から一九二〇年代後半のベルリンは、ブルーノ・タウト（一八八〇―一九三八）やエーリッヒ・メンデルゾーン（一八八七―一九五三）といったスター建築家が今日モダニズムと呼ばれる建築スタイルを確立していく時期に当たる。一方の東京でもこれと共時的に、ウイーンの分離派を意識した「分離派建築協会」が設立され、モダニズム建築の旗頭となった。展示では、その代表的な建築家、石本喜久治（一八九四―一九六三）と山口文象（一九〇二―一九七八）の設計になる白木屋の透視図に加えて建築風景の写真が出品されていた。しかし、このとき白木屋は、保存を望む声もあったがすでに取り壊された後だった。白木屋の四年後に竣工した東京中央郵便局の建物は、その白木屋の外観をどこか思わせるところがある。後年、来日したブルーノ・タウトは、東京中央郵便局を見て日本の新しい建築規範だと称えたという。自己の美意識と共通するものを感じたのだろう。

東京中央郵便局舎の位置する広場には、正面に皇居を望む東京駅や、丸ビル、新丸ビルが首都の顔を意識して建てられた。ところが東京駅はかろうじてかつての面影をとどめているものの、丸ビルなどは高層ビルに置き換えられ、このあたりの景観が一変してしまった。

虎ノ門に建つ旧文部省のレンガ庁舎は、これも保存運動によって正面を執務室と共に残し、外観を留めながら、背後の新しい高層ビルと併存している。レンガ壁のこの建物は昭和の建築ながら、装飾的な配慮があって、いかにも壊すに惜しい建物だった。ところが東京中央郵便局は、まさに機能優先で余分なものを付け加えなかっただけに、そこに美を感じるのはモダニズムの文脈を理解する限られた人にとどまるだろう。これも外観をある程度保存しながら建て替えることになるのだが、きわめて困難な事業といえる。機能自体に意味のあった文化財を次代に残すには、この建物と新しい高層ビルを調和させる、かつてない創意が求められるからだ。

東京と並んで、大阪の中央郵便局も建て替え工事を見直し、保存部分を広げる方向という。やはり時代を画した建築は、後年への記憶として残すべきものなのだろう。日本はこれまで蓄積よりも改変のスピードが速すぎた。今後は、残すべきものの峻別と、残し方の工夫がいっそう求められよう。

（二〇〇九年五月号）

大阪の中央郵便局も、モダニズムの傑作であり歴史的に重要な建造物だとして保存を求める強い声があったが、結局、二〇一二年に取り壊しが完了した。正面玄関だけは、新しいビル内に組み込まれる。

知的財産の集約化

グーグル社が進める書籍の全文検索に向けたデジタル化は、日本にも大きな影響が及んでいる。グーグルは全世界で七〇〇万タイトル以上の書籍をデジタル化したといわれ、このなかには日本の出版物で著作権が生きているものも多く含まれている。それらがたとえ有償にしろ、一般に開放されれば著作権者は損害を被るおそれがある。アメリカでは訴訟が起こされたが、作家組合や出版社協会との間で、和解が成立する見込みという。法制度が違う海外でも、結局同様な条件で和解案を飲まざるを得ないだろう。本来、知的財産制度は属地性が強いが、全世界を覆うデジタル・ネットワークの威力の下では、そうした属地主義はひとたまりもない。

書籍に限らず、個々の知的財産権を集約していく動きが、このところ様々な分野で加速化している。ネット上の無料百科事典ウィキペディアは、既存のものを集めたというより、ボランティアによる随時の書き込みによって成長する現在進行形の百科事典だ。リナックスなどオープンソース・ソフトウェアも新たな修正による知の集積と開放が進んでいる。

西陣織や友禅染の伝統的な意匠は、その職域で大切に守られてきたが、データベース化が進み、有償で解放されるようになった。これらは陶器など繊維以外の業種で図案として活用されている。

遺伝子情報のデータベースも商用化され、患者に応じた治療方法や薬の開発に役立てられているし、特許では、技術標準の形成に多くの特許がまとめられ、開発者個々の利害を超えて、やはり多数の利用に供されるようになってきている。

創作と利用のバランスをとりながら、その成果を共有しようという動きで注目されるのは、アメリカの法学者ローレンス・レッシグ教授らが推進するクリエイティブ・コモンズの運動だ。この共有モデルは従来の商業的モデルと併存していくことになろう。コモンズは、ヨーロッパで平等主義にたつ資源の共同管理を意味していた。このため資源の行き過ぎた利用が進み、元も子もなくなってしまうコモンズの悲劇ということばも生まれた。クリエイティブ・コモンズは、そうした悲劇を招かないよう、知的財産の責任ある管理を目指している。

日本にはコモンズと対比され、山や海に一定限度の自由な参入を認める入会、入浜の制度、慣習がある。そのなわばり内では、ある程度の地域優先と公開性が微妙にバランスをとってきた。海のなかであっても、タコが寄り付く穴を所有し、代々相続する世襲制が維持されている地方もある。このように日本の入会権などを含むなわばりは、資源を管理する共同体の地域性を色濃く反映している点で、コモンズとは微妙に違うものだ。資源には石油のように使えば減る資源と、魚貝や森林のように適正量の利用であれば更新される資源がある。無体物の知的財産は利用しても減らないように見えるが、その使用は確実に陳腐化を招く。

知的財産は今後、従来のような独占型の保護ではなく、秩序ある共同利用が進むだろう。伝統的な保護制度はその流れに合わせて進化していかなくてはならない。ネット社会のグローバル化と属地性を好む知的財産の保護は、近い将来、調和や均衡を見出すことができるのだろうか。

（二〇〇九年六月号）

著作権とモラル

自作の曲の著作権をめぐり、二重売買で詐欺の罪に問われていた小室哲也被告に執行猶予付き有罪の判決が下った。被告はうその著作権譲渡話を投資家に持ちかけ五億円を詐取したとされる。音楽プロデューサーとして以前は多額の収入を得ていたが、ある時から経済的な苦境に陥り、借金返済のため、その場しのぎの犯行に及ぶに至ったと判決はいう。無体財産である著作権は準物件として物に擬制した法律上の扱いがなされるが、目に見えないだけに、こうした事件は起きやすい。小室哲也被告はそれを悪用したというよりも、まさにその場しのぎの犯行だったのだろう。

小室はかつて、ｉＰｏｄなどのデジタル音楽プレーヤーに「私的録音録画補償金」を課すかどうかの議論について意見を聞かれ、補償金が一〇億円と推計されるなか、「僕はいらないですね。(新たな課金より) ヒット曲をつくることにエネルギーを使った方が売上げはあがる」と答えている (朝日、二〇〇五・六・二九)。小室には、こうした著作の権利放棄と権利の二重行使という矛盾する面があった。

この事件から一世紀前、歌舞伎の「元禄忠臣蔵」などで知れる劇作家真山青果が、似たような原稿二重売り事件を起こし、厳しい批判を浴びている。彼の場合も放縦な生活から追い詰められてのことだったらしい。明治四二年初頭の告白で、自ら「僕は随分世間に非難の多い男である。…二重売り、代作、放語、罵倒、絶交。なるほどしました」(読売、一九〇九・一・一) と語っている。その時は反省したような口ぶりだったが、二年後にまた同様な原稿二重売り問題を起こし、以後、文壇から一時期追放されてしまう。当時の彼はむしろ小説の作家として知られていた。この後は事件の影響もあったのだろう、演劇の脚本提供という道に移っていく。

原稿の二重売りは金銭が絡むから犯罪性は明らかだが、作品を献呈するなどの行為は、著作権がはっきり移転しているかどうかあいまいだ。西欧の一九世頃までは、世話になったパトロンや親しい人に、献辞を添えて作品を献呈するという習慣があった。ベートーベンは英雄交響曲をナポレオンに献呈しようとして表紙に献辞を書き入れた楽譜を用意していたのに、皇帝就任を知って腹を立て、献辞をペンで消してしまった有名なエピソードもある。一八七一年、ニーチェがホメロスに関する彼の論文をワグナーの妻コジマに捧げたのと同じものが別人にも捧げられていたことを知って、コジマが気を悪くした言葉も伝えられている。「大きな印象を人に与えておきながら、その印象に報復するような、裏切りの性格」をニーチェは持っているというのである（渡辺護「リヒャルト・ワーグナー」音楽之友社、一九八七）。

もっともコジマは、自分に捧げられたものを独占したいという欲求が強かったらしい。夫のワグナーが彼女の誕生日に贈ったオーケストラの小品「ジークフリート牧歌」を自分以外のために演奏してほしくないと思っていたのに、ワグナーがこの曲を出版したり、公開の演奏で取り上げるのをみて悲しんだとも伝えられる（同書）。著作を生み出した人間が末永くそれを支配下に置こうとする気持ちは容易に変わらないが、著作権をめぐるモラルは、時代とともにそのありようが変わっていく。

（二〇〇九年七月号）

裁判と進化

市民が重大な刑事事件の審理に参加する裁判員制度が始まった。八月にはその判決が出る見通しという。折しも栃木県の足利市で一九九〇年に四歳の女児が殺害された事件の犯人として、無期懲役が確定し服役中だった菅家利和さんに、無実の可能性が出てきて再審が決定されるタイミングと重なった。事件後、裁判員による陪審を経ていたら、その経過は異なっていたろうといわれる。

確定判決の根拠とされたのはＤＮＡ型鑑定と被告の自白だったが、鑑定結果は分析技術の進歩によって覆され、自白も「取り調べがきびしく、その場から逃れたかった」と本人が語っているとおり（朝日、二〇〇九・六・二五）、強いられたものだろう。

陪審裁判が日本で行われるのは、今度が初めてではない。戦前から戦中にかけて一五年ほど続いたが、戦況の悪化で中止されるに至った。ところでこの前回の陪審制に先立ち、制度の可否が大正一二年、衆議院の陪審法委員会で審議されている。このとき委員の清瀬一郎弁護士は、導入に賛成する立場から論陣を張った。そして、被告を弁護してきた経験に立ち、説得力のある発言を重ねた。

清瀬は日本の裁判が欧州の制度を導入したものであることをいいながら、そこに三つの重大な欠陥があるとする。役人裁判官の裁判への慣れ、記録の過信、そして刑事裁判の長期化である。「公判廷に移って被告人はどう云ふ事を言ふかと云ふと、予審の調べが厳重である為に、心ならずも違った供述をしたと自白しております。其種類のものが殆ど百中百あると思ふ、其被告人の予審の供述を以て裁判すると云ふ事では、真の裁判が出来やう筈がない」(資料で見る陪審法判例集成、学術選書、二〇〇〇)。清瀬の指摘はまさに今日にも当てはまる。

法案は成立し、日本の裁判制度にとって革命的といわれた陪審制度が導入された。この制度に関係した注目に値する昭和一三年大審院の判決がある。事件は昭和一一年、滋賀県で当時七二歳の老婆の絞死体が、ある家の離れで発見されたことに始まる。家の住人が犯人に疑われ、陪審により被告が絞殺したと断定された。自殺と信じる弁護人は、陪審員による事実認定の誤認を理由には上告できないので、裁判長が被告人に不利な証拠のみを取り上げて陪審員に説示し、陪審法の精神に違反したことを上告理由としている。大審院はその判決で上告理由を容れ、事件を破毀移送したのだった。

人間の行う裁判に、誤りは避けられないだろう。それでも真理にできるだけ近づけるため、制度のあるべき姿が模索されている。陪審制度の原点は古代ギリシアの裁判に求められる。プラトン(紀元前四二七―紀元前三四七)の著わした「ソクラテスの弁明」によると、対話によって相手の無知を容赦なく暴露することを続けてきたソクラテス(紀元前四六九?―紀元前三九九)が、反感を買った挙句、神々への不信心とアテナイの青年を腐敗させたという罪名で訴えられる。ソクラテスは堂々と自身の潔白を述べるが、宣誓を以て臨んだ五〇〇人の裁判員の第一回投票で有罪となり、さらにソクラテスの反論を経た第二回の投票で、三六一票対一四〇票の圧倒的多数によって死刑を宣告される(岩波文庫、同書、久保勉訳者注)。ソクラテスはその結果を受け入れ、従容として死に赴くのである。

裁判制度は時代とともにある。その時代に合った最もふさわしい形の模索が、今後も続くであろう。

(二〇〇九年八月号)

国語とデータベース

グーグルによる書籍全文検索の事業化は著作権者の強い反発を招いたが、これほどの大事業とはいえないものの、日本語の科学的な研究を目的としたデータベースの構築が、大がかりに行われようとしている。国立国語研究所が主導する「現代日本語書き言葉均衡コーパス」ＫＯＴＯＮＯＨＡで、明治期から現代に至る書き言葉を対象とするものだ。

サンプルとして採録される文章は、一九七六年から二〇〇五年までの間に刊行されたものから統計的な方法で無作為に抽出したものといい、筆者の元にも著作物の使用許諾願いが来た。二〇〇五年に刊行された単行本「発明文化論」（発明協会発行）の一七六から一七九ページが収められるのだという。もちろん承諾した。

著作権を事前に処理している点でこの事業はグーグルとは大いに異なる。それでも一億語を超える書き言葉が収集されるというから、日本語の研究に及ぼす影響は相当なものとなるだろう。

国が関与して言語の動向を左右するような力を発揮した例には、一七世紀に創立されたアカデミー・フランセーズが挙げられる。ルイ一四世の時代以降、フランスの文化は、王権を輝かすことを究極の目的として、強力な国家の統制下に置かれた。

一六三四年、宰相リシュリューが文学者の定期的な会合を組織化し、保護を与えた。これによって誕生したアカデミー・フランセーズは、国家の構成員の共通語を公式化する任務を引受け、真面目な書物で扱うことができるのは、純粋なフランス語とみなされる宮廷言語に限ることとした。同時に職人の言葉などは排除され、書き手の社会的な出自が現れないようにもされた（ジャン＝マリー・アポストリデス「機械としての王」小林章訳、みすず書房、一九九六）。国語事典と文法書の編纂が主な仕事で、以後、少なくとも書き言葉の純化が進んで日常の話し言葉との差異は広がっていく。その名残は整然とした文法の体系として今日まで残り、外来語、特に米英語のフランス語への置き換えを国の方針とすることなど、国家による言語統制の片鱗はまだ見られる。

言語作品の収録といえば、日本にも古くから例がある。後白河法皇が今様歌謡（平安末期に流行していた庶民の生活が歌われている）などを集めた梁塵秘抄だ。どのような意図で編纂されたものかは明らかでないが、徒然草のなかで引用されるなど、以後の時代にも存在が知られ、また今日、当時の庶民生活の一端を知るのに欠かせない資料となっている。

国立国語研究所によると、今度の「現代日本語書き言葉均衡コーパス」事業はすでにある話し言葉や書き言葉の収集を補完するもののようで、出版された通常の書籍以外に、白書、議事録、ＷＥＢなども対象とするという。全体が完成すると、情報化の進んだ今日、さまざまな利用法が可能となる。ら抜き言葉が時代とともに広がっていく様子や、漢字の新旧字体の変化など、純粋な研究にまず役立つだろう。それ以外に音声認識など、日本語の情報処理に向けた研究が進む。さらに常用漢字や公文書表記の見直しを決めたりするのに利用されよう。また、辞書編纂にも有益だ。

公開には、無償のオンラインによるもののほか、複雑な検索が可能な有料の公開も予定されている。国立国語研究所は近く大学共同利用の研究所に改組が予定されているが、事業の存続と発展を強く望みたい。

（二〇〇九年九月号）

後を引く知的財産権

先日、夏目漱石の次男の孫らが漱石に関する人格権、肖像権、その他無体財産権の管理事業などを目的として財団法人を設立したところ、他の親族が異議を表明するという事件があった。異議の理由に、漱石は我が国の共有文化財であるから、たとえ遺族でも権利を主張し、一般の利用に介入すべきでないことがあげられている。漱石の著作権は死後五〇年の一九六六年に切れているが、その他の無体財産権は必ずしも主張できなくはない。それに、最近は、文芸の著作権を死後七〇年まで延長してほしいという運動も活発で、改正が見込まれている。知的財産権は普通、有限のものと理解されているが、最近はさまざまな理由をつけてその引き延ばしを図ろうとする傾向があちこちで見られるようになった。全体からみれば、物の経済が、サービスなど無体物の取引を中心とする経済に移行してきており、それを支える新たな権利の主張が始まったことが原因といえよう。

美術作品が著作者の手を離れ、後にその買い手が転売で大きな利益をあげた場合、著作者が販売価格の一部を請求できる「追求権」と呼ばれる権利が、欧米で広がっている。もともとは一九二〇年にフランスで認められ、EU加盟国の全体が二〇〇六年にそれを保護する態勢に入った。売れない絵描きモディリアーニが貧困のうちに死去して、画商がその後大儲けするフランス映画「モンパルナスの灯」が思い出される。アメリカでも、ラウシェンバーグの絵を彼が手放してから一〇年後に一〇〇倍に値上がりしたことが一つのきっかけとなり、カリフォルニアの州法として追及権が規定された（「アメリカにおける追及権保護の可能性」小川明子)。もっともアメリカでは、連邦法としてこの権利を全土に及ぼすところには踏み込んでいない。それでも現在追及権を持つ国は五〇カ国に近づいている(同論文)。

EUが美術の追求権を保護しているため、自由貿易協定などで相互主義にたつときは、EUの相手国にもその保護義務がのしかかってくる。韓国はそれで苦労することとなった。

母クマに子育てを放棄された白クマ「クヌート」をドイツ北部の動物園から引き取り、ベルリン動物園で育てたところ、その模様を撮影した映像が評判となり、二年間で関連グッズも含めて二〇〇〇万ユーロの経済効果を生み出した。このため元の動物園とベルリン動物園の間で利益配分をめぐる訴訟になったが、結局、ベルリン側が四三万ユーロでその権利を買い取ることで決着したという(朝日、二〇〇九・七・一〇)。これも貴重動物の飼育に知的財産権が付着した結果、そこに追及権が行使されたと見ることができる。薬草などを医薬に利用する伝統的な知識や、民俗芸能なども、従来の知的財産保護の枠組みを超え、その利用に対して保有者が利益配分を要求する声が高まっている。さらに、ウィルスや遺伝子資源そのものも、たとえ無償で譲渡したものでも後に利益を生んだ場合には、その配分が必要となる契約で縛られることが多くなった。こうして追及権が無体財産のさまざまな分野で主張されるようになるのは時代の成り行きとして避けがたいが、過度な要求は自由な流通を阻み、社会に負の効果を及ぼしかねない。バランスの感覚がいま問われている。

(二〇〇九年一〇月号)

二〇〇九年にはクヌートの父親ラルスを貸し出していたノイミュンスター動物園がベルリン動物園に対して利益配分を求め、提訴したが、四三万ユーロを支払うことで和解。ラルスはベルリン動物園にとどまることになった。

技術の復元

　高度の技法で作られたことが確かながら、その具体的な手順や構造がわからなかったものが、解析技術の発展によって明らかにされることが多くなった。特に美術史や工芸史の分野では、そうした話題が相次いでいる。人体の撮影を目的に開発され、進歩してきたX線CTスキャンも、今日さまざまな分野でそれを助けている。

　興福寺の阿修羅像は、塑像に麻布を張り漆で固めたものから麻布が固まったあと原型を抜き取る、いわゆる脱活乾漆技法で作られている。最近のCTを用いた研究によると、原型はもっと細面だったこと、顔面の凹凸が大きい部分には内側から麻布が張られ補強されていること、仕上げは木の粉と漆を混ぜた木屎漆が使われているらしいことなどがわかったという（朝日、二〇〇九・九・八）。

　陶芸の技法は秘されることが多いが、辛抱強い解析と復元の努力でかなりの程度まで再現が可能なようだ。柿右衛門の赤として知られる有田焼は、真っ白な磁器の下地にどのような方法で鮮やかな赤を発色させるか謎だったが、有田町にある佐賀県窯業技術センターでは、各時代の破片を解析しながらナノメートルレベルで顔料の酸化鉄を制御して色合いを変え、柿右衛門の赤に迫ろうとしている。また、多治見の陶芸家、加藤幸平衛氏は、古代ペルシャの名陶「ラスター彩」の技法を使った壁画を再現した。これも金や銀の配合で赤から金色にまで色調が変化するものを父の卓男氏が古い陶片の解析を通じて半世紀をかけ再現し、それを受け継いでいるといい、いったん途絶えた技法の再伝承が始まった（朝日、二〇〇八・七・五）。
もっと古い時代の例では、ツタンカーメン王の黄金のマスクに施された合金の薄化粧が、宇田応之早大名誉教授の手で新たに合成されている。これにはまず元素の種類と量を計測する蛍光X線分析と、原子の並び方を開明するX線解析が同時に可能な装置の発明が必要で、氏はこれをカイロの国立博物館に持ち込み、分析に当たった。この装置は調査の終了後、博物館に寄贈されている（朝日、二〇〇六・一〇・一〇）。

技術の源流をたどってその詳細を知る方法はリバース・エンジニアリングとよばれ、現代では産業技術の解析で重要な手段となっている。デジタル製品に組み込まれた半導体の回路や材料は一種ブラックボックスの中にあり、解析は困難だが、それを専門に行う会社もある。特許侵害の疑いのあるライバル社の製品を解析してその証拠をつかみ、相手企業との交渉や訴訟に使う例が増えてきた。特許の内容は公開されるので、模倣を完全に防ぐには技術の細部を秘密にして守るほかない。特許制度は保護する発明の一層の発展を誘うため、再現を目指した試験や研究には特許の独占が及ばないという例外を設けている。半導体の回路の独創的な配置を保護する登録制度にも、このようなリバース・エンジニアリングを容認する仕組みがある。

リバース・エンジニアリングは完成した発明の元をたどるだけでなく、失敗した結果が何に由来するのか、結果から原因を探るうえでも有効だろう。もっとも人間の挙動が多く関与しているとき、その科学的な究明は一筋縄ではいかない。いずれにしても、因果の様ざまな道筋を考え想像力を働かせながらたどってみることが、人間の知力を高め、次の新たな発明に導くのである。

（二〇〇九年一一月号）

景観の発見から創造へ

広島県福山市にある鞆の浦は、潮待ちの港として古くから知られ、万葉集にも詠まれている。朝鮮通信史が立ち寄ったという江戸期の港の常夜灯などが現在に残り、風情のある景観を愛する人は多い。ところが山を背にした街路の渋滞がひどくなったため、湾の一部を埋め立てて橋を架ける、県と市の計画が持ち上がった。それに対し住民から反対訴訟が起こされて、広島地裁は先日、主張を認め、埋め立て免許の差し止めを命じる判決を出した。県はこれを不服とし広島高裁に控訴している。

鞆の浦などの景観はまさに文化的な所産だが、その価値は近年になって再発見されたといっていい。江戸期には、葛飾北斎（一七六〇－一八四九）や歌川広重（一七九七－一八五八）に代表される浮世絵師が、富嶽三十六景や東海道五十三次のような優れた景観を描きあげた。日本三景などというとき、当時の人々はある景観の価値を他との比較で意識していたに違いない。ところが明治以来の近代化の過程では、生活の利便性が何よりも優先され、古城も古い街並みもあっけなく捨て去られた。ユネスコの世界遺産登録制度に基づく登録件数は間もなく一〇〇〇件に達するといわれるが、日本には登録しようと思ってもすでになくなった遺産がどれほど多いことだろう。それでも近年、景観の重視につながる動きは無視できないものになっていた。江戸時代の寺などが残る都内元麻布の開発では、一九九〇年代半ば、環境に配慮したと主張するビルの建築に対して、周囲との調和や歴史への敬意を欠いた建築物は犯罪だという声が上がる。「景観はみんなの財産、それを壊されてはたまらない」と住民三〇〇〇人の署名を集めた反対運動がおこったが、計画を阻止するには至らなかった。景勝地ではない場所の訴訟で景観利益を認めた判決が出るのは、二〇〇二年の国立マンション訴訟まで待たなくてはならない。国立市のいわゆる大学通り沿いに建設された建築基準法違反のマンションの撤去を求めた住民に対して、裁判所は「特定地域で独特の街並みが形成された場合、その景観利益は法的保護に値する」という判決で答え、高さ二〇メートルを超える部分の撤去を命じた。もっとも第二審の東京高裁は「一人ひとりの国民は、良好な景観を具体的な権利や利益として自分のものにする地位にない」と、それを取り消している。景観を守る主体は行政との立場だ。ある程度まで認知が進んだ眺望権から一歩踏み出す景観権は、裁判レベルで一進一退をみせる。こうした中で、二〇〇四年の一二月には景観法が施行され、景観計画と景観地区が法の強制力によって守られることとなった。翌二〇〇五年には、重要文化的景観が文化財保護法の対象に加わっている。そして水郷や牧場、棚田などがこれに選ばれた。これからの時代、景観は保護するだけでなく、その創造に向かうだろう。造景あるいは創景が語られるようになる。ところで日本の現状は、田園地帯に欧風趣味の擬似洋館が出現したり、伝統家屋の意匠であるなまこ壁などの家が突然建ったり、その一貫性や統一感は失われているように思われる。むしろキッチュやパンクが氾濫しているのだ。落ち着いた住宅地にどぎつい色の建物が建つことは、周辺住民には耐え難いから、都内のイタリア文化会館やまんが家の個人住宅に反対する運動が起こったことは記憶に新しい。作家の自由な創作よりも民芸に美を認めた柳宗悦を思い起こしたい。伝統的な景観を保護し、過去の記憶を持ち続けながら、一方で新しい景観を生み出していくことを求めたいと思う。

（二〇〇九年一二月号）

鞆の浦の埋め立てと架橋建設計画を、二〇一六年二月、広島県は正式に断念することを決めた。これを受けて住民側は訴えを取り下げたため、約九年続いた訴訟は終結している。

修業年限の意味

教師の資質向上を目的に、教員養成六年制が議論されている。現在は大学の学部四年で取得可能な教員免許を、修士課程も加えた六年に延長しようというものだ。高学歴化が進んで大学卒が普通になった現在、生徒から尊敬される資質としては修士まで修業年限を引き上げるべきだという意見がある一方、学資が続かない学生に教師への道を閉ざすという反対意見もある。

教員の免許を与えるのにどれくらいの年限が必要かの議論はさておき、一般に修業年限はどうなっているのだろうか。その時代的な変遷を見よう。

一つの技能を習得させる仕組みとしては、近代以前から徒弟制度がある。輪島塗の装飾技法を担い、線彫りした刻み目に金箔を埋めていく沈金師は、戦前、八年から一〇年の長期間、年季奉公を必要としたというが、現在では三年に短縮されている。年季明けに通常より安い報酬で親方の手伝いをする御礼奉公が、さらに一年追加されるようだ。

西洋の場合、ドイツのギルドでは、徒弟の修業期間を記すギルド規約書が、職種に応じて様々な年限を示している。技術習得の難易度に応じ、一四世紀の甲冑工は六年、金細工師は八年とされていた。イギリスとドイツでは大体三年から八年ぐらいだったらしい。この間、徒弟は親方と年季奉公の契約を交わし、無償で勤勉に働くこと、営業上の秘密を漏らさないことなどを条件に、技術を伝授された。また、修行を終えた徒弟は、そのまますぐ独立するのではなく、親方のもとで報酬を受けながら働くことも多かった。近代特許制度の先駆けとなるイギリスの専売条例は、一六二四年、議会が国王の権力を制限するために定めたものだが、その中で新規に与えられる特許の期間は一四年とされた。これはイギリスの徒弟修業が当時七年であったため、これを基礎に二倍したものと説明されている。なぜ二倍なのかわからない面もあるが、特許技術を学ぶ七年の修業で徒弟がすぐに独立して親方の競争相手となるのを防ぐ目的で、御礼奉公の期間をさらに同年加えたのかもしれない。

特許制度はイギリスから新大陸のアメリカや、フランスなどヨーロッパ各地に広がってゆき、やがて一九世紀末には日本にも根付くことになる。この特許期間は、イギリスに倣いながら、近年まで切りのいい一五年とされてきた。それは、二〇世紀も終わり近く、ＷＴＯ（世界貿易機関）が制度の世界標準を定めるにあたって、出願から二〇年以上の保護を協定に盛り込むまで続いた。これも実際には出願から特許に至るまでの審査期間が数年かかるので、特許の存続期間は一五年前後ということになる。前近代の徒弟制度の名残がやはりここにある。そしてこの期間は同業との競争制限を視野に入れていることと、言うまでもない。

徒弟制度は身分の上下関係を前提にする前近代性を抱えているから、近年の新しい職業教育制度に発展していくのは必然だった。医師などをはじめインターン制がうまくいかないのは、これが現代の徒弟制度につながるものだからだろう。教員も職業であるからには、その資質獲得に要する年限は、他の職種の修養年限と同じように議論の余地がある。ただ、知の基盤を養成する教員の役割は、より大きい社会的な要請を満たさなくてはならない。職人であって職人でない部分がある。それだけに、修養年限の議論は慎重を要する。そして創造性を高める教師の資質を獲得する道は、様々であっていい。教員という職業を魅力あるものとするため、資質の要件には自由度を与えるべきだろう。

（二〇一〇年一月号）

怒りの制御

文部科学省が先ごろ発表した「問題行動調査」の結果によると、児童生徒の暴力行為が増えているようだ。肩が触れたとか、騒いで注意されたぐらいで大げさに反応する、簡単にキレやすい子供が目立つようになった。もっとも子供に限らない大人も、なんに対する不平不満か、無差別殺人に走り、誰でもよかった、などと口にする。飼い犬が保健所に処分されたという思い込みから、管轄の旧厚生省の事務次官を殺害した事件まである。総じて現代人は怒りを抑える術を失いつつあるのだろう。

先日、国立劇場で文楽の仮名手本忠臣蔵を見た。下馬先進物の段と殿中刃傷の段で、塩谷判官が高諸直の面罵に堪えず、刃傷に及ぶ下りと、同じように腹を立てている若狭助は、忠臣、加古川本蔵の機転による賄賂で諸直が懐柔され、怒りのはけ口を失ってしまう、その対比が面白かった。武家社会の法度を犯すほどの怒りがどれほどのものであったか、身分制度下にない今日の怒りとは比べようがないが、若狭助には、その発露を抑える制御役が身近にいたことが幸いした。

ネロ帝（三七―六八）に仕えたローマの哲学者セネカは、怒りという情念を分析し、その対処法を示す書物「怒りについて」を残している。怒りの原因となるものを過大に評価しないこと、時の経過によって怒りそのものを鎮めることなどが説かれる。「むりやり引きずり込み、自制力を奪い、煽り立てて皆の不幸すら熱望させる。狙った標的のみならず、途中で遭遇するものにも激怒する」（兼利琢也訳、岩波文庫）といった怒りの作用は、現代によくあてはまる。「まず第一に怒らないこと、第二に怒りをやめること、第三は、他人の怒りを癒すこと」と段階を追った解決策の示唆は肯かれる。気質の影響も大きいが、怒りを発しないために、優れた仲間との付き合いの益をあげているのは、今日に通じるだろう。純真で気立てがよく温和な者が、そうした仲間にはふさわしいという。怒りをやめるには、自分が何に怒りやすいかを知っておく必要がある。ピタゴラス（前五七〇頃－）が心の乱れを竪琴で調えた例をあげ、怒りっぽい人に音楽療法の有効性を説いているのも参考になる。また、戯れや冗談によって怒りの矛先を変えるのには、ソクラテスの例が引かれている。さらに他人の怒りについて、ある種のものは騙すことでしか癒せないといっているのは、その通りだろう。

釈迦の言葉を記したもっとも古い仏典「スッタニパータ」には、個人が現世的な欲望を戒律によって抑えながら、心の平安に至る道が様ざまに説かれている。修行者は、蛇の毒が身体のすみずみに広がるのを薬で制するように、怒りが起ったのを制するという（中村元訳、岩波文庫）。平静な心がまえと念いの清らかさが無明を破ること、すなわち解脱であるとも説かれているが、ここから仏教用語としての発明という言葉が生まれたのだろう。発明とは本来、物の道理を知り、明らかにすることなのだ。

多くの宗教は、怒りなど情念の制御を通じて安心を得ることを目的にしているから、その方法はすべて何らかの発明を含んでいるといってよい。もっともある宗教が他宗に対して非寛容になるとき、それ自体が憎悪を育みかねない。宗教が原因の戦争は歴史上繰り返されているし、今日なお、その火の手が止む気配はない。個人の怒りが国家的な激情に燃え上がらないようにするために、私たちは新たなその制御術を見出さなくてはならない。また、怒りは個人のうちで解消されるだけでなく、社会としても対処していかなくてはならないのである。

（二〇一〇年二月号）

建築の行方　都市の行方

地方都市の中心街がシャッター通りと化していく動きが止まらない。しばらくぶりに街を通ると、あの店もこの店もシャッターを下ろしている。一方、都心でも繁華街を少し外れたところでは、風格のある建物がとりこわされて、コイン・パーキングに代わるところが目立つようになった。

東京のオペラシティー内にあるＮＴＴインターコミュニケーション・センター（ＩＣＣ）で開催中の「可能世界空間論」と題した展示には、インターネット時代の空間認識を考えるいくつかの展示が並んでいる。そのなかの柄沢祐輔と松山剛史の共同作品は、「中心が移動し続ける都市」をコンピューター・グラフィックで見せるものだ。ポール・クルーグマンの著書「自己組織化の経済学」から想を得たといい、都市が中心と周縁を形成しながら徐々に崩壊し、また新しい中心を形成するモデルを可視化している。産業構造の転換や、商業、住居の郊外移転など、直接的な原因はさまざまだとしても、巨視的にみれば、人為を超えて、都市の生成と消滅は繰り返されていくのだろう。

さらに国や文化圏にまで視野を広げると、文化と経済の中心はヨーロッパからアメリカへと移っていき、特に経済中心はやがて太平洋を越えて日本、さらに中国へと、地球を西周りにゆっくり回動していくように見える。このいわば西遷運動は、人為とどれだけ関係しているのだろうか。

動物行動学の教えるところでは、建築する動物は人間に限らない。蜘蛛は巣を張り、白蟻は数メートルの高さを持つ蟻塚を築く。これらの動物の行動を決定するのは、ごくわずかな情報による刺激のみで、それでも結果として大仕事を成し遂げてしまう。一見無秩序な行動が収斂していく規則があるのであろう。それは、種に備わった遺伝子によって決定づけられているのだ。

単細胞生物の粘菌ですら、アメーバ状に自在に広がる性質を利用して、効率のいいネットワークをつくる能力があるらしい。科学技術振興機構の手老篤史研究者らによると、プラスチック板状に山手線の駅を想定し、その上にエサを置いたところ、エサを求めて手のようなものが広がり、鉄道網そっくりの効率いいネットワークが形成されるという。こうした粘菌の能力が、数億年を生き延びることにつながったのだろう。その能力を交通や物流、通信などの分野に応用することも考えられている（朝日、二〇一〇・一・二二）。建築や都市が、人為に関係なく遷移と新陳代謝を続けていくとすれば、人間の関与する創造力は、無為と作為の間でどのように働いたらよいのだろうか。それは制御不能の成り行きを許容しながら、一方で人間の幸福感につながるようにも誘導する、ゆらぎをもったものであるべきだ。粘菌の能力は、人間が、時間、空間の中でどう適応していくかを示唆している。時間との適応で言えば、時の記憶を一定限度、保持し続け、未来につなげることだろう。家屋の伝統工法は、今や危機に瀕している。新建材やボルト金物は旧来の木造住宅を駆逐してしまったが、職人技を必要としなくなった反面、画一的な面白みのない住宅をはびこらせた。家屋にかかわる伝統技術の保存と、歴史的な町並み保存の意義を再確認することは急務であろう。また、空間への適応で言えば、自然との関係をもっと深める必要がある。家も街並みも、自然への親和力が必要だ。たとえば維持に手のかかる木造家屋や生垣には、時代を超えた良さがある。そして建築の方向と都市の方向は、平行していなくてはならない。これらが考慮されるとき、建築と都市は廃墟に向かうのではなく、再生へと息を吹き返すだろう。

（二〇一〇年三月号）

技術標準の形成

日本の得意とする新幹線やリニアモーターカー、原子力発電、水処理技術などの海外への売り込みが活発化しようとしている。新設される国家戦略局がその旗を振ることになるだろう。これ等は安全や環境保護など世界が直面している大きな課題に答えるものだが、成否はそれが技術標準として広く受け入れられるかにかかっている。世界標準を目指している日本発の技術では、ほかに通信の基幹技術、家事や介護、警備に当たるロボットの安全基準なども期待される。標準は、他を圧して抜きん出ている技術がすんなり獲得するとは限らない。様ざまな方式が競い合っていく過程で、利便性が高く、優れたものが選別され、決定されれば、社会もそこから多くの便益を受ける。これは優劣が分かってからの事後標準だ。一方、開発初期に目標を設けて決定される事前標準は、後にボタンの掛け違いが後悔されるような事態を招きかねない。最近は開発期間を短縮するため、この事前標準が増えてきている。

蓄音器を発明したエジソン（一八四七―一九三一）が最初に特許を得たのは、錫箔円筒の表面に記録していく方式だった。その錫箔円筒では記録に際して歪みが生じやすいため、厚紙に蝋をぬった蝋管による方式が競争者によって提案され、エジソンとの特許紛争が持ち上がる。いずれにせよ、このころは、円筒形の記録媒体がしばらく通用する。やがて扱いが便利で大量のコピーが可能な円盤式が現れると、優劣がはっきりし、円盤式の記録媒体が最終的に技術標準となるのだ。蓄音器の発明にエジソンの貢献は疑いないとしても、後世に残るのは、その原形からはずいぶん離れたものとなった。エジソンでは、電力の供給を彼が執着した直流で行う方式は技術標準にならず、変圧が容易な交流方式が世界を覆ったこともよく知られている。地震国日本の経験に基づく原子力発電の耐震設計は、世界に広めたい技術だ。この基準は原子力保安院が提案し、大学や原子力安全機構などの専門家の手で練り上げられたもので、成立と同時に公共知になっている。ところがこのような公的な標準とちがい、通信の基幹技術などは民間の競争環境の中で立ち上がってくるので、多くは特許権と無縁でない。技術標準も特許など知的財産権も、先行する公共知をもとに形成され、さらにそれらが次世代につながる新たな公共財になっていくことで共通する。そこで、特許を取り込んだ技術標準をどのように形成するか、またそこにどう関与するかが、重要な問題となる。標準の形成には、関発企業などが関係する特許を提供し合い、非差別、合理的な条件のもとで利用許諾することを約束するのが第一歩だ。この場合関係する特許の数がものをいう。先ごろ世界知的所有権機関（ＷＩＰＯ）が発表した特許協力条約（ＰＣＴ）に基づく二〇〇九年の国際特許出願状況によると、国別出願件数は第一位が五四〇〇〇件のアメリカで、以下第二位が日本の三〇〇〇〇件、第三位がドイツの一七〇〇〇件、第四位が韓国の八〇〇〇件、第五位が中国の八〇〇〇件となっている。特に中国は対前年比で三割増と目覚ましい。そしてアジアの日中韓三国で全体の三分の一を占める。バンクーバー冬季オリンピックのメダル数でも、これらの国は世界の第一線にある。ところが中国は、技術戦略上、世界標準よりも一国の国内標準を指向しているように見える。これは標準問題を複雑化させ、結局世界全体の公益を損なうおそれともつながっている。日本は世界の動静を見極めながら、アジアの近隣諸国と世界標準の形成にむけた歩調を取るべきだろう。

（二〇一〇年四月号）

二〇一一年三月一一日の東日本大震災は、それまでの原子力発電施設の耐震設計基準に深刻な反省を迫るものとなった。東京電力福島第一原発の事故を受け、いったん止まった原発の再稼働を決める新規制基準が策定されたが、合理性を欠くとして、訴訟となっている。

知的財産権と政治

アメリカが綿花に補助金を出すなら、ブラジルはアメリカの知的財産権を制限して報復する。こんなことが現実に起こるかもしれない（日経ネット、二〇一〇・三・一六）。ここにきて知的財産権の保護が政治に左右される状況がだんだん強まっている。世界貿易機関（ＷＴＯ）は貿易の障壁を設けることには報復措置を認めているので、綿花の輸出がしにくくなる補助金に対して、お畑違いの知的財産権保護を弱める制裁も、確かに考えられよう。知的財産権の保護を内外人平等の原則によって定めたパリ条約は、先進国と途上国の格差が存在する状況では、先進国側に有利に働いていた。そして途上国に不十分な知的財産権の保護を改善するよう制度改正を求める先進国の意向は、この条約の枠組みの中では結局実現しなかった。そこで農業も知的財産権も一括して交渉するＷＴＯによって世界経済の全体的な改善を目指す仕組みが、一九九〇年代半ばに発足した。このときから知的財産権は通商交渉の場で取り引きされる分野となったのだ。中国がＷＴＯに加盟するに際しては、その保護状況もＷＴＯの定める知的財産権の保護基準であるＴＲＩＰＳ協定に合致するか審査を受け、将来に向けてその遵守を約束させられていた。この後、中国製模倣品の海外流出がやまないことに対して、ＷＴＯの報復をちらつかせながら被害国が結束して中国政府に対策を迫るなど、模倣品の氾濫が政治問題化していることもよく知られている。ところで、ブラジルはＢＲＩＣＳなどと経済成長が目覚しい途上国に数え上げられるが、知的財産権の保護を政治的に国際交渉で利用することでは以前から実績がある。輸入するエイズの薬が高すぎるとして、国内メーカーに特許の強制実施権を設定することを口にしながら、国際的な製薬メーカーから大幅な値下げを勝ち取った。また、遺伝資源を用いた発明にはその資源の出所を開示させることを特許付与の条件にし、それを不要として避けたい先進国の制度調和に向けた提案をかわそうとするなど、したたかな交渉ぶりを発揮してきた。その交渉術がエイズの薬価を下げさせることにつながったのが、ずっと記憶として残っているに違いない。秋に名古屋で開かれる生物多様性条約の締約国会議では、遺伝資源の利用による利益配分が議題に上り、紛糾が予想される。特に途上国が、利益配分に関係してくる資源の出所表示を特許付与の条件とするよう世界知的所有権機関（ＷＩＰＯ）などで繰り返している主張をここでも持ち出してくると、知的財産権保護がいっそう政治の影響を被ることになる。ブラジルや中国は、それをすでに義務化した特許法を定めているが、運用が不透明で、制度自体を歪めかねないと懸念されているのである。ところで、グーグルが中国のネット検索サービスから撤退するニュースが世界の反響を呼んだが、ここにも知的財産権保護と政治のかかわりが認められる。グーグルの撤退理由には、中国政府による検閲の強制と、サイバー攻撃によって知的財産権の一部が盗まれたことがあげられており、アメリカはこれを理由にＷＴＯへの提訴を模索しているようだ。特許などの知的財産権は、公権力による排他的な独占権の保障を本質としているから、もともと政治と無縁ではありえない。けれども、その影響をできるだけ排して透明で世界に開かれた保護制度とすることで、制度自体が発展し、新しい知の成果を世に運び込む貢献をしてきたのだ。それを揺るがすような事態はぜひとも避けたいものである。

（二〇一〇年五月号）

ＷＴＯによる知的財産権制度の調和は二〇〇〇年に入るまでかなり進展したものの、そのドーハ開発アジェンダと呼ばれる目標は、先進国と新興国の対立によって、達成が困難となった。それに代わるものが環太平洋経済連携協定（ＴＰＰ）といえる。

文字と文化

無文字社会が記録や伝達のために文字を持ちたいという欲求は、文字に囲まれている私たちからは想像できないほど強いものがあろう。かつて文字を持たなかった日本は、まず漢字を輸入し、それを日本語の表記に使うところから始めた。言語体系の異なる古代中国語のための文字を日本語の表記に使うのには当時の日本人の大変な苦労と工夫があったが、その後も片仮名や平仮名の発明により、日本語の表記は各段に容易となった。結果として、多くの詩歌や文学を生む。

面白いことに漢字の国中国には、日本の平仮名が女性によって発明されたように、女性だけに受け継がれてきた表音文字がある。ただ、この女文字は伝承者が減って先行きが危ぶまれているようだ。

情報化の進んだ現代においても、世界に無文字社会は存在し、彼らは表記の方法を獲得しようと必死になっている。インドネシアのスラウェシ島に近いブトン島には、チアチア族と呼ばれる少数民族が住んでいる。人口六〇〇〇〇人ほどという。この部族も文字を持たなかったが、最近になって朝鮮半島のハングル文字、訓民正音を表記に使い始めた（朝日、一〇・四・二三）。二〇〇五年に島を訪れた韓国の研究者が韓国語とチアチア語の発音の類似に気づき、後に訓民正音学会の関係者が当地を訪問して、採用を進めたのがきっかけという。チアチア族によるハングルの採用には、民族の言葉や伝承がいずれ絶滅するのではという危機感とともに、韓国の経済援助を期待したい政治的な思惑も働いているらしい。このため一般的な表記が望ましいと考えるインドネシア政府は、不快感を示しているようだ。

もっともインドネシアにはほかにも多くの少数民族が存在し、やはり固有文字を持たない彼らの多くは、アラビア文字やローマ字を表記に用いているといわれる。世界一のイスラム教徒を抱えるインドネシアがコーランを記すアラビア文字を借用する理由は分かるし、またオランダの植民地支配下にあったことを考えれば、ローマ字表記が行われるのも不思議ではない。

アジアには他文化圏の表記を採用する国が多い。ベトナムは唐代から中国王朝の支配下にあった関係から、長く漢字表記が行われてきたが、その過程でチュノムと呼ばれる漢字の変形が生まれた。しかし表記の困難さや、中国文化と一定の距離を置きたいという民族意識もあって、今日漢字やチュノムは日常から失われ、代わって現代ベトナム語をローマ字で表記するクオックグー（国語）が一般的だ。起源は近世にキリスト教布教のために訪れた宣教師たちの現地語を表記する工夫に基づくといわれる。来日したポルトガル人宣教師による日葡辞書の例が思い起こされるが、似たようなことがベトナムにも起こったのだ。フランスの植民地時代を経て、一九四五年の独立宣言以降、このクオックグーがベトナム民主共和国の正式な表記と定められて今日に至っている。

中国雲南省のナシ族には、世界最後の象形文字といわれるトンパ文字が伝えられている。一九九六年の大地震によりその中心地である古都、麗江は壊滅的な打撃を被ったが、復元されてユネスコの世界文化遺産に登録されたことを機会に、トンパ文字にも世界が眼を向けた。日本ではパソコンの絵文字やデジタルコンテンツとして処理が可能になり、少しずつ利用が広まっているようだ。

文字表記がそのとき支配的な文化の影響を被ることは言うまでもないが、トンパ文字が日本に入ってきたのは、むしろその逆の例として注目される。文化の多様性が今後ますます重要となるとき、表記の多様性は、デジタル時代にも失われることがあってはならないだろう。

（二〇一〇年六月号）

持続可能な林業

今年の冬も各地に熊や猪が出没し、そのたびに猟友会によって殺されるなどのニュースが続いた。山に食料が不足して野獣が人里近くに出てくると、付き合い方を知らない人間からは一方的に悪者にされてしまうが、もともと彼らに人を襲う理由もなければ、本来は臆病だともいう。

食料が不足するようになったのは、奥山の原生林が伐られて、杉などの人工林に変わったことが原因の一つに挙げられている。広葉樹の原生林は、野生動物に木の実や下草の食料を与えていた。これが、木材供給に特化した針葉樹に置き換わったことで生態系が狂ってしまった。野生動物が棲めなくなっただけでなく、植林された林の中には光が入らず、暗くて下草が生えないので、水源としての保水力も失った。さらに、輸入外材に押されて、国産の杉や檜は採算が合わないため、植林の維持管理までされなくなってきている。つまり林業が持続可能でなくなった。

以前、インドネシアの上空で、機窓から下の風景を見て一驚したことがある。緑の濃い熱帯雨林のある部分が、広範囲にわたって油ヤシのプランテーションだろうか、碁盤の目のような秩序だった木が並ぶ林相を見せている。その整然とした様は確かに壮観だが、やがて嫌悪感を催させた。人工的な手が加わったこれほど広大な面積の植林が、生態系を無視したものであることは明らかだ。政府が油ヤシの精製会社に原生林伐採の許可を与えたツケは、原生林を焼いた煙が近隣諸国に及ぶなどの被害や、野生生物の種の減少といった負の効果となって現れている。

大豆など換金作物を栽培するため、アマゾンの大森林が急速に減ってきていることも、危機感をもって報道されている。中国内陸部の砂漠化が、毎年大量の黄砂を日本にもたらすという問題もある。今このように、世界の各地で森林喪失が目立った速さで進行しつつあるのだ。

森林の減少は、人間が定住して耕作する農業や牧畜を営むようになってから、つまり文化とともにある古くからの問題だろう。けれども人類は様ざまな知恵によって環境に負荷の少ない方法を編み出し、森林の伐採と創出を均衡させてきた歴史を持っている。

日本でも、近世になって木材需要が急増すると、森林の過剰伐採が進む。その一方、江戸時代には規制が強化され、「木一本首一本」といって違法な伐採を取り締まり、木曾の檜林を保護したような例もある。また、山林の荒廃を食い止めるため、当時から植林も進められている。木材生産と植林や森林保護が均衡していたかはともかく、山林の価値はやはり認識されていただろう。そして宮崎安貞（一六二三－一六九七）の「農業全書」（一六九七年刊行）や、一九世紀に入ると佐藤信淵（一七六九－一八五〇）などによる多くの林業書が造林の技術を広めた。

人口の造林は、林業が経済的に存立するようになる明治以降、加速される。しかし近年の問題は、それが持続可能性を失ったことである。森林の面積は見かけ上減らなくても、その質が、生態系に悪い影響をもたらすようになった。それは経済や環境が地球規模で連動していくことと符合する。森林が持っている保水力や生物多様性の維持能力など、計量化になじまない価値はどんどん捨象される。現在の日本で考えていかなくてはならないのは、森林を元の形態に近く再生することであろう。このような森林の生態系を回復する事業は各地で始まっているが、採算を度外視しなければならないため、多くはＮＰＯに委ねられることになる。わたしも日本熊森協会という実践的な自然保護団体に入ったばかりだ。

（二〇一〇年七月号）

歯科治療の進化

虫歯の治療で出かけた歯科の待合室に「歯の健康と歴史」という小冊子（東京都歯科医師会、平成七・七）が置いてあったので、手にとって拾い読みしたら、これが無性に面白い。

古代エジプトのパピルスには歯痛の療法、動揺歯の固定法などが詳しく書かれたものがあるという し、古代フェニキアには精巧な入れ歯があったようだ。日本の歯科医療は文献上、天元五（九八二）年の「医心方」にまでさかのぼることができ、そこには歯周病や歯痛の治療法が扱われている。そしてこの元をたどれば、中国の「巣元方」や「千金方」に行きつく。

日本独自の技術もかなり早くから発達した。天文七（一五三八）年製といわれる黄楊《つげ》の木で作った総入れ歯は、現在と同じあごに吸着する方式で、欧米の実用化より数世紀先んじているらしい。江戸に入るとこの技術はかなり一般化し、滝沢馬琴は五九歳ですでに入れ歯をしていた。木床の義歯に「下歯鋲打たせ候」など、職人に依頼した修理の内容や、約束を違えた入れ歯師を「職人の不埒」と非難する言葉を日記に残しているという。本居宣長も寛政八（一七九六）年六六歳のとき、入れ歯をして再びものがよく咬めるようになった喜びを「老いのくち木に春過ぎてかかる若葉の又おひんとは」と歌に詠んでいるのがおもしろい。

明治になり、歯科治療も欧米流となっていく。開港間もない横浜で開業したアメリカ人歯科医のイーストレーキーなどから日本人の門下生が出て、近代歯科医学が始まった。その後の進歩は、世界の動きに連動している。歯を失っても、近年はあごの骨に埋めた人工歯根に義歯をかぶせるインプラントという方法が、患者に光明をもたらすようになった。これは保険がきかない自由診療のため、治療費は歯科医によってまちまちで、近頃は過当競争の結果、衛生上の手抜きをした安いものも出回って、問題になったりしている。この技術は欧米で一九六〇年代に確立し、日本に及んできたが、現在はまだその普及期にあるのだろう。国際的な学会としては最大規模の米国のＩＣＯＩ（国際口腔インプラント学会）や欧州のＤＧＺＩ（ドイツ口腔インプラント学会）などがある。日本で技術の認定に当たるのは、これらと連携している日本口腔インプラント学会をはじめ、メーカー主催や私的な学会まで、いくつかある。日本技術の普及期に国際標準が形成されていく過程を見るようだ。互いの主導権争いもあるのだろう。日本の指導的な立場にある歯科医がお墨付きを得る目的で、ドイツに本部を置くＤＧＺＩの認定医試験を受けるに際し、実績を水増しするため他の歯科医の治療例を自身のものと偽ったのが発覚したこともある（朝日、二〇〇九・一・一二）。標準治療が確立し、保険の適用が認められるのはまだ先だ。歯周病などが全身の健康状態とも関係していることがわかってくるにつれ、歯科医療を広く医学的な見地から考えようという動きが広がっている。このため口腔内科という科名が生まれた。これを冠した口腔内科学会を商標登録しようとした出願があったが、特許庁は審決でこれを拒絶している。学会にかかる正当な地位を有するかどうかが明らかでないものが名称を独占使用することは、公正な競業秩序を害する虞があるというのである。歯科治療の進化は近年めざましい。このところの話題は再生医療であろう。歯を支える歯周組織まで、再生のめどがついたようだ。広島大学の関係者は、あごの骨に穴を開けて採取した骨髄液に含まれる間葉系肝細胞を培養し、歯槽骨を再生することを目指しており、実用化が遠くないといわれる。数年のうちに歯科治療の現場が大きく変わることが期待される。

（二〇一〇年八月号）

仮面の役割

　鬼面人を驚かす、という言葉がある。こけおどしのことだが、実際、鬼面に人が驚くような時代が長く続いたのだろう。また、あれは仮面だというように、実像を隠していることを推量させるときにも、仮面が引き合いに出される。仮面は様々な役割をし、どの時代にも必要とされてきた。

　千葉市美術館で開催中の「ＭＡＳＫＳ－仮の面」展を見て回りながら、仮面の造形を楽しむ一方で、それを用いた人の精神のありようを想像してみた。

　日本では、仮面が縄文時代、すでに作られていたようだ。多くは女性の姿で、生殖や豊穣を祈る祭祀に用いられたと思われる。残りにくい木製の仮面も、当時からあったかしれない。時代が下ると奈良県の纏向遺跡で最近見つかった古墳時代前期、三世紀のものがあり、「発掘された日本列島二〇一〇」展（江戸東京博物館）にはそのレプリカが並んでいた。スコップのような形をした木の板に目と口の穴が開けられ、鼻がやや高く盛り上がっているだけの単純なつくりだが、強く訴えるものがある。これは犂や鍬のような農具を転用したものかもしれないという。

　仮面は多くの場合、祭祀や儀礼と関係している。生身の人間が、神や魔物や他者を演じるには、演者の個性を覆い隠す仮面の力を借りる。それが繰り返されると、役割を端的に示すように様式化が進んでいく。さらに人間が着用する機能を離れて、神社に奉納されたり、台所の柱上にかけられてかまどを守る竈面なども現れる。身体との関係がなくなれば、大きさや重さは自由となり、様々な造形が可能となる。

日本の面の造形美で極致にあるのは、やはり能面だろう。能面のような、という表現は、喜怒哀楽を抑えた無表情をさすことが多いが、実際にはこの面をつけた演者は能舞台で様々な表情を見せ、面のわずかな角度の変化で複雑な心理を表現する。小林秀雄は能の當麻をみた印象を語った一文「當麻」のなかで「不安定な観念の動きを直ぐ模倣する顔の表情の様なやくざなものは、お面で隠して了ふがよい」という。人間の感情を抽象化する仮面の働きを見事に言い当てている。一方で、能面には物を離れた魂があると信じられ、役者が面の精神を生かし、面と同化することを芸の目標とすることもあるようだ。能面を打つ能面師は、室町末から近世にかけて世襲の面打ちが生まれ、様式の固定化がいっそう進む。有名な面打ちの能面が珍重されるようになると、その名を刻した摸作の面が現れ、やがては本物との区別をする鑑定者まで出てくる。美術館のミュージアムショップには、出品されていた小面のコピー品がけっこうな値段で売られていた。ヨーロッパでは、仮面を用いた舞踏会が中世以来、宮廷を中心に流行した。文芸やオペラなどでそれを描いたものは多いが、モーツアルトのオペラ「ドン・ジョヴァンニ」には、ベネチアのカーニバルで仮面をかぶった人物たちが女たらしのドン・ジョヴァンニを懲らしめようとする場面がある。仮面ごっこによる変身や匿名性の獲得は多くの人の喜ぶところとなり、上流階級の流行からカーニバルの民衆芸能にまで、広く及んでいった。日本でも、鬼の面をつけて家を回るなまはげなどの芸能は、今日に続く。ところで現代に、新たな面は生まれてくるのだろうか。インターネットを介した匿名表現は、その一形態ととらえられなくもないだろう。ここでは面が仮想の空間へと大きく広がっていく。だが、かつて面の造形が隠していた精神性は、どこかへ追いやられてしまった。

（二〇一〇年九月号）

音と環境

アルプスの山に囲まれたスイスの小さな村イゼラブルで開かれる建築、音楽、エコロジーがキーワードの催しに招かれて出席した。主催者はスイス出身の作曲家ピエール・マリエタンで、彼とは二〇年来の親交がある。

初日、村からさらに車で海抜二〇〇〇メートルあたりまで登ったところで、アルペンホルンの合奏による歓迎を受けた。山小屋が散在する急斜面に距離を置いて配された七人の奏者が、谷に向かって点描風の音を鳴らすと、こだまとともに夕暮れの空気を伝わって耳に届く。夢の中にいるような一瞬だ。伝統的なホルンの新しい使い方で、マリエタン自身の作品でもある。一三回目のこの催しは、伝統、創造と音の記号がテーマになっている。

翌日、音響学の歴史を過去から現在に至るまで語るフランスの音響学者ジャン・マリー・ラパン氏の講演が興味をそそった。まずデカルト（一五九六—一六五〇）以前から啓蒙主義の時代を経て発展してきた音響学が、時代の要請にどう応えてきたか、軌跡をたどる。その到達点であるフランス国鉄による音のサイン化の紹介には、会場が笑いに包まれた。駅舎内や列車内のさまざまな案内放送音にサインを割り振って識別を容易にするとともに、そのサインを知的財産として権利化しようという案が真面目に議論されているのだという。日本の駅の発車ベルがうるさいという批判から、音楽のサインを導入することが広まっているが、その行き過ぎに苦い思いをしているだけに、ひとごととは思えなかった。

講演後、日本の実例として私が紹介した最近の静かすぎるハイブリッド車に歩行者への警戒音を付加しようとする動きには、会場から、賛否を留保する反応が返ってきた。

この講演に続いて、西欧各地に伝わる民俗楽器のバグパイプ類がどのように伝承されているかを示すコンサートがあった。北イタリア在住の二人の音楽家は、コルヌミューズと呼ばれる親類の楽器と低音補強用に開発された電気コルヌミューズのかけあいで、伝統の曲を演奏してみせる。それはそれなりに良く響いた。日本でも三味線や琴などの邦楽器を電気的に増幅してアンサンブルで用いる例はあり、伝統楽器が生き延びる一つの行き方と思える。ところが終演後、ワイン片手に感想を語りあうとき、音環境の改善を研究する作曲家レイ・ギャロンが否定的な意見を述べると、フランスから来たブルターニュ出身のコルヌミューズ奏者が強く同調した。こうした改変は彼らの趣味に合わない、まがいものと断じるのだ。翌日、今度は彼らの演奏を聴いてみると、伝統のままの奏法に活気があり、ブルターニュではその演奏の機会も多いのだという。どちらが正しいというものではなく、どちらも現代に可能なのだろう。会期中、音の環境に働きかける新しい提案のコンクールが行われ、フランスの青年が受賞した。都市の騒音をただ排除するのではなく、いったん所与のものとして、そこにゲーム的な聞きなしをしてみようという提案だ。つまり、人間の聴き方を変えようする試みで、音との付き合い方を考えさせてくれる。授賞式のあと、楽器の演奏や講演に挟まれて、私はビデオ・ミュージック・シアター「幻視」という作品を自ら演じた。これは自作の映像とともにあらかじめ作曲し録音しておいた音に重ねるように、現場で即興的な演奏と動きを加えていくシアター・ピースだ。小さな笛や打楽器を繰り出しながら映像に向き合って演じる、自伝的な内容の濃い作品だが、幸い多くの人の共感を呼ぶことができた。能や歌舞伎の時間構造や演奏法を意識しているので、これも伝統と現在を接続する試みと思っている。

（二〇一〇年一〇月号）

医療と効果

ホメオパシーという民間療法が波紋を呼んでいる。直接のきっかけは、新生児に必要なビタミンKを取らせずに、砂糖玉を浸み込ませたホメオパシーの飲み薬に頼ったところ死んでしまい、助産師が訴えられた事件だ。その後の調査によると助産所の一割近くで同様の療法が行われていたというし、学校の保健室でも体調不良を訴える生徒にレメディーと呼ばれるこの飲み薬が渡されていた。日本学術会議は「科学的な根拠は明確に否定され、荒唐無稽」とする会長談話を発表し、医療従事者が治療で使わないよう求めている。一つの代替医療に固執して本来の医療を敬遠する危険を考えたものだろう。

ホメオパシーはドイツの医師、サミュエル・ハーネマン（一七五五―一八四三）が一八一〇年に出版した「治療術の原則」という書物を通じて知られるようになった。毒性のない薬を使う費用の安い治療法として、一九世紀後半にヨーロッパやアメリカで広がっていく。病人の自己防衛機構を刺激し、強化することで失われた平衡状態を取り戻す考えに立っており、伝統医療、現代医療双方の見地からも特に違和感はない。ただしそこから生まれる類似物の法則、治癒方向の法則、単一治療薬の法則、最小有効量の法則といった原則になると、専門家には首を傾げる人が出てくるであろう。二〇〇五年には英医学誌ランセットで治療上の効果はないとする論文が発表され、ドイツやスイスはその前後から保険適用をやめている。ホメオパシーが生まれる背景の西洋医学は、ヒポクラテス（紀元前四六〇―紀元前三七〇）以来の原因と結果を重んじる合理的な精神に貫かれているように見える。しかし、因果は複雑であり、治療法の効果は簡単に検証できるものではない。このため一つの療法が定着すると、それが捨てられるまでには長い期間がかかっている。治療の目的で血液を抜く瀉血はそうしたものの一つだ。古代に発し、中世では盛んに行われた。多量の採血が人体に悪影響を及ぼすこともあったらしい。一九世紀になってフランスの医師ルイが治療効果を否定する証明をして以来、次第に行われなくなっていくが、瀉血は各地の伝統医療や、一部の限られた現代医療では、なお命脈を保っている。効果の検証が容易でない医療技術は、医学の退廃と医者の不法を増長させる。フランス古典時代の喜劇作家モリエールは医者嫌いで知られ、作品の中で胡散臭い医学と医者を痛切に皮肉っている。「いやいやながら医者にされ」はその代表だ。スガナレルという木こりが心ならずも医者にされ、他人の恋の成就に一肌脱ぐ羽目になる。生半可な医学用語やラテン語を並べ立てた挙句、うまくことを収め、靴屋がしくじったら革代を背負い込まなくてはならないが、医者は病気が良くなろうと悪くなろうと、謝礼が転がり込むとうそぶくのだ。西洋医学に限らず東洋医学も、長い間に様ざまな知恵を集積し、人の生活に役立ってきたことは言うまでもない。日本の医術の母体となったいわゆる漢方もそうした知の体系だが、中にはあきれるような療法も行われていた。魯迅（一八八一－一九三六）は中国医学の伝統に疑問を持ち、いち早く西洋医学を取り入れて近代化していった日本に学ぶため、日本にやってきた。彼の著作「吶喊」の序文に、こんな話が記されている。長患いの父が医者に処方された薬は、寒中の葦の根だの、番ったままの一対のキリギリスだったという。現代日本のガンの補完医療でも、根拠の怪しいものが頼られている。

医療は根拠に基づくものでなければならないだろうが、それを確かめる方法には限界がある。科学の予測技術がいくら進んでも、効果の予測に不確かさは残るであろう。医療技術は結局のところ、長期の大がかりな人体実験によって淘汰が進み残ったものを、信用して使っていくほかはない。

（二〇一〇年一一月号）

水の制御

造る、造らないでもめている八ツ場ダムで、このところ新しい動きが出てきた。ダムの必要性は、どのくらいの洪水を想定するかによって大きく変わる。このダムの場合、利根川水系で二〇〇年に一度の洪水が起きたときの最大流量を基本高水とし、設計するものだが、その算出方法自体、根拠が怪しいことがわかったのだ。二〇〇年に一度の洪水というのは最高レベルで、高水は一九四七年のカスリーン台風をモデルにしている。ただ、付近の川の流量の実測値ではなく、様々な仮定に基づくものらしく、そこで算出された数字に疑問が出てきた。この数字が怪しいとなると、防災としてのダムの必要性は揺いでくるだろう。一方、建設費を負担している都や、埼玉、群馬など六都県の知事は、先ごろダムの建設予定地で、二〇一五年度までに完成を求める共同声明を出している。これは飲料水の確保など、利水が念頭にあるからだ。水を治めるものは国を治める。中国では古来そういわれてきた。その中国では現在も洪水と干ばつが多発し、問題は解決していないが、三峡ダムがそうした中で計画され、建設が行われた。これには移転を強いられる多くの住人がいることや、大規模開発に伴う環境破壊など様ざまな問題が事前に指摘されながら、計画は実行に移された。計画時、人材が不足していた中国では、技術や水利事業の市場経済化に対応する人材の育成から始めなければならなかった。一九九〇年代の半ば以降、日本はその事業に協力している。ダム建設が負の効果を生んだ例として、エジプトのアスワン・ハイダムが流域を干上がらせ、そのために塩害を発生させたことはよく知られている。中国の三峡ダムが本当に必要なものだったか、その正負の効果がこれから検証されることになろう。

郷里の安曇野の歴史をたどっていたら、江戸の時代から、水のないところに水を引く苦労があったのを知った。この地には堰《せぎ》と呼ばれる農業用水が多い。実家の前には梓川から水を引く温堰《ぬるせぎ》が流れている。与一右衛門堰など、工事を主導した人の名を冠した堰も多い。矢原堰には、戦国から江戸時代に移ったころ、当時の松本藩主と掛け合って工事の許可を取り、失敗したら磔刑を覚悟に臨んで難工事を完成に導いた話が伝わっている。難しい水利権に配慮しながら測量にも人目をはばかったという文化一三年に竣工の十ヶ堰などもある（太田陽啓「安曇野ものがたり」信濃路、一九七五）。また、この地には温泉が多い。ただ、どこでも出るというわけではないから、山中にある源泉の湯を遠い平地まで引き回すことも試みられている。一二キロの距離に明治の初め竹筒で温泉を引いた松尾湯は、結局その間に湯が冷え、事業としては失敗に終わった。保温力のあるパイプが得られなかった当時、それを試みた人の心意気だけが記憶に残っている（中島博昭「探訪・安曇野」郷土出版社、一九八八）。

ユネスコの無形文化遺産として登録されたものの中に、「地中海岸の灌漑法廷」というのがある。起源は先進的な水利技術を持つイスラムの勢力が統治していた九世紀に遡るといわれ、農業用水を巡る係争を処理するための、伝統的な民衆裁判所だ。郷里の温堰にも水利組合があって、水の利用を合議で決める仕組みが今も機能しているが、この堰が近代的な用水路に改修されるまでは、よく水争いが起こり、治めるのに大変だったと聞いたことがある。スペインのバレンシアで行われる水法廷では、大聖堂の軒先に毎週木曜日、黒い衣装を着た代表が集い、水にからむ争いを公開で審理しながら裁いている（朝日、二〇一〇・一〇・一八）。司法への市民参加として、世界から注目されよう。

自然に多くを依存する水を制御するものは、高度な技術とともに、利便にあずかる人たちの管理や運用の技術、あるいは知恵といっていい。その両方が必要なのだ。

（二〇一〇年一二月号）

八ッ場ダムはその後、政府の判断で建設を中止する決定がされたこともあったが、現在はダムへの懐疑論が根強い中、再び建設が進んでいる。

町おこし

千葉県印西市が主催する町おこしの社会実験「舟めぐりと街歩きの旅」の募集に応じ、参加してみた。利根川や手賀沼がある内陸の町だが、合併によってできたため、まとまりや独自性に乏しい印象がある。東京への通勤圏に位置し、大規模な郊外型のショッピングセンターが近県からも人を呼んでいるようだ。市としては、こんな印西市に特徴を持たせたい、市民やその他多くの人に市のことをもっと知ってもらいたいという思いもあろう。募集は新聞の案内で知った。土づくりを重視し、できるだけ農薬を使わない農業をめざす苗木屋で、参加者の一行とともにまず畑のさつま芋掘りや、ねぎ、大根の収穫を体験する。ここは苗木の生産と、野菜の販売で生計を立てている。その畑は、まず土作りから。広報を兼ねている若夫人が言うには、近くのゴルフ場から落ち葉をもらってきて堆肥を作り、土に入れているのだという。収穫した野菜や苗木はインターネットで注文を受け、売られていく。生産者と消費者が直接結ばれる仕組みが、農業経営を安定化し、里山に囲まれた都市近郊の農業を支えている。昼食には一行と共に、取れたての野菜を揚げた天ぷらや赤飯などを味わったが、これぞ本物の味だ。

午後は、成田線木下《きおろし》駅前の商店街で行われている骨董市をひやかす。木下という名称は、かつて利根川の水運を利用して材木を運んだころの名残で、現在はシャッター通りになりかかった商店街が、賑わいを取り戻すのに懸命だ。骨董市は平成一五年に始まり、毎月第一土曜の市は千葉県でも最大級といわれるまでに育った。皿や漢籍の掘り出し物を手に、国登録文化財となっている町屋づくりの家、武蔵屋へ。江戸以来、旅籠や回漕店だったものが、明治末から大正初めの利根川堤防改修工事に伴い、街路に面した現在地に移築されたという。寄棟造、瓦葺で間口の広い家が、あたりでひときわ目を引く。現在は市民団体「木下まち育て塾」が管理する「まちかど博物館」として公開され、ボランティアのガイドが来歴を語ってくれる。江戸時代の地理書として名高い利根川図志には「寛文のころ此処に旅客の行船(世に木下茶船といふ)を設けたるに因りて、甚だ繁栄の地と為れり」という記述とともに、川舟と舟宿がにぎわう挿絵がある。その船旅を現代に蘇らせた川めぐりの観光船が、利根川堤の脇を流れる六軒川から弁天川、手賀川にかけて運行されている。一行が乗り組んだ舟は、公民館わきの発着所を出発。すぐ横には、利根川堤が何度かの改修でかさ上げされていった様子がみられる。そして、川が氾濫しそうな時には高水を利根川にかき出すポンプ施設がある。

舟のガイドはまず、この一帯がかつて氾濫のたびに水に浸かっていたのが、ポンプのおかげで被害がなくなったという歴史を語ってくれた。手賀沼に入ると、こぶ白鳥の親子が浮かび、のんびりした水郷風景が広がる。船頭はこの沼で天然のうなぎを取る漁師も兼ねているが、獲物はすべて契約先の料亭に買い取られ、一般の口に上ることはないようだ。手賀沼は徳川吉宗の時代、新田開発が行われたものの、利根川の洪水に見舞われるなど、本当に成果が上がったか疑問視されているとガイドはいう。

船を下り、一行はショッピングセンターの脇に設けられた観覧車に乗って市域を見下ろし、一日の旅を終えた。印西市の町おこしでは、里山や河川、湖沼の自然景観、古民家の歴史遺産と、土地の記憶の語り部、骨董市のような非日常の祝祭化と、客の呼べる商業施設を梃子にしようとしている。これらを組み合わせて移動に便利なレンタサイクルでまわれるようにし、さらに近隣の都市ともネットワークで結べば、いっそう効果があがるだろう。

（二〇一一年一月号）

情報の流出と公共

秘匿されていた公的な情報がインターネットを通じて流出する事件が相次いだ。尖閣諸島近海で中国漁船と海上保安庁の巡視船が衝突する場面を収めたビデオの映像。これは本来海上保安庁が管理する情報だったはずが、海上保安官の個人的な漏洩行為で外部化されてしまった。関与した保安官と上司は、それで処分を受けている。警視庁が集めた個人情報を含む国際テロ関連の情報もインターネットに流出し、イスラム教徒ら捜査協力者の安全が脅かされる深刻な影響が及んだ。これは流出ルートが突き止められていないので、どうしてそのような事態に至ったかは依然不明のままだが、警視庁は流出を謝罪した。極め付きは、ウィキリークスによる数十万件に及ぶ外交文書の公開だろう。これは内部告発者が漏洩に関与したことが分かっており、意に反して公開された外交当局者に衝撃を与えた。そしてウィキリークスに対する反発も強い。

これらに共通するのは、いずれも公的な機関が保持していた情報で、秘匿に程度の差こそあれ、本来公開を前提にしていなかったものが流出した点だろう。デジタルによる複製が容易になり、世界中でインターネットの情報が共有できる時代らしいが、今後も同様な流出は続くと思われる。

知る人の少ない情報は、それだけ値打ちがある。人より早くニュースを知っていれば、そのことを誇れるだろうし、利殖に生かすなど、財産的な価値もある。通信社として今日世界的な情報網を確立しているロイターの出発点は、内戦の帰趨《きすう》をいち早くつかんだロイターが株式売買によって得た巨大な利益だったといわれる。こうした情報は公的な情報でない場合でも、その使途に制限が加えられることがある。インサイダー取引が罰せられるのは、市場の公正という公共性が損なわれるからだ。

また、政府など公的機関の支配下にある情報が勝手に放出されると、この場合も広い意味で公益を損なうから、職員には守秘義務が課せられる。一方で、情報の透明性とプライバシーの保護は、二律背反の関係にありながら、ともに尊重していかなくてはならない価値基準としてある。

そうしたとき、漏洩者の個人的な倫理とは別に、意図に反して公開された情報が組織の論理や個人のプライバシーを越えて、もうひとまわり大きな共同体の利益になるなら、その情報の流出には、肯定的な意義が認められるかもしれない。つまり、新しい公共の形成に積極的な関与がある場合だ。

秘匿されている情報は知的財産権の性格を帯びているが、公開の知的財産権である著作権と比較してみよう。著作権にも公益とのバランスを図るため、一定の制限がある。公正な引用は自由に行えるし、オープンウェアのソフトウェアのように、著作権を初めから主張しない知的財産権もある。これらの集合はコモンズ、つまり公共財産である。情報開示の利益を得る公共は、地域や一国を対象としたものではなく、インターネットにアクセス可能な国際的な公共性を視野に置かなくてはならない。エイズなどの治療薬を最貧国でも入手可能とするため、知的財産権の特許に例外となる強制実施権を一定限度で容認するまでには、ＷＴＯ（世界貿易機関）の設立から数えても一〇年を要している。私益と公益のバランスの変更は、それだけ容易でないのだ。秘匿されている情報の開示が国際公共性の観点から容認されるには、同様に長い議論と試行錯誤が必要と思われる。インターネットという仕組みが現代の価値体系に大きなゆさぶりをかけている。その揺れがおさまるのにどれだけの期間が必要か予測がつかないが、特定集団の権益を平準化していく使命を託されているのがインターネットだとすると、当面は情報の流出を恐れるよりも、節度ある発信を心がけていくべきであろう。

（二〇一一年二月号）

その後の情報流出をめぐる世界的な事件としては、米国家安全保障局（ＮＳＡ）の情報収集と監視が、エドワード・スノーデン氏によって告発されたこと、また、租税回避行為に関するいわゆるパナマ文書により、一連の機密文書が暴露されたことだろう。いずれも秘匿する権利と、知る権利の間で、激しい論争を呼んだ。

国家と宗教

冬晴れの午後、市原市にある上総国分寺と国分尼寺の跡を訪ねた。国分寺に創建当時の面影はないが、住職のいる真言宗の寺があって、この日は初詣の人の立てる線香の煙が境内に漂っていた。近年再建された薬師堂は趣があるけれども江戸期の建物で、国分寺を思わせるものとしては、七重の塔があった跡を示す表示ぐらいだ。この国分寺から遠くない上総国分尼寺の跡には、中門と瓦屋根の回廊が復元されている。寺域は諸国の国分尼寺の中で最も広いといい、展示館にそれを実感させる模型がある。壮大な伽藍配置とともに、僧坊や薬草園などが周囲にあったことも分かっている。人気のない回廊を回るときうっかり太い柱に触ったら、塗られて間もないベンガラの紅が手についた。

国分二寺の造営は、天平一三（七四一）年の聖武天皇による勅令に発した国家事業だった。律令体制が緩んだところへ内乱や疫病が襲ったことが、直接の動機といわれている。

仏教は六世紀中ごろに伝来して、すぐに国教となったわけではない。初めは渡来人を中心とした豪族の信仰にとどまり、物部氏による廃仏の立場からの反対にもあいながら、だんだんと国の中枢に受容されていく。なかでも聖徳太子は、仏教による国家統一を目指した指導者だった。一七条憲法の「篤く三宝を敬え」は有名だ。三宝とは仏、宝、僧をいう。伝来から二世紀を経て、聖武天皇は、いよいよ仏教に基づく国家建設に乗り出した。東大寺盧舎那仏の造営と並んで、国分二寺を諸国に配する大事業だ。

国分寺には最勝王経を収めた七重の塔を、国分尼寺には法華経の経楼を建て、それぞれ鎮護国家、成仏と罪滅の象徴とする。そして寺には僧、尼僧が住んで写経や読経に励むものとされた。また薬草園などが併設されているので、一種の社会事業としての役割もあったと思われる。

こうした仏教による統一国家の指向は、直接には中国の全国官寺制に倣うものだが、さらにその先例は仏教発祥の地、インドのアショーカ王(在位紀元前二六八頃―紀元前二三二頃)による事跡にまで遡る。古代インド、マウリア朝の王は征服戦争の勝利後、武力に代えダルマ(法)による統治を目指すようになり、仏教に入信して領内に八万を超える仏塔を建てたといわれる。ダルマは仏法そのものではないとしても、帝国の安定化に役立ったことだろう。その一環として、道路の整備や病院の建設などが行われており、後代の手本となったかもしれない。

仏塔には仏陀の遺骨、仏舎利を納めるものとされたが、伝来の過程で経典に置き代わっていく。唐代に三蔵法師がインドから持ち帰ったという経典は、長安の大雁塔に収められている。その唐代も、仏教を受け入れるには抵抗があったようだ。官僚で詩人の韓愈は、時の皇帝が仏舎利の供養に走るのを諫め、廃仏論の立場から「論仏骨表」という一文を建言したところ、左遷されてしまった。

上総の国分二寺と周辺の発掘からは、寺名や厨、経所など建物の名を墨書した土器が見つかっている。漢字を操れる渡来人の陶工がいたのだろうか。また、瓦の紋様には蓮華文や唐草文などが刻印されており、平城京の文化が波及していたことが知られる。古代の技術移転の様相がおぼろげながら見えてくる。こうして国分寺、国分尼寺の造営は規模や時期を多少違えながら、数十年のうちに全国へ及んだ。けれども律令体制が弱まり時代が移るとともに、寺の多くは廃れ、あるものは他宗派の寺院に姿を変えるなどしていった。インドでも、アショーカ王の死後、帝国は分裂し、ダルマ支配の政治は放棄されている。宗教国家の存続は古代から難しかったのだ。

(二〇一一年三月号)

競争と独占

バリアフリー側溝の施工に必要な規格品の製造と販売を目的とする群馬県の事業協同組合が、先ごろ公正取引委員会（公取委）から独占禁止法に違反するおそれがあると指摘された（朝日、二〇一一・一・二〇）。群馬県は二〇〇六年、コンクリート製品の事業者団体と共同で技術開発を行い、群馬県型暗渠側溝を開発して、これを技術標準に定めた。組合はそれ以降、関連の特許や意匠、商標の利用許諾を組合の加盟社だけに限定し、建設会社などからの発注があったときは加盟社と価格を決めていたとされる。特許などの管理組合が製造・販売の数量や地域を支配するのは独占を旨とする知的財産権の行使そのものだが、公共工事の価格にまで踏み込むと独占禁止法に違反するおそれが出てくる。公取委の警告に対して組合はあっさり非を認め、早急に改善していくという談話を出した。

特許法は特許の発明を業として独占的に実施することを保障する一方、独占禁止法（独禁法）は私的独占、不当な取引制限や不公平な取引方法を禁止する。どちらも新技術の出現と流通を促し、社会の利益となるように考えられた法制度である。

ところで特許などの知的財産権を含む技術が自治体による標準に指定されると、特許権者かその利用許諾を得た業者しか参入できないため、一般競争入札が行えず、自治体と供給業者の随意契約となる。公共事業であれば会計検査でそれを選択した理由が問われるから、そのつど他製品より機能や耐久性が優れているなど説得力のある説明をしなければならない。公共事業を行う自治体はこの面倒を避けるため、権利を実施できる業者を増やして入札が可能なようにもっていくことが多い。

特許権者の側は協会をつくり、その入会を条件に知的財産権の利用を認めるように動く。当然そこには規約があり、入会者は実施契約を結ぶのだ。

問題はそこに独禁法に触れるような条項がないかどうかで、価格制限など明白な違反が含まれることはまずないだろう。そのかわり技術指導や、帳簿閲覧権、品質保証規定などによって、標準価格を大幅に下回るものが出ないようには管理されている。特許権者の意向に沿わないと、協会を除名される心配もある。今度の側溝をめぐる公取委の警告は、会の加盟社以外は製造販売できないことに独禁法違反のおそれがあるとされたが、知的財産権の実施許諾を受けるのに協会への加盟を条件とすることは、なんら問題がないはずである。参入を望む業者は協会に入ればいいのだ。そこで、加盟が合理的な理由なく制限されているかどうかが問われる。協会の規約が独禁法を守って制定され、それにしたがって運営されていればよい。優れた技術が社会の役に立つ機会を提供するのだから。

数年前、同様に自治体が標準としたマンホールの鉄蓋が、価格カルテルにより独占禁止法に触れるおそれを指摘された事件があった。このときも公取委による調査が行われたが、特許権者の側に違反はなかったという結論になっている。ただ、事件に懲りた自治体は、その後特許を使用しない形式の採用を決めてしまった。羹《あつもの》に懲りて膾《なます》を吹くではないが、知的財産権が裏目に出たとしたら残念なことだ。

地域の物産の名称を保護する地域団体商標の制度ができて何年かたつ。この登録商標の利用を望むものも、団体への加入が条件とされる一方、その加入は差別なく開かれている。特許や意匠も、独占と、社会による成果の受容がバランスをとるように運用されていくことが望ましい。

（二〇一一年四月号）

イヌイットの版画

かつてエスキモーと呼ばれていた人たちは、いつのころからかイヌイットと呼ばれるようになった。エスキモーには「生肉を食べる者」の意味があり、侮蔑的だという異議が出て、イヌイットに言いかえられたのだ。アメリカの黒人やインディアンの呼称がしばしば変わるのとも平行している。
ところでイヌイットの一般的なイメージは、そりに乗って移動しながら魚やアザラシなどを狩りし、氷の家に住むといったものだろう。さらに近年は欧米文化の影響で伝統的な生活が破壊されて、アルコール依存症が多発しているとも伝えられる。けれども彼らの創造的な営みには、これまでほとんど目が向けられなかった。

いま手元に、アザラシの牙をきれいに磨いたおみやげがある。白いエナメル質の牙とそれを支える骨で五センチほどの長さ。かつて来日したイヌイットのアーティストがくれたものだ。そのとき彼らには工芸の技術とともに、当然ながら身体表現や芸能もあることを知った。

先ごろカナダ大使館内のギャラリーで「旅する版画　イヌイットの版画の始まりと日本」と題した展示があり、散歩のついでにのぞいて見た。動物や伝説などの版画が、なんと和紙の上に刷られて並んでいる。素朴で淡い味わいの図柄や刷りが好ましい。解説によると、イヌイットのこうした版画の創作は一九五〇年代後半に始まったというから、まだ半世紀の歴史しかない。けれども彼らの到達した境地は、既に相当な域にあるように思われる。日本の素材である和紙と彼らの版画が結びつくには、きっかけがあった。カナダ政府の職員で画家のジェームス・ヒューストンが一九五〇年代の末、日本に滞在し、版画家の平塚運一（一八九五－一九九七）に師事した後、イヌイットの居住地で技法を伝えたのだという。和紙を使うことや落款のようなスタンプ、刷りの分業化などは浮世絵に由来するようだ。また、日本の民芸運動がカナダ人の画家を介してイヌイットにまで広がったと見ることもできよう。今では作品が高価で買い上げられる国際的なアーティストもいるらしい。国連は先住民族の権利宣言を二〇〇七年に採択し、その専門機関のユネスコやＷＩＰＯでは彼らの文化的表現を保護する仕組みが議論されている。だが、彼らの創造的な活力を現代に生かす方向は手探りが続く。そうした中でイヌイットのアーティストが、異文化を取り込んで新たなハイブリッド・アートを生んでいるのは大いに注目していい。オーストラリアのアボリジニーが彼らの夢や神話の世界を西洋風なキャンバスに定着させた絵画は、原住民の表現と植民者のもたらした西洋技法との結びつきだ。イヌイットの版画はそうした過程をたどらないで、はるか古代に遡るモンゴリアンとしての同根に出会った。

他方、彼らの伝統文化が、現地の商業主義におびやかされている現実も無視できない。イヌイットが狩猟などに使ってきたフローエッジ・ボートと呼ばれる乗り物がある。一九八〇年代、これにヒントを得た現代風デザインのボートがカナダ政府の肩入れで開発されたとき、その特許をとろうとして調査したところ、イヌイットとは無関係な会社によって既に特許の網が張られていたことが判明。彼らは特許出願をあきらめるほかはなかった。また、スヌメイマックスと呼ばれるブリティッシュ・コロンビア州の原住民は岩に刻んだ模様を大事にしてきたが、これが現地商業資本の目をつけるところとなり、コーヒーショップや音楽祭のロゴに使われるといったことも起こった。伝統的な意匠を保護する制度が無力なとき、守りよりも創造によって進もうとしている彼らの努力は貴い。

（二〇一一年五月号）

独占の効用

北京で開かれた国際知的財産セミナーに講師で招かれ、日本の知的財産政策の話をしてきた。国会に上程されている特許法の改正案の背景に焦点を当てたものだった。この改正は、オープン・イノベーションが進む環境下で、特許の実施権の移転が円滑にいくようにすることなどをもくろんでいる。

ところで、中国は市場経済化が進んでいるとはいえ建前上は社会主義だから、個人や企業による独占を見る目には、厳しいものがある。特許には独占権を与えるけれども、その発明の不実施には、強制実施権などの制裁を発動しやすい制度となっているのだ。オープン・イノベーションというのは、お互いに持っている特許権を交換し合うなどして、発明の実施を独占する代わりに開発の投資は回収していこうとする動きを指す。こうした環境下では、ポートフォリオ、つまり手持ちの知的財産を充実させる必要がある。ソフトウェアのオープンソースはその極限的な形態で、知的財産の権利化は求めないが、企業が普通に目指すのは、手持ちの特許などを増やして有利な交換条件を得る方向であろう。つまり今日の特許制度は、必ずしも独占を指向していない。一枚のＤＶＤには必要な特許が二〇〇〇近くあるといわれており、これを一社一個人がすべて手にすることは不可能である。関連する技術の特許を複数の権利者が提供しあい、合理的な技術標準を決めたうえで、利用希望者には差別なく実施を許し、貢献度に応じて実施料を配分することになる。アメリカのソフトウェア関連企業ノベルは、このところ経営が思わしくなく、ついに手持ちの知的財産を含めた身売りに追い込まれた。その八〇〇件を超す特許をまとめて買収し、ポートフォリオの優位を図ろうとする動きが、様ざまな憶測を呼んでいる。マイクロソフトやアップルなどが買い手に名乗りを上げたが、これらの巨大企業に特許が集中すると、オープン・イノベーションが阻害される恐れがある。先頃アメリカの司法省は反トラスト法（独占禁止法）上の問題があるとして、この動きに待ったをかけた。技術革新と競争性を促進するには、適切な特許の移譲と特許権の行使とのバランスが欠かせないという考えからだ。その結果、ノベルの特許は購入ではなく、実施権の供与という形に落ち着くとみられる。このように権利がやりとりされる状況が進むと、今度は契約の重要性が増してくる。排他的な独占権でない通常実施権は、不安定とならないような法的環境の整備が求められ、日本はその方向に進むだろう。イギリスは一七世紀初頭に近代特許制度を世界に先駆けて立ち上げた国だが、その一世紀後、アダム・スミス（一七二三－一七九〇）は「諸国民の富」のなかで、特許制度について次のように触れている。スミスはまず国王の特許状による東インド会社などの貿易独占が社会に対して不効率という負の効果をもたらしていることについて述べる。そのうえで公共社会は、新機械などの発明者や新しい書物の著者から恩恵を被るのだから、彼らに国家が一時的な独占権を報償として与えることは弁護できる。ただそれが永久的な独占権となると、多くの国民の参入によって有利となるはずの事業部門から彼らを締め出す、一種の課税されたような状態を作り出すという。競争はいわば戦闘行為なのだから、成功には独占に安住しない不撓不屈の努力が必要というのがスミスの結論だ。

特許制度の独占権は、今日でもこうした緊張の中に置かれていなくてはならない。特許は必ずしも独占を意図しないが、その値打ちの裏付けとして、いつでも独占権が行使できるという保証が求められる。貨幣の価値が金などとの兌換の保証によって保たれるように、ポートフォリオに収まる特許権も表面化しない独占権がその価値のよりどころとなっている。

（二〇一一年六月号）

ノベルの特許売却を巡る問題では、司法省の介入で条件が変更され、売却ではなくライセンス供与による移転とされた。日本では平成二三年特許法改正により、特許に通常実施権の当然対抗制度が導入されている。これにより通常実施権の登録をしないでも、特許権を譲り受けた者からの差止請求などに対抗できるようになった。

自然保護思想の由来

サンフランシスコを訪れた機会に、ミューア・ウッズ国定公園を訪れた。巨樹カリフォルニア・レッドウッズが天に向かって聳えていることで名高い。ゴールデンゲートを渡って車で少し行くと、国の管理する森の入口にたどり着く。入園料を払い歩道を歩き始めてすぐ、いきなりすらっとした木が目の前に現れた。赤みを帯びた樹肌で、葉っぱは杉に似ている。百メートル近い木を見上げるには、かなり首をそらさなくてはならない。樹齢千年を超えるというそんな木がかなりの密度で生えている。手つかずの自然林だが、地面は暗いというほどではない。下草も生えていて、ところどころに木の間からのぞく青空と白い雲を見ながら散策道を行くのは気分が良い。頭の赤いウッドペッカーと呼ばれるキツツキが倒木の腐った樹皮をつつきながら虫をついばんでいるのを、うっとりと眺めた。

レッドウッズは同様に巨樹で有名な類縁のメタセコイアに幹の太さでは及ばないものの、樹高はむしろ高い。その見事な森が残ったのには、土地の実業家ウィリアム・ケントと家族の尽力があった。一九世紀中頃のゴールド・ラッシュやその後の開発で国土が荒れるのを見かねて、一九〇五年、この土地を買い上げ、連邦政府に寄付。森の名前を彼の希望で自然保護家として聞こえていたジョン・ミューア（一八三八－一九一四）の名前をとってミューアの森としたのだった。ミューアは彼の名を冠することを栄誉と受け止め、承諾したという。この森は一九〇八年、アメリカ初の国家記念物保護の指定を受けた。

ところでジョン・ミューアはスコットランドに生まれてアメリカに移住し、ヨセミテ公園をはじめ、アメリカに国立公園が生まれるきっかけをつくった人物だ。出自からすると、ケルト的な自然への畏敬の念が彼の根底にあるように思われる。アメリカだけでなくカナダも、森林の保全は難しい問題だろう。つい近年は、原住民と森林伐採を続ける商業資本との間で訴訟が起こっており、木材輸入国の日本はそれと無縁ではない。

産業革命による自然破壊の進行は、ヨーロッパの方が一足先だ。このためイギリスでは一九世紀末に保護を目指す土地や建造物を買い上げるナショナル・トラストの運動が芽生えた。童話作家ビアトリクス・ポッター（一八六六―一九四三）がその運動で湖水地方を守ったことはよく知られている。ドイツでは一九一五年、ワイマール憲法が、自然記念物や景観の保護を国家の義務と定めた。

一方、日本では古来、樹木に宗教的な感情を抱いてきた。木霊という言葉があり、その樹木信仰がある程度、自然保護の役割を果たしていたとも考えられるが、近代化の過程で大量の木材が必要とされるようになると、事情は一変する。そうして自然への敬意も薄れていった。明治三九（一九〇六）年から、政府は神社の統合を国策として進めた。いわゆる神社合祀で、廃止の対象となった神社は、鎮守の森までが切られる事態となった。そのとき体を張って抵抗したのが民俗学者の南方熊楠（一八六七―一九四一）だ。森に生育する粘菌などの生物に関心を寄せていた彼にとって、それは看過できない暴挙と映った。南方の努力で豊かな自然の残る田辺湾の神島は伐採から守られ、神社合祀の動きはやがて終息に向かうが、破壊された森林も大きかった。日本の国立公園制定は、一九三一年の国立公園法が施行された年に遡る。これは欧米に比べると、二〇年以上の遅れがある。近年、世界に誇れるブナ林の広がる白神山地がユネスコの世界自然遺産に制定されたのに続き、小笠原諸島も同じように登録される。保護の思想や仕組みは外来のものだが、それを実効あるものとする日本の力量が試されよう。

（二〇一一年七月号）

記憶の保存

東日本大震災のあおりを受けて、福島県相馬地方に伝わる「相馬野馬追」の神旗争奪戦や甲冑競馬が中止されるという。震災は各地に物的被害だけでなく、精神的な財産の継承を危うくする被害も及ぼした。

村落ごと津波にのみこまれたり移住を余儀なくされたところでは、方言などの伝承が危うくなっている。被害の激しい三陸沿岸南部の気仙地方にも独特の方言があり、土地の人は戯れにケセン語と呼んだりしていたようだが、この方言で訳された新約聖書の出版物はかろうじて難を逃れた。地元の出版社の倉庫で水につかったまま発見されたものを乾かして、再び販売する道がついた（朝日、二〇一一・六・一七）。

地域の味を決定づける食の伝統も、変わっていく瀬戸際にある。釜石市には糖蜜を加えた濃い口醤油があり、刺身や煮物に重宝されてきたが、この醤油も機械の破壊により、いったん製造中止に追い込まれた。それが顧客の強い要望で、また本格的な出荷を再開している（朝日、二〇一一・六・一六）。

伝統行事も言語も味覚も、すべて人間の記憶にかかるものは文化的な財産として保存に値する。それがあってこそ、次の創造につながるのだ。

チェルノブイリの原発事故は、周辺地域の一帯に立ち入り制限区域が設けられて、多くの住人が避難させられているが、ここでも生活文化の継承が大きな問題となった。政府内に保護を担当する部局が設けられ、無人となった村の映像記録やあえて帰郷した人からの聞き取り、放射能を除去したうえでの民具の収集などが続けられた。にもかかわらずこの地独特の刺繍などは、手作り刺繍の習慣自体が失われて、伝承されなくなった。一方、被災者が受け継いできた水の精ルサルカを墓地に送るという伝統儀式は、調査と記録によって光が当てられ、村人から感謝されたという（朝日ＧＬＯＢＥ、二〇一一・六・五―一八）。

ユネスコは文化遺産、自然遺産の優れたものを世界遺産として登録することによって、その保存と継承を手助けする施策を進めているが、関連事業で、歴史的文書の保存のために「記憶遺産」の登録も行っている。日本からは、福岡県田川市にある炭鉱の作業を記録した山本作兵衛の絵画や日記などが、近く登録される。これらは作業の様子や当時の風俗を生々しく伝えていて、後世に強く訴えるものがある。ユネスコと並んで世界知的所有権機関（ＷＩＰＯ）も世界各地の伝統的知識のデータベース化に熱心だ。たとえばマサイ族にビデオなどの機材を渡し、長老が亡くなる前にその知恵や慣習を記録することを助けている。そうして記録された映像の一部は、ＷＩＰＯのサイトで閲覧が可能だ。ただ、民族の伝統的な知識や文化的な表現が不当な商業利用にさらされる脅威も一方にあり、保護と利用のバランスのとり方が問題となる。アフリカの一七カ国で構成するアフリカ広域知的財産機関（ＡＲＩＰＯ）は昨夏、地域社会の伝統的な知識を保護するためのスワコプムンド協定を結んだ。ここでは、その知識の管理と利用が共同体の権限であることを確認している。

さて、日本の被災地では復興に向けて様々な模索が続く。そこで、地域の伝統的な記憶を現代につなげ、新たな表現を求めていくことも可能ではないか。伝承されてきた祭りや芸能、民謡などが、がれきのインスタレーションと結ばれたとき、そして世界各地からの復興支援の手がそこに加わったとき、新しい現代アートが生まれることも十分ありうるだろう。

（二〇一一年八月号）

東日本大震災の津波による被災地では、遺構の保存か解体かをめぐって、関係者の合意形成に苦慮する例が多い。八四人の児童が犠牲になった石巻市の大川小学校旧校舎も、見るのがつらいという意見が強かったが、後世への教訓として保存が決まった。

遊びの創造性

震災被災地の子供に、津波ごっこの遊びが広がっているという。学校の長いすやジャングルジムの上から、津波が来ます、避難してくださいと叫んだり、砂場でバケツの水をひっくり返して遊ぶ子がいる（朝日、二〇一一・六・二八）。周囲には実際の被災者もおり、その受け止め方は複雑だ。遊びを通じて癒されるという意見がある一方で、恐怖心や不安をかきたてられるなど、不快な思いをする人もいるだろう。「禁じられた遊び」というフランス映画があった。大戦による爆撃で人や動物が殺されていくのを悼むところから、墓を作って十字架を立てる遊びが始まる。子供たちの無邪気な弔いごっこはだんだん度を越していき、教会の墓地から十字架を盗むところにまで発展する。

ただ、津波ごっこは禁じられた遊びとは違い、人の目の届く範囲で行われる一種の再現ドラマなのだ。そこにはむしろ、子供の創造性の萌芽があるのではないか。事実、新聞の投書欄には、心配いらないとこれを擁護する意見が載った（朝日、二〇一一・七・五）。この筆者は子供のときに体験した台風のあと、自然発生的に「台風ごっこ」や「水害ごっこ」が始まり、小川の上流をせき止め、下流に作った家や道を一気に流してそれを見ることを楽しんだ思い出を報告している。そして、この台風を同時体験したものでなければわからない、また、子供でなければ考えられない素晴らしい遊びだったともいう。

阪神淡路の大震災でも地震ごっこをする子供はいたようだ。非日常の環境に接することが、想像力の刺激となる。そうしてみると天変地異が子供の遊びを誘発するのは、むしろ自然な成り行きなのだろう。もっとも戦争には戦争ごっこがあるが、これが大人にまで広がると、単純に遊びと言っては済まされなくなる。平安末期の流行歌、今様を集めた「梁塵秘抄」には、遊びを歌った歌がいくつか見られる。有名な「遊びをせんとや生まれけん、戯れせんとや生まれけん、遊ぶ子供の声きけば、我が身さへこそゆるがるれ」のほか、「戯れ遊の中にしも、先らに学びん人をして、」などは、遊びの讃歌だ。古来、遊びは人生の本質ともとらえられていた。

子供の遊びは、世界中、環境とうまく折り合いをつけている。インドではシカやヒョウが、中央アフリカではカモシカの狩りが、遊びにとりいれられ、ゲーム化して勝敗を競う楽しみともなっている。さらに遊びは、人間にとどまらない、動物、特に哺乳類一般に観察されるようだ。犬や猫がじゃれあって遊ぶ姿は、私たちの周辺によく見られるが、特に人とよく似たチンパンジーでは、その研究が進んでいる。坂道を下るとき、でんぐり返しや、手足を伸ばして鉛筆のように転がり回転する、仰向けになって枯葉の海を背泳ぎのように進む、などの行動が見られるという（松坂崇久「遊びを生み出す出会いと発見―チンパンジーの遊びと環境」建築と社会、二〇〇七）。それらの意味は何なのだろうか。

古代ギリシアの古典的な芸術論では、ミメーシス、模倣が創造行為の本質と考えられていた。その理論は今日に及ぶ。芸術は自然を模倣するけれども、それを単に再現するのではなく、再解釈する行為によって、人間は創造する。子供の遊びの中にも、もちろん創造性につながるものがあるのだ。子供は環境と一体化する経験を通じて、新しい世界のイメージを獲得し、次の創造へとつなげていく。大震災は負の側面ばかりが強調されるが、これを克服する過程で、遊ぶ余裕と、創造の契機が生まれることを願いたいものである。

（二〇一一年九月号）

起請文の今昔

今春、平安時代初期に起源をもつ長野県上田市の生島足島神社を訪ねた。本殿前には明治の初めに建てられた農村歌舞伎の小屋があって、神社に伝わる武田信玄(一五二一―一五七三)配下の武将らの八三通に及ぶ起請文のコピーや、信玄自筆の川中島合戦戦勝祈願文などが展示されている。これらの古文書は国の重要文化財でもある。

起請文というのは、約束を破らないことを神仏に誓った文書で、鎌倉時代の後期ごろから、社寺のお守りである牛王法印《ごおうほういん》の紙を裏返して書くならいとなった。大きさはさまざまだが三〇×四〇センチほどのものが多く、表の法印が透けて見える裏に、文が墨で箇条書きされている。

小山田信茂という武将の起請文を見てみよう。六ヵ条からなり、その第二条。

一奉対　信玄様逆心謀反等不可相企事

信玄様に対し奉り、逆心、謀反などを企てることをしませんと誓う。そして文の末尾には、神文と呼ばれる部分が続き、誓いに違反すれば、梵天、帝釈、四大天王、春日、八幡、稲荷、祇園、賀茂下上、伊豆箱根両所権現、三嶋明神、別して富士浅間大菩薩、甲州一二三明神、諏訪上下大明神、天満大自在天神の罰を覚悟すると結ばれる。さらに永禄十年八月七日の日付と自署に加え、花押、血判がある。宛名は信玄ではなくその有力武将だろうか、吉田左近助殿となっている。

同様な内容の起請文が多く残っており、これは信玄家臣団の動揺を防ぎ上杉謙信への備えを確かなものとするよう、神前に家臣を集めて起請させたためといわれる。それにしても、考えられるすべての神仏の名を上げ、血判まで押して誓った文章の迫力は相当なものだが、約束の言葉が本当であるという誓いに重みを加えることは、古来さまざまに行われてきた。

古事記には、天照大神のもと天へと昇ってきた須佐之男命に対して、異心はなく、心も清く明らかだという須佐之男命のことばが真実か、何によって知ったらよいかと天照大神が問う場面がある。須佐之男命は宇気比《うけひ》という一種のまじないによって判断することを提案し、実行される。

中世になると、先に見たような武将の誓約以外に、共同体の掟を定めるときや、訴訟の場で犯罪の有無を決するときに起請文が書かれる。そこでは言葉の有効性が、熱湯の中の石や焼けた鉄棒を握らせるなど、苦行を強いるまじないによって決せられたりした。

起請文は近世、遊女が客に誠意を示すときにも書かれている。その有効性はおして知るべしだろう。

そして現代も、起請文に当たる宣誓の文が語られ、記される場面は多い。政党のマニフェストは形を変えた起請文だろうが、いとも簡単に反故にされてしまい、言葉の重みがずいぶん軽い。八月六日、甲子園の全国高校野球大会では、選手宣誓が行われた。それは大震災を振り返りつつ、「失うばかりではありません、日本中のみんなが仲間です」と言ったあと、「消えることのない深い絆と勇気を、日本中の仲間に届けられるよう、全力でプレーすることを誓います」と結んでいる。満場の観客とテレビの視聴者が証人の見事な起請文だろう。

同じ日、広島では原爆の日を記念し、市長の平和宣言があった。原爆の惨禍を振り返り、被爆者の体験や平和への思いを、この世界に生きる一人ひとりに伝えたいという。このことばは多くの人の共感を呼ぶであろうが、重みが失せることのないよう祈るしかない。

（二〇一一年一〇月号）

マイブリッジの連想

エドワード・マイブリッジ（一八三〇－一九〇四）という写真史、映画史に名を成した人物がいる。五月にサンフランシスコを訪れた際、現代美術館をのぞくと、常設展と並んで折から開催中の「ヘリオス：変革の時代のエドワード・マイブリッジ」と題した企画展示がことのほか興味を惹いた。エジソンに先立つ初期の動画の発明者として、馬が疾駆する場面をとらえた連続写真などがあり、また、サンフランシスコの町が発展していく様子がうかがえる迫真の風景写真もあった。その写真家の腕前は、一九世紀の後半、すでに完成した職人の域に達していたといえる。また、一八六八年のサンフランシスコ地震で傾いた家の写真を残すなど、記録家としての仕事も先駆的だった。

後になって知ったことだが、マイブリッジが馬の疾走をとらえたのには面白いエピソードがある。実業家で元カリフォルニア州知事のスタンフォードから、ギャロップの馬の脚四本がすべて地面を離れる瞬間があるかどうかの議論に決着をつける証拠写真の撮影を依頼された。マイブリッジが採用したアイデアは、馬の走路を横切る一二本の糸を張り、それを横に並べたカメラのシャッターと連動させて、走り抜ける馬の一瞬、一瞬を順次撮っていく、という素晴らしいものだった。そして電気技師の協力を得ながら電動シャッターを採用することで、一〇〇〇分の一秒以上の高速シャッタースピードを実現し、今日のストロボ写真の様な連続写真を得た。それは馬の四本脚がある瞬間にはすべて空中にあることを明瞭に示すものだった。マイブリッジはこれをもとに改良を加えたゾープラクシスコープという装置でシカゴ万博に動画の展示も行っている。

マイブリッジのエピソードはそれにとどまらない。一八七四年、妻の愛人を嫉妬から射殺するという事件を起こす。いまでは考えられないことだが、裁判では正当防衛として無罪になった。

百数十年を経た今日、このマイブリッジと現代日本との間に架橋を試みる映画作家が現れた。おびただしい手描きの原画によってアニメーション映画を作る山村浩二だ。彼の最新作「マイブリッジの糸」という短編アニメを東京都写真美術館ホールで、制作過程を紹介するドキュメンタリーを挟んで、二回、繰り返し見た。

題名中の糸は、マイブリッジが連続写真の撮影に採用した糸であるとともに、マイブリッジという人物が誘う連想の糸でもある。現代日本を代表するのは母と娘で、その平穏な日常風景は、マイブリッジが当時好んで撮影した被写体だったようだ。親子の顔はしばしば時計の文字盤で表されていて、時の経過がこの短編の主要なテーマになっている。映像は、張られた糸を押して馬が走り抜けるさまや、ピストルを持った男が一軒家に向かって行き、マイブリッジの殺人が暗示される場面などもある。それと交差するように、現代日本のピアノを習う女の子や母親の胸に抱かれた娘が丁寧に描かれた絵が動いていく。背景の音にはバッハの「音楽の捧げもの」曲集中の「蟹のカノン」という技巧的な曲が使われている。回文のように前後を逆にしても意味のある文になるような旋律が順行、逆行を重ねた二声で進行する音楽だ。そのほか録音テープの逆回しのような音も聞かれ、作者の遊び心が随所に感じられる。最初に見たときには気付かなかった細部に、二度目には気付かされたところもある。

マイブリッジという歴史上の人物が、時差を置いた連続写真と原画のずらしによるアニメ作法との共通性を通じて、今日の日本にどんな知的刺激を及ぼしたかが知られる面白い体験だった。

（二〇一一年一一月号）

危険への備え

東日本大震災では、記憶のうちで過去に経験したことがない規模の地震とそれに続く津波が起り、原発事故を始め、はかり知れない被害がもたらされた。一口でいえば想定が甘く、それらへの備えは不十分だった、ということになるが、それでは今後、どれほどの危険を想定したらよいのか、難しい問題だ。津波浸水地の復興をみると、高台移転が将来の危険を避けるために望ましいことは確かでも、そうしないで、浸水地を再び活用するところが出てきている。防潮堤も今度の地震と津波の規模を考えればかなりの高さにしなければならないだろうが、財政上の制約や景観を配慮すると、そうもいっていられない。結局、数十年から百数十年に一度の規模のものに対応できるあたりで手を打つことになる。

一九九三年の地震と津波で被害を受けた奥尻島では、その後、高さ一一メートルを超える堤防が築かれたが、海沿いの集落には廃屋が目立ち、人口も被災前の三分の二に減ったという。二〇〇億円の費用に見合う効果が得られるか疑問となってくるが、過疎の集落を見捨てるわけにもいかないだろう。

危険に備えるには、危険の程度を出来るだけ正確に知らなくてはならない。災害は忘れたころにやってくるだけでなく、予期していてもやってくる。その頻度と規模を、正確に知ることが難しい。

地震予知についていえば、今度のようなマグニチュード九級の地震はそもそも研究が不十分で、予知が出来るレベルではない。文部科学省の地震予知の研究を決める委員会では、超巨大地震の研究課題として、周期的に起きるのか、発生の仕組みは何か、それによって引き起こされる巨大津波などを解明する必要があるとしている。ただ、それでも当分予知は出来ないだろう。二〇〇九年のイタリアで起ったラクイラ地震は、地震学者が「安全宣言」を出した直後に起きたため、三〇〇人の犠牲者を出し、過失致死で学者が検察の捜査を受ける事態になった。今度の原発事故も、事業者である東京電力をはじめ、行政や学者の責任まで厳しく問われねばならない。東日本大震災に一月先立つニュージーランドの地震では、ビル倒壊に伴って刑事責任が追及されるようだ。

日本は脱原発に向けて軸足を移すべきだろう。原子力発電のような巨大プロジェクトでは当面、事故への備えが万全であるだけでなく、それでも起こった場合の損害負担をどうするか、関係者の合意がなければならない。今度の事故では、汚染土などの処理をめぐって責任の押し付けあいが起った。世界の金融危機に際し、破綻の恐れがある銀行をどうするか、事前の計画づくりが始まろうとしている。原発にもその備えがあるべきだった。危険を保険によって分散させる考えは古代からあるようだが、リスクの確率に基づく保険制度が確立したのはようやく近代になってからだ。低い掛け金でも引き受けてもらえる地震保険は、つい最近整備されたばかりといっていい。

マクロ的な危険への備えとともに、地震などを考慮したミクロな構造物の設計も一層精緻化が必要だろう。アメリカの土木工学者アルフレッド・フロイデンタル（一九〇六―一九七七）が疲労する構造物の信頼性評価に確率の手法を導入した業績もあるが、実際に起りうる自然災害への対処を、構造設計にまで導く手法は発展途上だ。原発の建設後の事後評価であるストレステストが始まった。これはおもに設計の余裕を評価するものだから、それと並んで施工の可否と、運転の適否も判定していかなくてはならない。中国の鉄橋では手抜き工事でセメントに異物を混入した例が見つかっている。日本の原発も、過去にさかのぼって、施工に手抜かりがなかったか、改めて検証してみる必要がある。

（二〇一一年一二月号）

ドン・ジョバンニ

好色な男の代名詞ともなっているドン・ファンは、洋の東西、時代を超えて人気がある。スペインの民話的な人物をもとに劇作家ティルソ・デ・モリーナ（一五七九－一六四八）が一七世紀に「石の客」を表して以来、フランスでは数十年後、モリエールのドン・ジュアンに受け継がれる。これらを背景に一八世紀の末、イタリア語によるモーツァルト（一七五六－一七九一）の傑作オペラ「ドン・ジョバンニ」が生まれた。共通するのは女を口説くことを生きがいとする貴族の男が、放蕩を尽くした挙句、自業自得で滅びるという筋書きだ。日本では西鶴の「好色一代男」が一七世紀に書かれているので、世界的に見ても好色文学とその演劇はほぼ同じころ現れたとみていい。

晩秋の休日、創立六〇周年になる二期会が「ドン・ジョバンニ」を日生劇場で上演するのを見に出かけた。モーツァルトのオペラでは「フィガロの結婚」や「魔笛」と並んで、この「ドン・ジョバンニ」の人気が高い。緻密な劇構成と人間心理を深く描いた点で、有名なアリアは少ないものの作品の出来栄えは他の二作に引けを取らない。「ドン・ジョバンニ」を傑作としているのはモーツァルトの音楽はもちろんだが、台本作家ロレンツォ・ダ・ポンテ（一七四九－一八三八）の功績が大きい。ダ・ポンテはほかに「フィガロの結婚」「コジ・ファン・トウッテ」の台本もモーツァルトに提供していて、二人の緊密な関係は最近、映画「ドン・ジョバンニ」の中でも詳しく描かれていた。ダ・ポンテはベネチア生まれの改宗したユダヤ人で、キリスト教の聖職にありながら放蕩のあげく、ウィーンへ追放されたり、後年アメリカに渡るなど、価値が大変動する一八世紀末のヨーロッパを体現した人物だ。こうした台本作家が織りなす戯曲は、当然キリスト教的な道徳などによらないで新時代に向かう自由人を造形することになる。他人の原作に基づくとはいえ、フィガロやドン・ジョバンニには、彼の世界観が反映しているとみられる。ボーマルシェ（一七三二－一七九九）の原作による「フィガロの結婚」のオペラがウィーンで成功したのを受けて、次にモーツァルトはダ・ポンテとの共同のもと、ドン・ジョバンニ作曲の筆を進めた。これにはドン・ファンと並ぶ色事師で名高いカサノバもアイデアを提供したといわれる。

初演は一七八七年、ウィーンではなくプラハで行われた。舞台第一幕、ドン・ジョバンニに犯されそうになったうえ父親を殺されたドンナ・アンナ、その許婚のドン・オッタービオ、これも捨てられた女ドンナ・エルビーラがドン・ジョバンニと鉢合わせする場面。四人がそれぞれの気持ちを歌う四重唱となる。モーツァルトの筆は奇跡のように冴えまくる。そのほか、伝統的なオペラではアリアとアリアをつなぐ語りのようなレチタティーボで鍵盤楽器一台に合の手を委ねていたものが、ここではかなりの部分がオーケストラの伴奏に格上げされている。劇的な進行と音楽はこうしてより密接となった。第二幕、ドン・ジョバンニは従者のレポレルロを相手に食事をとっている。この間流れてくるのは当時の流行歌や、モーツアルト自身の「フィガロ」のアリアの旋律だったりする。当時のおおらかな著作権意識がうかがえよう。幕切れ近く、ドン・ジョバンニに殺されたドンナ・アンナの父親は亡霊となって彼のもとを訪れ、食事に招待する。ドン・ジョバンニはひるむことなくその申し出を受けるが、回心の勧めには耳を閉ざし、その亡霊の手に握られて息絶える。自由への意思で生きてきた彼に、回心の余地はない。己の情欲のおもむくまま、世間の倫理に従わないで破滅していく「東海道四谷怪談」の民谷伊右衛門が現れるのは、その三〇年後だ。世界はほとんど連動している。

（二〇一二年一月号）

監視社会

北朝鮮の金正日総書記が突然死去したと報じられたとき、予想されるこの国の動きについて、日本、アメリカ、韓国などの国は、互いに連携をとりながら監視していく必要があるという談話をすぐに発表した。国自体が監視下に置かれるわけだが、当の総書記について、日米韓ロシアなどの情報機関は日ごろ動静を注視していたにもかかわらず、死去後五〇時間を超えた北朝鮮自らの発表まで、このニュースをつかんでいなかったようだ。日本国内でも安全保障上の見地から、監視態勢を強化すべきだという意見が強まっている。

近代社会では、プライバシーは基本的人権として尊重されるのが建前だ。けれども犯罪の抑止や、あらかじめ事故などの危険が予想されるところでは、一定限度の監視が必要なことも確かで、監視の許容と抑制は情勢によって変動する。ロンドンでは二〇〇五年に起きた地下鉄テロの後、街の随所に置かれる監視カメラが増やされることになったというし、日本でも確実に増えている実感がある。また、経済犯罪を取り締まるため、経済活動を分析しながら損失隠しなどの違法がないかを見張る証券取引等監視委員会のような機関もある。現代は個人も組織も、すべて直接、間接の見張りを受けている監視社会なのだ。

北朝鮮では総書記の死後、弔意を表す人の姿とともに監視の影も濃いという。指導者への忠誠が絶対視される社会では、それに背くものがないか常に見張られているのだろう。

フランスの思想家ミシェル・フーコー（一九二六―一九八四）が「監獄の誕生―監視と処罰」で取り上げて有名になったパノプティコンとよばれる監獄施設がある。一望監視施設と訳され、円形に配置された監獄の独房を、中心にある監視塔からすべて観察できるようになっている。もともとはイギリスの功利主義者ベンサムが最小限の監視費用で犯罪者を見張り、更生させる施設として提案したものだが、フーコーはこれを管理、統制された社会の比喩として、否定的にとらえた。監視の影におびえる北朝鮮を思えば納得できよう。

先ごろ東京のNTTインターコミュニケーション・センター（ICC）で「三上晴子　欲望のコード」という展示を見た。薄暗い大きな部屋に入ると、正面の壁に自分の身体がモザイク化され、さまざまな映像と合成されたものが映っていることに気付く。立ち位置を右に左に移動すると、天井からロボット・アームでぶら下がったビデオカメラが体の動きに追尾して動き、正面の映像だけでなく、足元の床にも投影された映像を変えていく。この空間にいる限りカメラがとことんついて回り、逃れられないといっているようだ。一種のアート体験と割り切れば、自分の映像を自ら操作して楽しむ余裕が生まれるが、それには時間がかかり、しばらくは居心地の悪さを我慢しなければならない。現代の監視社会の縮図ということもできる。ただ、ここには一方的な監視にさらされるだけでなく、監視の視線に向かい、あるいはそれを乗り越えて反応することが可能だとも示唆されていた。

事実、二〇一〇年暮れからのアラブのジャスミン革命は、インターネットという新しい連帯の手段を手にした民衆が独裁者の監視を越えた逆モーションだった。さらにアメリカのウォール街占拠に始まるオキュパイ運動、福島原発の事故後の脱原発運動などもあげておこう。これらは従順な市民と思われていた人たちが監視の拘束を乗り越え、地球倫理による共同体に向かおうとする動きだったのではないか。

（二〇一二年二月号）

情報秘匿

ウィキリークスによる公電暴露や、尖閣諸島沖の漁船と巡視船衝突の映像が流出した記憶がまだ生々しいなか、今度は公開されて不思議のない情報が秘匿されることが問題になっている。アメリカ立保健研究所（ＮＩＨ）は研究を支援した鳥インフルエンザの動物実験による論文に、内容の一部削除を求めた。この論文は、鳥インフルエンザのウィルスが遺伝子配列を一部変えれば人へも空気感染する可能性があることを示すものといわれる（朝日、二〇一二・一・一二）。公開すると生物テロを呼びかねないと懸念する所内の委員会が削除を勧告し、投稿先の科学誌はそれに従う方針のようだが、科学者の側からは疑問や異論が出ている。同様の論文はすでに発表されているので、これを差し止めても意味はないとする意見や、悪用の恐れのある研究はもっと高度の議論と判断が必要という主張もある。研究のあり方について議論を深めるため、この関連の研究を六〇日間自主的に停止する動きも出てきた（朝日、二〇一二・一・二一）。

つい先には、福島第一原発の事故で、東京電力が国の求めに応じて開示した過酷事故に対処する手順書の一部が黒塗りにされ、読めない状態だったため、批判を浴びた。東電側は、社内文書で一般公開するものではないとし、知的財産の保護や、核物質防護も非開示の理由に上げていた。

技術情報が財産的な価値をもつ場合、非公開とすることは一定限度で容認されるだろう。そして、原子炉がノウハウの固まりだとしても、原子力事故のような公益に強く関係する情報の開示が必要な場合にまで、秘匿が許されてよいはずがない。

広島、長崎への原爆投下後、その被害を調査するためアメリカ科学アカデミーは原爆被害調査委員会（ＡＢＣＣ）を設置した。運営資金はアメリカ原子力委員会の提供で、アメリカ陸海軍の軍医団が現地に入って被爆調査を行っている。日本は資料収集に協力したものの、その解析に加わることまでは認められず、全調査資料はアメリカに送られることとなった。資金の提供元がその研究成果を独占したいという欲求の裏には、研究成果が無断で次の兵器開発に利用されたくない、あるいは原爆の残虐性で批判を呼びたくないという思惑があったかもしれない。

軍事研究と結びついたものは、もっと露骨に秘匿が行われる。旧日本軍の七三一部隊による細菌の感染実験など、おぞましい人体実験は戦争犯罪となりうるものだったろうが、情報をアメリカに提供することで関係者は免責され、詳細は秘匿されたと伝えられる。これなども、研究成果を軍事に使用する意図があったのではと疑われる。これらの例にみる秘匿の動機は、一国の国防という目的ではその範囲で正当化されるかもしれない。しかし、研究成果の相互利用が建前の、より広い国際的な公共性からは問題となるだろう。携帯電話のｉＰｈｏｎｅ（アイフォーン）やタブレット端末のｉＰａｄ（アイパッド）で今や世界を席巻しつつあるアップル社は、今までの秘密主義を破って、部品の調達先や製造の委託先を公表した。これらは普通、営業秘密として保護されても不思議はないが、アップルほどの企業になると、労働条件の悪い外国の工場を使っているなどの批判をかわし、さらに透明性を高める社会的な責任が発生している。秘匿による私益を公共の利益がはるかにしのぐようになったと見ていい。研究開発の成果も同様に、国際倫理から見てその当否が判断されるようになるだろうし、さかのぼって研究そのものの妥当性も、同様な見地から判断されるだろう。

（二〇一二年三月号）

イタリア文化の重層性

日本はずっと弥生文化を基本に発展したようにいわれてきたが、最近は、それ以前の縄文文化が現在にも深い影響力を持っていることに注目が集まるようになった。地中海文明の長い歴史の中で育まれたイタリア文化の場合はどうか。ローマからミラノに北上する駆け足の旅の中で考えた。

ローマの近郊にあるティボリ。ここはローマ帝国の皇帝だったハドリアヌス（在位一一七―一三八）の別邸が遺跡として残っており、ユネスコの世界遺産に指定されている。ハドリアヌス帝は広い帝国領土を旅行して印象が強かった景観を、この地に再現しようとした。アテネやアレクサンドリアの宮殿、劇場、庭園などが一カ所に集められ、テーマパークの様相を呈している。水を湛えた環状の溝を建物の中に持つ「海の劇場」や、エジプトの門前町を再現させたといわれる細長い池の周りの「カノプス」が比較的よく残っていて、見ごたえがある。発掘は一五世紀末から続くという。ローマ時代、美の規範はギリシアにあった。このためギリシアの彫刻が大量にコピーされたが、建築もローマに大きな影響を与えたと思われる。ローマの北西、列車で一時間ほど行った海岸に近い町タルクィニアには、ラテン系の文化以前に遡るエトルリアの地下墳墓があって、ここも世界遺産に指定されている。紀元前の一〇世紀から二世紀にかけてのもので、墳墓群が死者の町、ネクロポリスを形づくっていたらしい。エトルリア人は高度な文化を持ち、その多くはローマ人に伝えられた。地下墳墓は装飾壁画で彩られ、絵柄からは当時の人々の生活ぶりがうかがえる。食事や音楽や踊り。これらは現在のラテン人の気質を表すのに欠かせない要素だが、エトルリア人たちがまさにそうだったことが、壁画から見て取れる。また、出土品の壺などからは、多神教の世界観が、ギリシア、ローマと共通しているように見受けられる。

タルクィニアでは、町の中心にあるホテル・サンマルコを宿とした。名前からしてキリスト教にゆかりがありそうだが、事実ここは一六〇〇年創建の修道院を改造したものといい、窓からは鐘楼が望まれる。そして、このホテルの向かいにあるのが国立エトルリア博物館で、建物は中世僧侶の館がそのまま博物館に転用されている。イタリア文化の重層性は、このように石を建材にすることで可能になっている部分が多いと思われる。さらに、直接目に触れない宗教感情や、エトルリア由来の言葉をカフェやレストラン名とするところまでが、こうした重層性の一端なのだ。

トスカーナ州の丘陵地にある古い町シエナからバスで一時間ほどなだらかな起伏の田園風景を楽しみながら南へ行くと、小山のてっぺんにある町、モンタルチーノに着く。ここのブルネッロ・ワインは深みのある赤を湛えた、コクのあるワインでうまいが、生産が限られているためか、結構な値段で売られている。エノテカと呼ばれるワイン・ショップでその味を楽しんだ後、近くの博物館を訪れた。この博物館も古い教会の転用だ。この地は有史以前の石器時代から人が住んでいたといい、近年、考古学的な発掘によってその様子が少しずつ明らかになってきた。博物館の一部は紀元前の展示に当てられている。エトルリア時代の住居や生活関連遺物の展示はもちろんあるが、それをさらに遡る先史時代の石器に目が行った。これらは世界各地の同時代の出土品とさほど違わないことに驚かされる。身近にあるものに簡単な手を加えた石器などは、どこでも同じような形態を取るのであろう。しかし、イタリアはその後の時代を通じて周辺文化も取り込みながら、今日世界に誇る独得で厚みのある文化を築き上げたのだ。今度の旅はそれを確認するものだった。

（二〇一二年四月号）

命名権

財政難を抱える大阪府の泉佐野市が、市の名前を企業名や商品名にすることを許すかわりに広告料を取る、命名権売却のアイデアを打ち出した。これに対して大阪市の橋本市長（当時）は面白いと賛意を寄せる一方、川端総務相（当時）は短期間で市名が頻繁に変わることへの懸念を表明している。以前、プロ野球の大阪近鉄バファローズが同じように命名権ビジネスを試みたが、球界やファンの猛反対で実現しなかったことが思い起こされる。

命名権の売買というビジネス・モデルは、それに少し先だってアメリカで生まれた。いずれ日本にも及ぶだろうと思っていたら、案の定、追随する動きが現れた。劇場や美術館など、半公共の施設がいつの間にか企業名の冠を頂くようになる。千葉県の鎌ヶ谷市も、市内の体育施設の命名権を年額七〇〇万円以上に設定し、希望団体を公募中だ。収入は施設の維持管理に充てるという。自己の支配下にある人も不動産も、あるいは地名までも、どのように命名しようと勝手だという理屈もありそうだが、公共財としての名称には知的財産的な価値に付随して、品格や名誉など別の価値があるから、安易な命名には、まったをかけざるを得ない。

最近のこうした話題をいくつか拾ってみよう。イーストマン・コダックは先ごろ破産し経営再建中だが、不採算部門の見直しが進むなか、米アカデミー賞の授賞式会場で知られるハリウッドの「コダックシアター」の名前も消えようとしている。コダックは二〇〇〇年に約五八億円で命名権を手に入れたものの、その維持費が毎年三億円近くかかるため、放棄することになるようだ。

宇宙を七年間飛行し、地球に帰ってきた探査機「はやぶさ」は、小惑星イトカワの岩石サンプルを採取していた。その微粒子には、分析時にちょうど発生した大震災を契機に、イシノマキ、オナガワ、ケセンヌマなど、被災地の名前が一時、付けられていたという。ところが論文に接した海外の研究者から名前が長くて区別しにくいとの苦情が分析の責任者、中村智樹東北大教授のもとに寄せられたため、結局、通常の通し番号でアメリカの科学誌サイエンスに掲載された。彗星や動植物の新種発見の場合と違って、宇宙の微粒子への命名を外国のアカデミズムに認知させるのは容易でなかったということだろう。

尖閣諸島の命名をめぐっては、日中間の政治問題と化してしまった。日本政府が三月二日、首相官邸ホームページの中にある総合政策本部のページで尖閣諸島を含む無人島に北西小島、北小島、北東小島などの名を付けたことを発表すると、翌日、中国政府はすかさず国家海洋局のサイトでこれらの島への別の命名を発表した。尖閣諸島の帰属をめぐっては日中間に争いがあり、命名権自体がどちらにあるかもあいまいだ。こうしたとき一方が自国の流儀で命名すれば、他国がやり返すという事態になる。

尖閣は命名権の争いにとどまらず、商標権をめぐる争いも呼んだ。佐渡市尖閣湾、尖閣諸島とその周辺で獲れるカツオ、マグロ、アカマラなどの魚に対して、尖閣の二字を波のような図案に配した商標が登録されたことに、権利者以外の水産業への影響を心配する声が上がっている。地名は原則として単独では商標の対象にはならないが、図形などと組み合わせたり、地域名と産品を合わせて地域団体商標とすると登録の可能性がある。尖閣の商標登録は違法でなくても地名を独占的に使用するという誤解を招き、周囲が敏感に反応した。

日本は古来、ことだまの力を信じてきた国だ。やはり命名という行為には、よほどの慎重さがいることを知るべきであろう。

（二〇一二年五月号）

命名権をめぐる明るい話題としては、理化学研究所のチームが発見した一一三番の元素が、国際純正・応用科学連盟（ＩＵＰＡＣ）によって、二〇一六年、ニホニウムとして認められたことがあげられる。

利用権の取引

携帯電話の電波使用権や温室効果ガスの排出権など、さまざまな利用権が取引されるようになってきた。近年はそうした動きが、インターネットの発展によって加速されている。

温室効果ガスを抑制する仕組みとして排出権という概念を導入し、市場原理によるその取引で誘導することが提唱されたときは、正直、そんなにうまくいくものかと疑問に思った。けれども今ではこの取引がすっかり常態化して、「排出権商人」という小説まで書かれている。ＥＵ（欧州連合）は今年一月、域内で離着陸する航空会社に対して温室効果ガスの排出枠を実績から設定し、枠の一五パーセントを買い取らせる規制を導入した。そして排出量が枠を下回れば他社に売り、それを越えれば買い足す誘導効果で、ガスの削減に導こうとしている。これに対しては中国やアメリカが批判的なため、規制がもくろみ通りに行くか、予断を許さない。京都議定書にはクリーン開発メカニズムという制度が組み込まれ、先進国が途上国で二酸化炭素の回収事業をしたとき、その分を温室効果ガスの排出枠に引き当てることができるようになっている。議定書の期限が切れる二〇一三年以降、先進国が途上国の森林を保護すると、見返りに排出枠がもらえるＲＥＤＤプラス制度も検討されているようだ。

エクアドルはアマゾンの熱帯雨林にあるヤスニ国立公園で石油開発を進めようとしたが、環境問題に敏感な国際社会の反対にあった。そこで、開発をやめる代わりに資金を提供してくれたら、森林が保護されたことで生まれる二酸化炭素の封じ込め量の保証書を発行すると提案した。けれどもこのアイデアは、先進国側の資金提供を誘うほどの十分な動機とはならなかったようだ。排出権そのものを付与するのではなく、いわば善意のあかしとなる証書を出すものだからだ。

秋田県大潟村の農家はこれまで米の減反や、それを条件とする戸別所得補償制度に反対してきた。しかし昨年は方針を変えて制度を受け入れ、震災の被災地で耕作ができなかった宮城県の農家から耕作権を購入し、減反の代わりに米を作り続ける選択をした。そうしていったん国から交付金を受け取り、被災農家に耕作権の購入金を渡したうえ、残った額は被災地学生の支援に回している。

携帯電話用の電波は、今後オークションで利用権を与える方向に進みそうだ。これまでは携帯電話各社の事業計画などに基づいて総務省が割り当てていたが、国による裁量の余地が大きく、実績が重視されやすかった。また、インドのように割り当てをめぐる閣僚の汚職が発覚し、最高裁判所がいったん決定された免許を取り消してオークションにすることを政府に命じた国もある。日本は基準の明白な競売方式に進むとみられる。インターネットで企画を提案し、賛同者から資金を集める「クラウドファンディング」という方法も広がってきた。最近では原子力発電と放射能を取り上げた映画の資金がこの方法で集められ、短期間に目標額を越えたという。被災地の子供たちをJリーグに招待する基金など、震災後、オンライン寄付の動きが高まっている。アメリカでは大統領選挙の資金集めもネットが活用されるようで、候補者の政策を支持することが寄付という行為によって表現される。企画や政策の利用権が、こうして取引されているとみることもできよう。今年の正月、デパートが初売りで売り出した福袋には、作家、角田光代が福袋の購入者を主人公とした短編を執筆するとか、パティシエが親子とともに菓子作りをすることなどを景品としたものがある。作家の筆力やパティシエの腕を利用する権利が取引されたのだ。これからは思いがけないビジネス・モデルがどんどん出てくるだろう。

（二〇一二年六月号）

インドネシアでは、二〇一三年の大統領令によりREDDプラス庁が設置され、制度構築と森林減少抑制施策が始まった。

デザインの交流

久しぶりに東京駅の丸の内口に出たら、あたりの景観がずいぶん落ち着いたものになっていてびっくりした。東京駅のビルは、一時、建て替えの議論もあったが、戦災による破損部分を復元して竣工時の姿に戻りつつある。レンガ建ての美しい建物で、日本の表玄関にふさわしいとしみじみ思う。辰野金吾が手掛けた、西洋近代建築を範とする代表的な建物だ。

それを正面に見て広場の右端には、これも解体か保存かで議論が沸騰した東京中央郵便局が、正面部分の躯体を保存しながら後方に新たな高層ビルを立ち上げている。古い庁舎はモダニズム建築の代表例とされ、一見そっけないが、重厚な東京駅とはコントラストをなし、これにも十分な存在意義がある。

そして郵便局の右奥には、レンガ建ての旧三菱一号館が復元され、新しい美術館に生まれ変わっている。ここでKATAGAMI Styleというデザイン展が開かれたのをのぞいてみた。江戸小紋などの微細な意匠が、ヨーロッパにわたり、新しい展開をする道筋を示すきわめて興味深い展示で、知的興奮を誘う。

中心になっているのは、その江戸小紋を染めるのに使われた防染用の型紙だ。柿渋で補強した和紙に無数の細かく連続する文様をくり抜いて、型をつくる。それを布に当て、上から染料を入れていくと、くり抜いた部分だけが染め上げられる。こうした布は小袖や羽織などに使用されたが、明治以降の服装の変化で次第にすたれていった。けれども文様と道具としての型紙に注目した西欧人によって型紙の方は熱心に買い集められ、この地にもたらされた。早くはシーボルトによるコレクションもあったが、欧米のコレクションを飾るのは明治期になって集められたものが多い。

一九世紀の後半、ヨーロッパは日本から渡来した浮世絵などがジャポニスムと呼ばれるほどのブームを起こし、印象派の画家たちに大きな影響を与えたことはよく知られている。だが、型紙の果たした役割は、これまでほとんど知られていなかった。

微細な文様のモチーフとなっているのは銀杏や松葉、花などの植物、魚、鳥、虫などの動物、点や斜線を組み合わせた抽象文様と様々で、その連続が快いリズムを生む。中には青海波など大陸から渡来した意匠もなくはない。細かい文様の連なりをいささかの乱れもなく実現する職人技は見事で、その根気を想像しただけで気が遠くなりそうだ。この文様によって染め上げられた布を衣裳に仕立てたとき、まず口をついて出てくる印象は、粋ということになろう。展示品として並ぶ裃や小袖、浴衣のどれも、一様にこの粋な感じを与える。欧米に渡ったこれらの型紙は、日本美術の愛好家に所有されたほか、当地のデザインを生むのにも貢献している。生活の中の工芸美を追求するアーツ・アンド・クラフツやアール・ヌーヴォーといった新潮流の運動、各地の万国博覧会、美術工芸学校などが、デザインの移植に力を貸した。ウィーンでは工芸学校の教育に、隣接する博物館の型紙コレクションが参照されている。型紙は本来の布地の染織デザインを決めるとき参考にされただけでなく、食器や家具、建築へと応用が広がっていった。縄で編んだ椅子のデザインや、花器のガラス工芸、壁紙から、さらにビル正面の装飾にまで及んだことが、展示から確認できる。もっともただの引き写しではなく、そこに創意が働いていることも明らかだ。丸の内に三菱の洋館が立てられ、辰野金吾が東京駅を設計していたころ、ヨーロッパでは、日本発のデザインがさまざまに形を変えながらこの地に根を下ろしていた。デザインが世界規模で交流する潮流が浮かび上がってくる。

（二〇一二年七月号）

死後の観念

先ごろ脳死と判定された幼児の心臓が、別の子供に移植された。脳死の子供からの臓器提供が可能となって以来、六歳未満では初のことだった。子供の両親は、息子が誰かの一部となり長く生きてくれるのではないかと思うと語っている。生体としての心臓はたとえ移植が成功しても、元の細胞があり続けるわけではなく、いわゆる動的平衡を保ちながら古い細胞は新しい細胞に置き換わっていく。にもかかわらず、子供の死後も心臓が生き続けると信じることは可能だろう。

古代エジプトでは、冥界が実感されていた。死後に赴く来世が安かれと願う気持ちから、死者のための呪文を表した死者の書が作られ、棺の中に入れられた。そこに添えられた挿絵を見ると、古代エジプト人が死をどう観念していたかがわかる。心臓には自由意思があり、人格と密接な関係があると考えられていたらしい。このため冥界の王による審判では、心臓を真実の象徴とともに天秤にかける場面が描かれる。生前の行いが悪いと判定されると、心臓は脇に控える怪物の餌食となり、うまく審判を潜り抜けると、永遠の生命が約束されて、生前に変わらぬ生活が営まれることになる。

古代ギリシアの神話でも、冥界は同じように現世とつながった構造であった。有名なオルフェウス神話で、愛妻エウリディケを失ったオルフェウスは、三途の川を渡り、冥界の王と王妃に会って、エウリディケを地上に連れて帰ることを許される。けれども地上に出るまで妻を振り返らないという約束を最後のところで破り、振り返ってしまう。すると、エウリディケは再び闇のなかに消えていく。

同様な神話は日本にもある。妻のイザナミを失った夫のイザナギは、妻に会うため黄泉の国へ赴いて会うことが出来た。ここで妻は地上に帰れるよう黄泉の国の神と交渉してくるからその間自分を見てくれるなと言ったにもかかわらず、禁を破ってイザナギはイザナミを見てしまう。すると蛆のたかったおぞましい姿になっていた。それからは、恥ずかしい姿を見られて怒ったイザナミが逃げていくイザナギを追いかける物語となる。いずれにしても、生者が死者を訪ねて冥界に行くところと、無事に連れ帰るには姿を見ないという禁忌を守る必要があるところは東西の神話で共通し、冥界と地上の現世とには一線が画されている。

キリスト教も仏教も、他界の観念を十分に発展させた。ダンテの神曲では生者ダンテが地獄や煉獄を訪れ、死者に再会しているし、輪廻思想を取り込んだ仏教も、死後の世界観が豊かだ。その無常観を反映した平家物語は、壇ノ浦の合戦で滅亡する平家を語り、二位尼が安徳帝を抱いて入水するとき「波の底にも都の候ふぞ」と言わせている。宮沢賢治（一八九六−一九三三）は熱心な日蓮宗の信者だったが、死後の世界が生者の世界と通う独特な世界観を持っていた。「銀河鉄道の夜」ではタイタニック号の遭難で死んだ人が生者と出会う、汎宗教的で不思議な場面を描く。俳人の金子兜太氏は他界観をこう語っている。「死ぬということは、いのちを格納している器、自分の外形が死ぬということでね、命そのものは永久に死なない。この世で格納しているものがだめになったら、次の、別のところに行って格納してもらう。はまりこむ。そこでゆっくりと生活するということ」（朝日、二〇一二・六・八）。この死の観念は、古代神話からそう遠くない。最近の私たちの宇宙認識は、科学的知見によってずいぶん変わってきた。そもそも宇宙が永遠とは言えなくなったようだ。こうした宇宙観の変遷が、現代人の死後の観念に何らかの影響を与えることもあるだろう。

（二〇一二年八月号）

知的財産権の保護バランス

知的財産は創作者の権利を保護する必要があるのはもちろんだが、一方でそれを利用する社会の便益も考慮しなければならず、バランスのとり方が難しい。アノニマスという国際ハッカー集団は、先ごろ改正著作権法に抗議する名目のもと、財務省や最高裁判所のホームページにサイバー攻撃を加えたり、渋谷の市街で抗議のパフォーマンスを行ったりした。アノニマスは無名の意味だから、没個性を標榜しながら近代個人主義の所有権思想に揺さぶりをかけているのだろう。独善的な主張は反捕鯨の活動を繰り広げるグリーンピースを思わせるところがあるが、こうした価値観の衝突する局面が世界規模で広がっている。改正著作権法では、写真撮影などの際に付随的に映り込んだものには著作権が及ばないなど、権利に制限が加えられた。一方で違法にアップロードされた音楽ファイルをそれと知ってダウンロードすると刑事罰が科されるように、著作権の強化も盛り込まれている。抗議行動は、改正著作権法が情報アクセスの自由と市民のプライバシーを侵害することをおもな理由に挙げる。これにはアノニマスだけでなく、国内のさまざまな方面から、立法の過程が不透明で議論が尽くされていないことも含めて、懸念が寄せられていた。これに先立って欧州議会は、模造品取引防止協定（ＡＣＴＡ）の批准を否決している。ここでは市民団体が中心になって反対の圧力をかけ、協定に署名した欧州連合と行政機関である欧州委員会の意向とは違った結論を出したのだ。ＡＣＴＡは模造品の取り締まりを主眼に、その貿易禁止に加え、インターネットを通じた著作権侵害の防止を目的とするものだった。そして日本の著作権法改正と同様、交渉プロセスの不透明性やネット上の表現の自由、個人データや人権保護の観点から問題視され、反対論が議会を制する結果となった。二院制の立法府のそれぞれが異なった議決をするのとは違うものの、欧州にも一種のねじれがある。ただ、模造品の流通や著作権の侵害が野放しな社会が好ましいとは思われない。欧州も結局その規制に向かわざるを得ないだろう。

特許制度も、本来であれば発明者に一定期間の独占を認めることでその労に報い、開発者の努力が保証されるなかで有用な発明が生まれてくるはずのものだ。ところが現代の特許は、そうした役割を果たしているとは限らない。市場競争に勝ち抜くため、他社の特許を買い集め、訴訟によって競争者を排除する動きが出てくる。スマートホンをめぐるアップルとサムスンの争いは全世界を舞台に数十件の訴訟を引き起こし、消耗戦を繰り広げている。先にアップルとモトローラの特許侵害事件を担当したリチャード・ポズナー米連邦裁判所判事は、両者の主張を退けたうえで「多くの業界で特許権による保護が本当に必要なのか、考え直す必要がある」と語っている。しかし双方とも判決には不服で、控訴した。

アメリカではヤフーとフェイスブックも今春から特許紛争を繰り広げていた。ネット上のプライバシー設定、広告、情報共有などの機能をめぐる特許の侵害があったかどうか。結局この紛争は意外に早く和解で決着がつき、両社は今後、協力関係を強めるという。けれどもここに至るまで、フェイスブックはIBMやマイクロソフトから特許を一括購入することで対抗した。和解は双方が特許を認め合うクロスライセンスを含むものとなっている。それは特許の力を再認識させる結果ともなったが、制度が本来の機能を果たしているとは思われない。また、インドや中国などは、エイズ治療薬をはじめ医薬品の価格が高すぎるとして、政府が特許の効力を無化する強制実施権を設定する動きを見せている。知的財産権は今後、その使い方とともに、権利と社会の便益のバランスがこれまで以上に問われるだろう。

（二〇一二年九月号）

音のエコロジー

八月の末、音の環境と人間のよりよい関係をさぐる世界音響エコロジー会議に参加した。場所はスイス・アルプスの谷あいにあるヴァレ州の村、サイヨンを中心に移動する。宿の裏手の斜面をブドウ畑が覆い、少し遠くに雪を頂いた山も見える。会議には音楽家、音と関係の深い建築家、美術家、社会学者などが地元スイスをはじめアジアや南北米の世界各地から集まって、講演とツアーの間にコンサートを含む様ざまなプログラムを繰り広げた。音響エコロジーというのは、音の風景を論じるサウンドスケープの概念に近いが、明確な定義があるわけではない。講演や発表もそれだけ多彩となった。一行は地元出身の作曲家で友人のピエール・マリエタン氏に導かれ、ダン・デュ・ミディ(標高三二五七メートル)の高峰が見下ろすラバルマの高地で、放牧の牛がカウベルを鳴らして通り過ぎるのを聞く。そして少し下ったバル・ディリエの村では、狭い谷向こうの緑の山肌に配されたアルペンホルンのはるかな響きに耳をすませた。私はここで、マリエタン氏の求めにより教会の鐘の音を鳴らす役を引き受ける。一五分ごとの定時に自動で鳴る鐘の二音に、いくつかの音を余韻のように即興で加えてみた。それを引き継いで声楽家ブリギッテ・シルトネヒトさんが鐘楼から朗々とした声で歌い出す。全体が壮大な空間に広がる「土地の音楽」を構成していく。さらに谷底のモンテーの町に下り、中心の噴水を囲んで、水音や人のにぎわいに耳を傾ける。それから山裾の傾斜地に建つマレボー精神病院を訪れた。病院の社会文化担当者で社会学者でもあるガブリエル・ベンデル氏に、ここは開放的な病院で町のざわめきが患者によく聞こえる立地なので、社会とのつながりを確認する効果があるという話を聞く。講演では日本から参加した建築家、竹山聖氏が、近く都内に建築する仏教寺院の空の間と呼ばれる部屋が音をどう考慮しているかを語り、また、音楽学者、椎名亮輔氏は、日本文学の伝統に現れた音の記述を説明した。中国の建築家ザン・ユー氏は、一八世紀の中ごろ清朝の乾隆帝（在位一七三五－一七九六）が自ら詠んだ詩の中に現れる琴を形象化したという北京の庭園の、象徴的な意図を語る。パリとニューヨークに在住する二人の女性音楽家アンドレア・コーエンさんとビスカ・ラドキエビチさんによる提案は楽しい。参加者に呼び掛けて気に入った音風景の録音を届けてもらい、それをコラージュした音の作品「風景」を一緒に作りたいという。私は炎天下で録音した日本の蝉の声を提供した。世界各地からこうして集まった音がどのようにブレンドされるか、楽しみにしている。サイヨンの集会所メゾン・ステラを会場にしたコンサート。私はここで、自ら撮影し、編集した海岸の波に始まり満月の夜の光景に終わる映像に、波音や、ゆっくりしたハーモニカの音などの録音を加え、さらに生の音をその場で重ねながら映像と対話するパフォーマンス「記憶の断章」を行った。強い拍手で迎えられ、カーテンコールが続いたのがうれしかった。ところで、風光明媚なスイスも電力の確保には苦労するようで、風力発電の大きな風車が谷あいのあちこちに建ち始めている。これがやはり騒音や景観破壊の問題を引き起こしているようだ。スイス景観保護財団のローマン・ハプカ氏は報告の中で、その立地には慎重な検討がなされるべきだと述べている。一方、音を都市計画の中で積極的に考慮しようという提案もあった。フランスの建築家カテリーヌ・アバンタンさんは、シャロン・シュル・ソーヌの地で住民と計画者が話しあいながら進めているプロジェクトについて語った。土地と音との関係性、音の素材、住民の聴取性向、これらに基づいて音の庭園などが構想されているようだ。音響エコロジーとは、結局、聴取の態度を考慮しながら、人と環境が共存する関係を築いていく方法の模索に行きつくだろう。

（二〇一二年一〇月号）

冗長性と創造性

ひところ扁桃腺は人体に無用なものと言われ、炎症を起こすのを嫌って切除が積極的に行われていた時期があった。子供のころ、その切除をされるのではないかとおびえていたことを思い出す。ところが近年は、扁桃腺が免疫に一定の役割を果たしているのが知られている。また、人のＤＮＡの全遺伝情報ゲノムでも、遺伝子として働くのは数パーセントにすぎず、残りは無用と思われていた。しかしこの一見無用の部分が、情報のつなぎ合わせや、重複させて新しい機能を生むなど、遺伝子を制御する役割を持っていることが明らかになってきた。細菌は余分な塩基をつくる無駄を省いて速く分裂するため、高等生物のような遺伝子の遊びは少ないようだ。高等生物はさらに、有性生殖を含む面倒な増殖の手続きを導入することを戦略とした。そして、生物では遺伝的な多様性の高い集団の方が低い集団よりも感染症などに対抗する力が強く、環境の変化に適応しやすいため、生存には有利だという。ところで地球上には高等、下等さまざまな生物が存在し、生物多様性の保護が課題となっているが、資源による利益配分の話以上に、多様性が生物全体社会の保全と密接していることをもっと意識しなくてはならない。新参者の人類が他の生物を保全するのは倫理的な義務であるだけでなく、自らの生存にもかかわっているからだ。

さて、遺伝子レベルで冗長性が重要な意味を持つのと同様、生体でも不活発と思われる部分が意外な働きをしているらしい。脳は寝ているときや何も考えていないときでも、ただ休んでいるわけではない。無意識のうちに記憶を更新したり、将来に備えて予行演習をしているといわれる。睡眠や休養には、脳の働きを助ける積極的な意義がある。数学者アダマール（一八六五－一九六三）や心理学者のユング（一八七五－一九六一）がいうように、無意識下で新たな創造に結び付く作業が行われているのだとすると、無駄と思われるかもしれない雑多な経験や知識がどのように役立っているのか、興味深い。冗長という判断は意識の働きによるもので、無意識の領域では、それらすべては等価のものとして控えていることになる。さらに意識のレベルでも、隠喩を通じて一見無関係なものから、新たな創造に至ることもある。冗長の意義はここにも認められよう。

こうした事例を並べてみると、文化的なアナロジーに思いが行く。食客三千という中国の故事があった。周囲からは穀潰しと思われていた食客が非常時に役立つ話だ。人間が営む文化でも、単純化は危険である。今世界は均一化、画一化が急速に進行する一方で、先住民、少数民族の言語をはじめとする伝統文化は消滅の危機にある。文化的な多様性も、人類の生存戦略として心にとどめておくべき課題だろう。多様性は冗長性の類縁であり、単調や効率の対極にある。

一九世紀から二〇世紀にかけて文化の流れを見ると、伝統の桎梏を離れたモダニズムがまず目に入ってくる。過剰な装飾や遊び、無駄が廃され、機能を重視した単純なものに嗜好が移っていく。もっとも無駄を標榜したダダイズムのような運動も、反伝統を強調するモダニズムの一部であった。ところがそのモダニズムの行きつくところ、機能的ではあるが単調で味気ないものが増えてくると、二〇世紀の後半になって、装飾や反復に新たな意味を見出すポスト・モダンへと回帰する。冗長性は再び日の目を見ることとなった。そして二一世紀の今日、私たちはどこへ向かおうとしているのか。先の震災の被害が大きかったのは、想定外のものへの備えを欠いていたことも理由にあげられる。効率の追求が優先され、社会全体に遊びや溜めが少なくなかったたか。文化が発展するためには、この遊びや溜めを許容する冗長性、多様性を認めていかなくてはならないだろう。そこに次の時代を創造する鍵がある。

（二〇一二年一一月号）

記録の価値

地震とともに未曾有の災害をもたらした福島第一原発の事故に対応するため、政府の原子力災害対策本部は二〇回を超える会議を開きながら、その議事録を全く作っていなかった。これが残されていれば、事故の教訓を日本だけでなく国際社会と共有することができたはずだが、後日の検証を阻む不作為によってその貴重な手掛かりが失われてしまった。原子力災害対策本部の会議で議事録が残されなかったのは、混乱の中で議事録を作る使命感がそもそもなかったためだろう。政府はこの反省に立って、大震災のような歴史的な緊急事態で開かれる意思決定の会議は、議事録や概要の作成と保存を義務付けることになった。さらに閣議や閣僚懇談会の議事録も原則三〇年後の公開を視野に保存するという。おそまきながら当然の措置といえる。古今東西の記録のお手本として上げられるのは、ユリウス・カエサル（紀元前一〇〇－四四）の備忘録「ガリア戦記」だろう。第二執政に立候補しようとしていたカエサルが、それに先立ってローマ市民に自身の戦勝を伝え、誇りたいという意図があったとされるが、政敵から悪評が流されていたのを覆そうとしたのだともいわれる。動機がなんにせよ、自らをカエサルと三人称で語る冷静で客観的な筆遣いは、自己宣伝に終わらない事実を伝える文学としての評価も得た。カエサルはそれを、元老院に宛てた戦闘報告書などをもとに、三カ月ほどの短期間で書き上げたらしい。この夏スイスのジュネーブを訪れた際、ガイドの導きで旧市街を歩きながらある地点に至り、カエサルがゲルマンの軍に阻まれて退却したところだと教えられた。そのとき二千年の時空がいっきに縮まった思いがした。ガリア同盟軍のウェルキンゲトリクスが降伏するときの様子を伝えるカエサルの筆は、敗軍の将が戦ってきた大義が共同体の自由にあったことを記すのを忘れない。また、ゲルマンの軍隊では人を無気力にさせ、抵抗力を弱めるという理由でワインの持ち込みが禁じられていたなど、思わず笑いたくなる記述がある。そしてこの戦記は、当時の戦術はもちろん、ローマから見た異民族の社会風習をも伝えてくれる。それはおそらく今日に連なっている。日本の近代にも、記録の必要性を見越して資料を保存し、手記を残し、あるいは講演で歴史を振り返った人物がいる。首相、蔵相を務めながら二・二六事件で命を落とした高橋是清（一八五四－一九三六）だ。日本の特許制度を立ち上げ、初代特許局長でもあった高橋には、公刊されている「高橋是清自伝」があるほか、特許庁に保存されている「遺稿」がある。後日、全七巻に製本された資料集で、高橋の生前、およその年代順に整理されたものを、何回かに分けて赤坂の自宅から特許庁に移したという。これを見ていくと、明治の日本が欧米を範としながらどのように近代的な知的財産の保護制度を築いてきたがわかり、いろいろと教えられるところが多い。たとえば商標制度を立ち上げようにも、のれんと商標の概念がはっきりしない段階で、立法による制度化がどれほど困難であったか。のれん分けは商標の専用権と相いれないので、そんな制度は困るという反対論があったのである。特許制度も、審査を行うか、無審査とするかの選択肢があるなか、どうして審査主義に至ったか。さらに欧米列強による知財の保護要求に対し、不平等条約を解消する交渉材料にこの制度導入の約束を使ったことなども明かされている。明治一八年の専売特許条例が成立する以前、高橋が明治一四年に起草した「大日本帝国特許条例議案心得」では、彼の制度理解がどれほど行き届いたものであったかを知ることが出来よう。大震災と原発事故という歴史の試練を経ている日本に、いま正確な記録が求められていることは間違いない。

（二〇一二年一二月号）

政策に所有権はあるか

小沢一郎氏が民主党とたもとを分かって新党を作り、「国民の生活が第一」を党名にしたとき、民主党は従来使っていたこのキャッチフレーズを、宣伝カーや事務所の看板から消すほかなかった。そして「動かすのは、決断。」を二〇一二年衆院選用のキャッチフレーズとして新たに採用した。「国民の生活が第一」は小沢氏が民主党の代表だった平成一九年の参院選から使われていたから、離党後もこのキャッチフレーズはわが物との思いがあったのだろう。もっとも小沢氏のグループは速やかな脱原発を掲げる「日本未来の党」に吸収されたことで、「国民の生活が第一」は党名から消えた。

政党を次から次へと作り、出入りを繰り返してきた小沢氏には、このようなことがしばしば起こる。キャッチフレーズは政策を反映し、さらに時の政局によって政策そのものも、一つの党から別の党へと模倣され、移転されやすい。今度も小沢色の強い政策は、日本未来の党が引き継いでいる。

小沢氏がかつて自由党の党首だったとき、政権党の自民党と政策合意が行われたことがある。消費税の福祉目的税化など、近時の論点につながる両党の合意がなされるのだが、自民党内で総裁選に向けて多数派工作をもくろんでいた梶山静六元官房長官は、合意がきっかけで機会を逸してしまう。このときお株を奪われた梶山氏は、「政策も政治路線も取られた。著作権侵害で訴えたいよ」と発言している（朝日、一九九八・一一・二三）。近年選挙のたびに話題となる「マニフェスト」はそもそも英国の真似だが、民主党が平成二二年の衆院選に先立って発表したマニフェストは、当時の谷垣自民党総裁から自分たちの政策の丸写しだという批判を受けた。政策の取り合いは海外でも珍しくない。二〇〇二年のフランス大統領選は当時のシラク大統領と、ジョスパン首相との争いになり、ジョスパン陣営はシラク側の公約に対して、われわれが言ってきたことのコピーだという非難を浴びせている。

フランスにはもともとアイデアを独自に生んだものはそれを専有できるとする自然権の思想があり、無審査が基本の特許制度にも反映されている。フランス革命の混乱が続く一七九〇年、国民議会に特許法案が提出される。その提案書は、人の思想に犯すことのできない所有権があることを述べている。政治家たちが思想の結実である政策に所有権を主張するのは、理由のないことではない。ところで今日、政策が仮に知的創造物であるとして、それには独占的な所有権が認められるのだろうか。まず、政策の新規性が問われるだろう。情報化が進んで世界のあらゆる試みは先例となり、容易に取り込むことができる。ツイッターでつぶやいた政策はキーワードを頼りにすぐ統計処理されて、社会の関心がどこにあるかを知る手がかりとなる。政策の違いは多くの場合、いろいろあるパレットからどの色を選ぶかの違いにしかならない。ただ、ツイッターやフェイスブックの利用が広がってくると、一見無責任な言いっぱなしの主張の中に、新しい政策の萌芽がないともいえない。もし目新しい政策が出てきたときには、その実施を独占的に主張できるのだろうか。公開して行われた政治上の演説などは、著作権法上、原則自由な利用が可能となっているように、政策は独占になじまない。知的財産権を認めるとしても、社会の利便と権利の独占とはバランスを図る原則から、公共性の強い政策は独占すべきでないという結論になる。けれども商品や役務の出所と品質を保証するため商標が重要であるのと同様、政策を分かりやすく表現したキャッチフレーズにも、一定の識別力が求められるだろう。都知事選に立候補した中松義郎氏は「平成維新の会」を商標登録しているが、こうした動きが強まるかもしれない。

（二〇一三年一月号）

技術進歩と人間性

ロンドン・オリンピックの陸上競技で、南アフリカのオスカー・ピストリウス選手が両足に義足をつけて走った姿は、今も多くの人の眼に焼き付いているだろう。北京パラリンピックで結果を残したからロンドンの活躍もある程度予測できたが、健常者とともに走っても、準決勝まで進んだのだ。もっともここに至る道は平坦でなかった。国際陸上競技連盟が先の北京オリンピックで義足による推進力は規定に違反するとして出場を認めなかったのに対し、彼はスポーツ仲裁裁判所に訴えてこの決定を覆さなければならなかった。ロンドン・オリンピックでも、四〇〇メートルの世界記録保持者マイケル・ジョンソンは、義足によって有利になっていないかと疑問を投げかけている。

ピトリウスは先天性の障害により腓骨がない状態で生まれ、生後一一カ月のとき両足の膝から下を切断するほかなかった。その後成長するにつれ、ラグビー、水球、テニス、レスリングなどに親しんだというから、もともと運動能力は高かったのだろう。義肢は炭素繊維製の競技用で、J字型をした形状から見てもよほど弾力があるように思われる。これは量産品でなく、使用者の個性に合わせてアイスランドのメーカーが一点一点、手作りしたものという。優れた技術によって回復された身体は、人間本来のものとみるべきかどうかの議論を呼ぶこととなった。東京オペラシティー内のNTTインターコミュニケーション・センター（ICC）で開かれている「アノニマス・ライフ　名を明かさない生命」展には面白い出品がある。「米朝アンドロイド」と題されたロボットで、落語家の桂米朝（一九二五―二〇一五）に似た人形が高座に上がって落語を演じている。隣には米朝を模した人間による落語の映像と音声が流れているが、ロボットの人形は表情といい、しぐさといい、そっくりに動いているのがわかる。作り物と思って見ているうちに、なんだか目前の人形が本物のような気がしてくるのだ。

似たような経験は文楽を見ていてもある。三人使いの人形が舞台上で動くとき、最初は人形を使う生身の人間が視野に入って感情移入を妨げるのだが、やがてドラマの進行とともに使い手は意識の外に置かれ、人形だけに向き合っている気になる。米朝アンドロイドでもまた、人形と対峙していることを忘れる時間がやってくる。アノニマス・ライフ展は、身体にかかわる技術進歩によって、人間の「生」のあり方が揺らいでいることを見せようとしている。

身体性を語る以前に、近代人の特性とされた個性は、ずっと揺らいでいた。現代美術の世界では、その個性の刻印であるオリジナル信仰を笑いの対象とすることが普通の表現にまでなっていた。パロディーはそこに根を下ろすものだ。美術家の森村泰昌はレンブラントやマネの絵画中に自身が入り込んだ作品を発表し、さらにそれを他者に描かせることによって二重にアイデンティティーを揺さぶっている。もっともそこには森村の名前が密着しているわけで、越境の行為までを否定しているのではない。

近頃電車の中で新聞を読んでいる姿がめっきり減った。たいていの人はスマートフォンなどの携帯端末をにらんでいる。路上を歩きながら画面に見入っている人も少なくない。もはやこれらの機器は身体の一部と化しているとみていい。脳の記憶や判断などは、こうして拡張された身体機能にとって代わられたのだ。これから再生医療がiPS細胞の実用化により飛躍的に進むと期待されている。生殖細胞は特権的な意味を持たなくなり、普通の細胞が身体部位の欠損を補ったり、既存のものと置き換わるかもしれない。そうした時代が目の前まで来ている。技術進歩は今日、私たちに本来の人間とは何かを根本から問いかけているともいえよう。


（二〇一三年二月号）

オスカー・ピトリウス選手はその後、恋人を射殺した疑いで逮捕され、別の意味で注目を集めた。南アの最高裁は二〇一六年、殺人罪で彼に有罪を言い渡している。ピトリウスは、オリンピックの活躍と犯罪の二面で記憶されることとなろう。

儀礼の進化

　合併して誕生した新日鐵住金は、職場のあいさつのしぐさも統一した。鉄鋼業界では無事故を祈る「ご安全に」のあいさつが敬礼によって交わされるが、合併前は会社ごとにその仕方が異なっていた。たとえば旧新日本製鐵では右手の人さし指と親指で丸を作り、無事故の祈念をするところが多かった。一方、旧住友金属工業では世界の主流となっている右手の五指をそろえる方式だった。これは社員がドイツの鉱山を視察した時に見た風習を持ち帰ったものと言われ、それが今度の合併にともなって全社共通のしぐさとなっている。儀礼は人と人の付き合いのあるところに必ずと言っていいほど存在し、時代とともに変遷する。文化の体系の中で儀礼を重視した例としては、中国がすぐに思い浮かぶ。礼は儒教のなかで最も重要な道徳の観念とされ、中国のみならず周辺国にまで大きな影響を及ぼした。足利幕府は義満（在位一三六八―一三九四）の時代、長く途絶えていた中国との貿易を再開するが、それには中華思想に基づく華夷秩序を形式的にも受け入れ、皇帝の使者から国書を受け取るとき、臣下の礼を取ることを要求された。しかし明の皇帝の臣下となることには国内の公家たちが反発していたため、義満は巧みに儀礼の形式を変えた対応をしている。国書の受け取りでは北面するところを南面し、さらに五回必要とされた跪く礼を三回に減らすなど、明の臣下ではないようにも見える風に変えてしまった。こうして義満は儀礼の試練を無事通過し、明との勘合貿易にこぎつけることができたと言われる。

　ロシアの女帝エカチェリーナ二世（在位一七六二―一七九六）は、フランス啓蒙思想に深く共感し、ボルテール（一六九四―一七七八）やディドロ（一七一三―一七八四）などとの交流があった。また、古典古代のギリシアやローマへのあこがれも強かった。その女帝がエルミタージュ宮殿の私室で開くパーティーの入り口には、来客の心得を箇条書きにしたものが掲げられていた。位階を示す被り物や刀剣類は一切持ち込まないこと、室内では陽気に振る舞い、他人の気分を害さないこと、着席し、席を立ち、歩き回るのは自由、議論は激高することがないよう、提案されたどんな余興にも同意すること、よく食べ、節度を持って飲むことなどが挙げられている。今日のパーティー・マナーにも通じるものが、一八世紀の末、ロシアの宮廷で確立していたことがわかる。

日本では室町時代から、武士の礼法が伝えられてきた。その代表が小笠原流で、立つ、座る、歩く、お辞儀するなどの立ち居振る舞いがきれいに見えるように洗練されていく。下腹に力を入れ、腰を落とし、体を上下させるなどの所作は能や狂言にも通じ、日本人の身体表現の基底をなしているのだろう。もっとも目に見える形の奥には、当然ながら相手を思う心や、慎みが必要とされる。武家だけでなく、江戸には町人の規範となる江戸しぐさというものがあったらしい。気配りが対人関係の基本であることは武家の礼法に等しく、多くの人が和やかに共存できるしぐさや言葉使い、付き合い方が次第に形成されていったという。たとえば武士と町人が出会う狂歌や茶の湯のような社交の場では、年齢、職業、地位に触れてはならないとされていた。エカチェリーナ二世のパーティー会場との共通点が興味深い。先ごろ公明党の山口那津男代表が北京を訪問し、習近平総書記と会談した際、安倍晋三首相の親書を手渡した。尖閣諸島問題で揺れる日中間の外交上の、重要な局面である。この時の様子をテレビで見ていると、山口代表は深々と頭を下げてお辞儀をしながら親書を手渡したのに対し、習総書記はまっすぐ前を見て平然としており、この落差に驚いた。対等であるべき外交の場で頭を下げるお辞儀が必要であったか。国際化が進んでいる今日、日本の外交儀礼のあり方を考えさせられた。

（二〇一三年三月号）

合意形成

日本はもともと根回しが得意で、意見の対立を表面化させないように心がけてきた社会だったはずだが、このごろは合意形成の難しさが目立つことが多い。最大の問題は原子力政策だろう。原発の今後をどうするか、世論調査では廃止の支持者が多数なのに、先の選挙ではそこに至るまでの道筋が、政党ごとに異なって示された。原発依存から抜け出すことを公約にしている安倍政権も、発電できずに苦慮する電力会社や近隣と反原発の世論の間で揺れているように見える。さらに相互依存が進んでいる国際間で、原発廃止を日本独自に進めていくこともむずかしい。原発製造や核燃料サイクルを通じて深く結びついた原子力産業の支え合いを一方的に破棄できるのか問題だし、日米欧で協力している核の不拡散体制にも影響を与えそうだ。このため日本が脱原発に進むことを欧米は必ずしも望んでいない。

環太平洋経済連携協定（ＴＰＰ）でも、国内の賛否両論は際立っている。米や魚などの農水産品の生産者からは、輸入圧力を高い関税でかわしてもらわなければ生産が続けられないという声が聞こえてくる。その一方、日本が地域間経済協定で出遅れたため、韓国などと比べて不利な状況にある工業品の生産者には、協定による関税撤廃が市場競争のうえで欠かせないと見えている。

沖縄の米軍基地をめぐっても、国内に合意の形成されにくい状況が続く。現政権は、普天間飛行場の名護市辺野古への移設に前向きだが、成算はあるのだろうか。沖縄住民の反基地感情と、日米の同盟関係からくる基地の容認という国策は、容易に調和しにくいところにある。

もっと狭い地域に限っても、合意の難しい問題はある。諫早湾干拓地の排水門はもともと反対のあるところに作られたため、懸念された水産物への被害が出て訴訟となり、福岡高裁は開門を命じた。ところが海水淡水化の事業を進める農林水産省やすでに干拓地で農業を始めている人たちは、開門によって淡水の調整池に海水が入ることに反対だ。典型的なボタンのかけ違いによって、対立する双方の合意形成は、困難としか言いようがないところに来ている。

組織の中でさえそれが難しいことは、日本銀行が先日公表した金融政策決定会合の議事要旨からもうかがうことができる。物価目標を導入して二％の物価上昇率を目指すべきか否か。政策委員の間で意見の相違があったことが読み取れ、実現性を危ぶむ声や、円の価値下落を懸念する声を押し切って、導入の政策が決定されたことを知る。

もっとも、地域と目標が限られているときは、うまくいく場合もなくはない。そうした例として、佐渡でトキを野生に復帰させるため、住民と専門家が「談義」の場を通じて合意に導いたプロジェクトの進め方が報告されている（桑子敏雄「トキの野生復帰と「談義」の哲学」図書二〇一二―一二）。「談義所」と呼ばれる学習と話し合いの場が設けられ、野生に復帰したトキが害鳥となるのを懸念する声などを解消していった例で、ここには合意形成に導くマネジメントの意志が強く働いている。

戦国時代、小田原城では後北条氏の重臣からなる評定衆が合議により重要事項を決し、結束を誇っていたが、豊臣秀吉が攻めてくる小田原合戦時では戦術をめぐって論争が収束しなかった。これが原因で敗北につながったといわれ、小田原評定の言葉が生まれた。合意が先か決断が先か、判断はいつも難しい。

最近の選挙では棄権率が高くなってきており、合意への参加をはじめから放棄する傾向もみられる。他方、インターネット社会はパブリックコメントなどによる簡便な意見吸いとりの方法も広がってきている。こうした時代にふさわしい新しい合意形成の方法を、今後私たちは発明することができるのだろうか。

（二〇一三年四月号）

和洋併置式

不忍池へ花見に出たついでに、近くの旧岩崎邸とその庭園を見た。洋館は三菱財閥の岩崎家本邸として明治二九年に完成し、英国人建築家のジョサイア・コンドルが設計している。コンドルは明治一〇年、日本政府の招聘により来日して工部大学校の初代教授に就任、門下からは東京駅を設計した辰野金吾（一八五四－一九一九）や赤坂離宮の片山東熊（一八五四－一九一七）などを出しているので、その洋風建築の源流をたどることになる。裏庭から洋館の南側を望むと、一階、二階は列柱が並び、ルネサンス風が強く感じられるが、どことなく既視感がある。インドやシンガポールなどで見かけるビクトリア朝の様式を反映した建物に通じているからだろうか。おそらく一九世紀末には世界各地でこうした英国趣味の建築がはやったものと思われる。庭の片隅にある満開の桜が洋館に華やぎを添えていた。

内部は木造の床、階段、天井にていねいな意匠がほどこされ、洋風の生活を楽しむには申し分のない空間だ。また、壁紙には金唐革紙と呼ばれるものが使われている。中世ヨーロッパの館を飾った壁紙を明治の日本が模し、厚い和紙へ凹凸を施して着色することで革紙の質感を出す。一時はヨーロッパへも輸出されていたようだ。この紙を使った部屋が少しだけ残ったが、他は戦後、進駐軍に接収されたとき破損したため、現在は復元された金唐革紙に張り替えられている。コンドルは自ら設計した鹿鳴館やこの岩崎邸に、思い通りの壁紙が手近に得られて喜んだろう。旧岩崎邸の見どころはこの洋館と並んで、隣接する純和風の建物だ。大工棟梁として名のあった大河喜十郎の施工と伝えられ、当時は洋館以上の規模だったという。書院造りを基調にした広間には橋本雅邦の障壁画が残っている。欧化を急ぐ明治人には、洋館を建てたいという強いあこがれがあったろうが、和風の生活を捨てるのでなければ、和の居住空間を確保しておきたい思いも強かった。それは和洋を折衷させるのではなく、併置という方法によっても実現された。純和風と純洋風が無理なく併置されているのがこの岩崎邸でもある。

旧岩崎邸に出向く数日前、千葉市稲毛にある神谷伝兵衛（一八五四－一九一七）の旧別荘を訪れた。電気ブランの神谷バーや蜂葡萄酒とともに語られる実業家神谷の別荘で、この方は岩崎邸の二二年後となる大正七年の建造という。洋風の建物一階の、ロマネスクのアーチと列柱によるピロティーが目を引き付ける。この邸宅は千葉市で最も古い鉄筋コンクリート造りといわれ、そのおかげで五年後の関東大震災にも耐えている。和風の庭園は当時の稲毛海岸の景観と馴染み、またここに洋館があっても違和感はなかったろう。重厚な造りの一階は客間で、寄木張りの床や絵描きタイルのマントルピースは洋風をよく摸している。そして細身の手すりに導かれ木造の階段を上がったこの建物の二階こそは、真骨頂といっていい。完全な数寄屋風の和建築なのだ。中心の広間で床柱に太い葡萄の木を使ったり、欄間に蜂や葡萄の透かしを施したのは神谷の実業家としての誇りを示す。それを縁取る廊下の窓からは、庭と、後に埋め立てられる海が間近に望まれただろう。残念なことに設計者の日本人が誰だったか今日ではわからないが、国登録の文化財にふさわしいたたずまいだ。この建物も、和洋を上下にうまく併置しているのが注目される。上下階に異なる様式の建築を施した例としては、金閣寺が思い浮かぶ。三層の楼閣のうち、初層は貴族趣味の寝殿造り、二層は武家風の書院造り、そして最上部の三層は禅宗風の仏殿で仏舎利が安置されている。和風と中国あるいは天竺の趣味が併置されていることで、神谷伝兵衛の別荘の精神に通じるものがある。

このほど建て替えられた新歌舞伎座は、二九階のタワービルを後ろに控え、桃山様式の破風屋根をシンメトリーに配した華麗な正面を持つ。ここにも和洋を併置する日本人の知恵が発揮されている。

（二〇一三年五月号）

伝統と革新

「東京・春・音楽祭」の中心演目となるワグナーの楽劇「ニュルンベルクのマイスタージンガー」を東京文化会館で観た。休憩をはさんで演奏時間が五時間近くにも及ぶ大作だが、歌手、オーケストラ、合唱の迫力に圧倒される思いで聴き通した。経費の関係で映像と字幕を背景に歌手が立ち位置を動かないで歌うコンサート形式だったから、視覚よりも聴覚の印象の方がはるかに強い。近頃は演出家の自己主張が表に出て、古典を現代に読み替える上演が目立つが、かえって感興をそがれることが多く、それよりはこうした形態の方が作曲家の意図に肉薄できる気がする。主役を歌ったテノール歌手クラウス・フロリアン・フォークトの陶酔に誘う美声は、カーテンコールで客席から割れるような拍手を浴びていた。一六世紀半ばのニュルンベルク。商工業が発達し、ギルドの親方たちは作詞作曲を余技としながら、その技を洗練させている。そしてこれを競う歌合戦が開かれるとき、金細工師の親方マイスターが独身の優勝者には全財産と娘を与えようと申し出る。楽劇はこの娘エファを得たいと争う騎士ワルターと市の書記ベックメッサーを巡って展開し、エファに思いを寄せる男やもめの靴職人でマイスターのハンス・ザックスが狂言回しとなる。ワグナーは中世ドイツに実在した親方歌手ハンス・ザックス（一四九四－一五七六）や吟遊詩人ワルター・フォン・デア・フォーゲルワイデ（一一七〇頃－一二三〇頃）の伝承をもとに、喜劇的な内容の台本を書き上げた。自由で規範を外れているがそれでも人を魅了するワルター、対照的に伝統の規則通りではあっても陳腐なベックメッサー、エファへの恋心を封印し、ワルターに彼が見た夢を主題に歌うことを勧めるザックス。劇の進行はワグナー自身の伝統と革新のバランスのとり方を示し、結局ワルターが優勝者となる。前作「トリスタンとイゾルデ」では、半音階的な和声を多用することで西洋音楽の基礎となる調性を破壊する一歩手前まで行ったのが、この作品ではJ・S・バッハ（一六八五－一七五〇）に代表される対位法に光を当て、伝統への回帰とも見える作風を見せる。序曲に相当する前奏曲は、マイスターの入場、恋の思い、などを示す旋律の動機が順繰りに提示され、それらは後にすべて重ねられるという手の込んだ対位法で作曲されている。また、歌合戦の当日観衆たちが歌う「目覚めよ、朝は近づいた」の合唱は、実在したハンス・ザックスの詩を引用する。こうしてワグナーはこの楽劇で、伝統と革新との絶妙な距離感を示す。

ところでこの楽劇は、面白いことに能の草紙洗小町との共通点があるのに気づいた。能では詠んだ歌の優劣を競う歌合せ、ワグナーの楽劇では自作の歌詞の歌唱を競う歌合戦というように、劇の展開の枠組みが似ている。そして、能では歌合せで勝ちたい大伴黒主が対抗相手である小野小町の作を立ち聞きして盗み出し、策略で陥れようとする。他方楽劇では、書記が対抗者の歌をやはり盗み出し、自作として歌い失敗する。このように歌の成果を奪い取り、悪用するところがまた、共通している。さらに能では、悪事が露見して黒主は自害しようとするが、小町は彼を許し、和歌の道は一人のものではない、自分の名だけが残るのであればお互いを和歌の友と呼ぶことはできないだろうという。楽劇では優勝者のワルターにマイスターの称号を与えようとの申し出を本人が拒絶するのを、ハンス・ザックスはマイスターたちの芸術をないがしろにしないでほしいといって諫めている。柿本人麻呂以来の伝統を意識しながら歌の道に励む日本の価値意識は、見事にドイツ的な芸術観とも重なる。創作の極意は洋の東西を問わず、伝統と革新のバランスにあることが、二つの舞台作品でそろいもそろって謳われるのである。

（二〇一三年六月号）

世界遺産

富士山が世界文化遺産に登録される見通しとなった。万葉の昔から歌に詠まれ、霊峰として信仰の対象となってきた山であれば、世界遺産に登録される資格は十分にあるのだろうが、登録することの意義はどこに求められるのか。そもそもは一九七二年のユネスコ総会で採択された「世界の文化遺産および自然遺産の保護に関する条約」に根拠がある。その目的には「文化遺産及び自然遺産を人類全体のための世界の遺産として損傷、破壊等の脅威から保護し、保存するための国際的な協力及び援助の体制を確立すること」が謳われている。各地が登録に熱を上げるのには、そうした建前はともかく、人を呼び込みたいという打算があることはいうまでもない。

日本は古来、山岳信仰が盛んで、富士山に限らず三輪山など、多くの山がその思いを引き受けてきた。さらに道教の神仙思想は、中国や周辺国の山岳信仰と結びついており、後年の日本への影響も無視できない。またヒマラヤは、ヒンズー的な世界観から、これも神聖視されている。世界的に見て、自然の豊かなところは自ずから自然崇拝の心を育んだ。日本の富士信仰も、そうした文脈でとらえる必要がある。世界文化遺産の登録を機会に、世界の他地域との並行関係を確認してみるのもいいだろう。ところで富士山が自然遺産でなく文化遺産で登録されることの背景はなにか。

富士には、近世の江戸以来盛んとなった富士講が文化遺産としてある。富士山を信仰する集団が講を作り、富士詣での登山、巡礼をしたり、家に祭壇を設けて祀ったりした。富士山を模した富士塚と呼ばれるものが各地に残されているのはその名残だ。

千葉県流山市にある富士塚を訪れたことがある。数メートルの高さに岩と土が盛り上げられ、庭の築山のようにも見える。寄進者の名前などを刻んだ石碑がいくつかその上に立っており、ミニチュアの富士といっていい。容易ではない本物の富士登山のかわりに、富士講の集いなどではこの富士塚が拝まれた。都内にも富士塚は多く、そのいくつかは、重要有形民俗文化財に指定されている。

日本人の富士信仰は相当根深いものがあるようで、ブラジルの日系人社会は、やはり庭に富士塚のようなものを築いて、日本人のアイデンティティーを保持しようとしているという。

オーストラリアのアボリジニーたちが崇拝しているエアーズロックと呼ばれる巨岩がある。一九八七年、世界遺産に登録された。この呼び名は一八七三年にイギリスの探検家が巨岩を発見した後に命名したもので、アボリジニーたちはウルルと呼んでいる。彼らの聖地であり、儀式が行われる場所でもあるため、一般人の登山は快く思われていない。入山禁止の措置が取られようとしたこともあったが、当面は観光業界への配慮から見送られている。中国雲南省の、これも世界遺産に指定された梅里雪山。チベット仏教の聖地とされ、古くから信者は山腹の寺院までは巡礼してきた。彼らも部外の登山隊を、神聖な山を汚すとして嫌っていた。そうした中、一九九一年、日中の合同による学術登山隊が雪崩で遭難し、一七名が死亡する事故が起きた。遭難者を悼む慰霊碑が建てられたが、後に壊されるなど、地元の人たちがよそから来た登山者を見る目には、今日でも冷ややかなものがある。日本三景、百名山のように名所を選別するアイデアは以前からあるものの、世界遺産という規模にまで拡大したのは、もちろん国連機関としてのユネスコあってのことで、登録制度は一つの発明といっていい。けれどもこの登録制度には毒もある。梅里雪山の周辺には大きなホテルが林立し、景観破壊が起こっているようだ。

富士の世界遺産登録で毒気に当たらなければいいが、気がかりである。


（二〇一三年七月号）

富士山―信仰の対象と芸術の源泉は、二〇一三年、世界文化遺産として登録された。そして、危惧されていた環境破壊が、やはり現実のものとなっている。大量のごみ、斜面の崩壊、景観の破壊など、登録の取り消しにつながりかねない問題を抱えている。

神仏習合

梅雨の中、出羽三山の一つ、羽黒山を訪れた。山門をくぐり、身を清める祓川の流れるところに下って神橋を渡り、さらに山頂へと至る参道を行く。樹齢数百年の杉木立や深い森に包まれて、あたりには山岳信仰の場らしい神々しさがある。やがて東北地方で最古という国宝の五重塔が見えてくる。素木造り、柿葺きで均整がとれ、古色を帯びていて美しい。塔はインドのパゴダを起源とする仏教の象徴だから、ここは神仏習合の場でもある。明治の廃仏毀釈で山門の中にあった仏像などが取り払われたといわれるが、五重塔が残ったことから、仏教的な雰囲気をなお留めている。

山頂には出羽三山合祭殿がどっしりと建つ。月山、羽黒山、湯殿山の三神を祭り、文政元年の再建ながら、萱葺、木造建造物としては東北随一の大きさで、国指定の重要文化財となっている。合祭殿のはす向かいに建治元年の銘入りの古い大きな鐘と鐘楼があって、ここにも神仏習合の一端がみられる。合祭殿の中から、突然ご詠歌の斉唱が聞こえてきた。参拝者が導師に導かれて歌っている。なんとなく仏教的な響きがある。

出羽三山は祖霊が鎮まる山、さらに山の神、海の神が鎮まる山などの意味合いで、広く昔から信仰されてきた。羽黒山のふもとには手向《とうげ》と呼ばれる宿坊街があり、全国各地の信者はまずここに泊まって、精進潔斎してから聖域へ足を踏み入れる。宿坊街の規模では高野山のそれに匹敵し、世界遺産の登録をという声もあったようだが、残念なことに近年建て替えが進んで、往時の面影は失われた。

ところでこの宿坊や合祭殿の境内で土産物屋を営むのは、みな山伏の修業をした人たちだという。山伏とは修行のため山野に起臥する僧のことで、修験者ともいい、山の霊力を身に着けようとする。鈴懸、結袈裟をまとい、金剛杖を突いて法螺貝を吹き鳴らす。歌舞伎の勧進帳で見る弁慶の格好だと思えばいい。この山伏がまた、古来の神信仰と密教的な仏教との習合を体現している。

仏教の伝来以前、日本はずっと自然に宿る神を信仰してきた。それが初めて仏教に接したときの驚きはどれほどであったろうか。百済から釈迦如来像などの仏像とともに仏教がもたらされたとき、在来の信仰との調和は必ずしも容易でなかった。当時の有力貴族たちの受け止め方も、蘇我と物部のように受容と反発の正反対を示した。国家鎮護の宗教として定着していくのには、外来の仏自体も神とみなす本地垂迹説が必要だった。仏や菩薩が人を救うために神の形を借りて現れるという経論に由来し、渡来した仏は外国人の拝む神として、在来の神と並んで受け入れられていく。やがて神社に付属した寺院である神宮寺が生まれ、神仏混淆が進む。そして時代が下ると、混淆は習合といえるまでになる。

異質な宗教が混淆していくのは、文化交流の過程でどこにでも起こりうる現象なのだろう。ヨーロッパの基底文化であるケルトは独自の宗教をもっていたが、紀元後、キリスト教化していく。今日でもキリスト教のなかに紛れたクリスマスの行事など、古代の信仰がのぞいている。また、中国ではインドから仏教が入ってくる当初、摩擦を生じながら、次第に在来の道教などと併存するようになる。日本でも同様なことが起こったといっていい。出羽三山の信仰はもちろん、今日なお盛んな観音霊場をめぐるお遍路なども、神仏習合の一端を表す。霊場には、湧水、巨石などの自然信仰が影を落としている。和魂洋才という言葉があるが、それに先立っては和魂漢才があり、今日なお日本人の行動に影響を及ぼしている和魂仏才にも、目を向けておくべきであろう。

（二〇一三年八月号）

中世の技術革新

国立歴史民俗博物館が公開三〇周年を迎えた。その企画展示「時代を作った技―中世の生産革命―」に興味をひかれ、夏の一日、佐倉の会場に足を運んだ。展示では日本のモノ作りが、早くも中世に目を見張るような成果を上げていたことが紹介されている。たとえば漆器。日本の漆工芸は縄文時代から発達していたといわれており、時代が下ってその精巧な技は、世界に類を見ないほどの洗練に達する。中世の漆芸で注目すべきは、完成度の高いぜいたく品と並んで、大衆が求めやすい普及品が現れたことだろう。漆の代用に柿渋と炭の粉を混ぜたものを下地にして原料の節約を図り、塗の回数を減らすことで量産化を可能とした。木地も欅から手に入れやすいブナや栃に代わる。こうした安価な漆器が出現したため、以後、土器椀の使用が減っていく。今日漆器そのものがプラスチックの代用品に代わっていく流れは、すでにこのころから始まっていたのかもしれない。一方で、螺鈿や蒔絵を施した漆器のように技術の粋を集めたものは、やがて南蛮貿易で輸出されるまでになる。そしてこれが、国際分業によって成り立っていたことも、次第に明らかとなった。展示品の、西洋風櫃や箪笥はもっぱら輸出用で、その原料となる黒漆は東南アジアで採取されたものらしい。黒漆の輸入記録が朱印船やオランダ船関係の文献にあるといい、また鍵や錠前などの部品は、中国製と推定されている。原材料の一部は海外に頼って輸入品を用い、それを利用して高度な加工を行うといった、現代に通じる国際分業がここにみられる。共通の資源を利用し、技術が関連するものが近傍に集められて生産基地を形成する、一種のコンビナートも中世に現れている。新潟県北部の五頭山麓にある一三世紀前半の北沢遺跡からは、陶器窯と並んで砂鉄を利用した製鉄炉や木炭窯が合わせて出土している。陶器窯のあるものは、使用済みの木炭窯を半分ほど埋めて再構築したものという（展示カタログ）。こうした生産拠点の複合は海岸にもある。茨城県東海村の村松白根遺跡は、製塩のほか、動物の骨角や皮革の加工、さらに永楽通宝の鋳造工房が一カ所に集められていたことを示す。これらの技術を支える職人は、どんな生活を送っていたのだろうか。寺社の造営を取り仕切った大々工の職が、番匠と呼ばれる大工の掟を定めた文書が展示されている。寛正七（一四六六）年の「宇佐宮寺御造営間掟書」には「番匠毎日出卯時、戊始仁可帰事」の一条が読める。番匠の出勤は毎朝六時、帰りは夜七時というものだ。また、遅刻、早退は賃金が一〇文差し引かれるなどの条もあり、集団の就業規則が当時どのようであったかをうかがい知ることができる。鍛冶屋のような職人が不動明王など、特定の神仏を信仰していたことも示されている。西欧の職人たちがカトリックの守護聖人を持つようなものだろうか。たとえば漁師やパン屋はペテロを、音楽家はチェチリアを守護聖人とした。京都の吉田神社の境内には、和菓子職人たちの祀る社がある。このように職人が同じ信仰の対象を持つ伝統は、今日にも受け継がれている。展示のうちでひときわ目を引いたのは、鉄砲の国産化を示す一角だ。中国由来の銅銃は永正七（一五一〇）年、日本に入ってきたといわれるが、普及することはなかった。それが天文一二（一五四三）年、種子島に漂着した倭寇の頭目、王直の船に乗っていたポルトガル人から購入した鉄砲を当地で国産化しようとしたことから、いっきに広まった。種子島の刀鍛冶が外形を模倣したものをまず作ったが、底をふさぐ尾栓はすぐには真似られず、翌年、南蛮人の再訪を待って教えを乞うほかなかった。けれどもいったん学習した技術は紀伊、堺、近江などに伝わり、じきに戦国大名の注文に応じられるまでになる。その吸収の速さが注目されるのである。

（二〇一三年九月号）

雇用と創作物の帰属

職務発明の帰属を定めた特許法の改正が議論されている。現在は従業員が会社で職務の一環として発明をしたときでも、その特許を受ける権利は従業員の側にあり、使用者である会社はその通常実施権を有するとされている。また、使用者が特許を受ける権利を契約などにより承継した時には、従業員に相当の対価を支払わなければならないともされる。つまり特許については、雇用される者が主権を持っているといっていい。そこで使用者に特許を受ける権利自体が帰属するように転換することは、是か非か。同じ創作物であっても、著作物を扱う著作権法は著作者の権利を定めているだけで、職務著作の規定がない。このため職務上で生まれた著作物は使用者側への帰属が当然とされており、契約や就業規則などによってそれを規定する。職務発明を隣国、中国ではどう扱っているのだろうか。中国の特許出願件数は年間五〇万件を超え、今や世界一の数を誇るに至った。その中国では職務発明創造は一義的に所属単位に帰属するとしているが、所属単位と発明者、意匠の設計者が契約により帰属を定めている場合には、そちらが優先するとも規定する。また、特許権を付与された単位は、発明者、設計者への奨励、報酬を義務として課されてもいる。

日本が職務発明を従業員主体に定めたのは、大正一〇年に改正された特許法にさかのぼる。明治四二年法以来、別段の契約がない限り発明の権利は使用者に属するとしていたことからの大転換だ。この転換は、大正デモクラシーの雰囲気が作用したと説明されることが多い。明治末年に成立し、大正五（一九一六）年に施行された工場法は、工場労働者の保護を目的に生まれた法律で、年少者や女子の労働条件を規制するなどの内容を持つ。また同じころ、普通選挙を要求する声も高まっていく。こうした流れのなかで、大正一〇年の特許法改正が行われた。この特許法は完成度が高いものだったために、今日まで何度も改正を経ながら、九〇年を越えその骨格は受け継がれてきている。

ところで大正一〇年法はかなり慎重な立法がなされたことが、衆議院審議の議事録などからうかがえる。後に衆議院議長になる清瀬一郎（一八八四－一九六七）は特許法が専門の学者で、その原理を論じた著作があるほどだが、当時、一議員として、法案の疑問点を逐条的に政府委員へ質問している。その清瀬は、職務発明の規定が、「まず大変な、煩雑な、難しい規則であります」と認めている。これに続け、成果物の帰属の前提として、発明が任務に属するかそうでないかによって、法の適用が分かれることを問題にする。こうした弁別は困難であり、実効性がないのではないかと疑っているのだ。対して政府委員はこの職務発明規定について、各国の法令を参照し日本の実情に合わせてあり、法律改正の委員会で数十回の議論を重ねたものだと答えている。

別の委員は、発明成立の時期的な問題と法案の関係に疑問を抱く。被用者の発明が任務と密接しているものでも、退職後に競争会社に移って発明を完成させたと主張したときはどうなるのか。ドイツではその点が問題になり、不正競争防止法によってそうした行為ができないようにしてあるが、日本の法案で問題はないのかと質問する。政府委員は、法案によっても裁判所で職務発明か否かの立証が可能と答えているが、実はそうならなかった。営業秘密の漏えいは後に不正競争防止法によって一応抑止されるが、退職従業員の発明持ち出しは、今日でも裁判事件を引き起こしている。現代は、雇用の流動性や、成果の利用し合いで創作物の帰属を判断する困難がかつてより増している。こうした状況では、無用の争いをなくすために、その帰属を使用者側にもう一度戻すほうが良いと思われる。

（二〇一三年一〇月号）

職務発明の帰属を従業者から使用者とすることが可能となる改正特許法が二〇一四年に成立し、翌一五年に施行された。社員が職務として発明した特許は、これによって企業に属することをあらかじめ定めておくことができるが、相当の利益を与える必要がある。

秘密の維持管理

アップルの新型iPhoneが発売された。購入一番乗りを目指して行列した人もいたらしいが、手にしたものは事前に予想されていた品とほとんど差がなかったという。アップルは徹底した情報管理で顧客の期待感を高めてから製品を出す手法で知られながら、今回はその情報が事前に漏れていたことになる。

アップルが経営方針の秘密主義に転換を迫られた事件がある。部品を受託製造する台湾系メーカーの中国深圳市にある工場で、二〇一二年の一一月、数千人の従業員が暴動を起こした。背景には労働問題があったようだが、アップルはこれを機に、部品調達先など、一定限度で経営情報の公開を余儀なくされた。日本企業が製造している部品も全体の五割を超えているといわれ、残りを中国、台湾、韓国などが製造している実態が明らかになった。アップルはこれらのメーカーから部品を調達するにあたって守秘義務を課しているものの、調達先が多くなるとどうしても情報の漏れが起きやすい。

製品の仕様は市場に出た途端、秘密でなくなるから、これらの秘密情報はいわば賞味期限付きだ。そしてこの賞味期限を越えるか越えないかで、一般に情報の価値は左右される。FRB（米連邦準備制度理事会）が先日大規模な金融緩和策を継続することを発表した一〇〇〇分の数秒後に、シカゴの先物市場で大量の取引が開始された。ワシントンからシカゴにデータが届くのに一〇〇〇分の七秒かかるといわれ、シカゴの取引開始はそれよりも千分の数秒先を行っていた。FRBの発表内容を、報道機関が事前に漏らしていた可能性が指摘されている。経済価値を持つ情報が秘密にされるのは当然で、秘密管理の例は古今東西いくらでもあげられる。ベネチアは特産品のレース模様を封じ込めたグラスなどの秘密を守るため、職人をムラノ島に集めて移動を禁じ、背けば死罪と定めていた。有田焼の有田では、江戸時代、鍋島藩が赤絵と呼ばれる染付の技術を保護するために業者を赤絵町に集め、その町は行き止まりになっていたという。そして顔料を祖父と父がすり、子がそれを使う一子相伝で技術が伝承された。

くさやの干物を作る液も秘伝とされ、江戸時代、娘の嫁入りに家のくさや液を持参金代わりに持たせた話が伝わっている。鰻屋のたれの多くは秘伝といわれる。こうしたレシピを秘すもっとも有名な例は、コカ・コーラだ。一九一九年に融資を受ける際の担保とされたのが始まりで、今日でも鉄壁の保管庫に仕舞い込まれている。雇用の流動性が激しい現在では、技術流出が常に問題になる。特許出願は一年半後に公開されるから、期限付きの秘密情報だが、その公開を望まないノウハウは厳重に管理し、流出から守らなくてはならない。退職者を通じて方向性電磁鋼板の技術が漏らされた疑いで、新日鐵住金と韓国のポスコの間で訴訟が持ち上がっている。この鋼板を製造するノウハウは会社の最高機密で、社員でも工場のどこで製造しているかわからないようになっており、現場への出入りは厳重だったという。技術盗用が本当にあったのかどうか、裁判所の判断が注目される。

こうした技術流出にからむ訴訟は世界各地で頻発していて、数年前にはフランスの自動車メーカー、ルノーから電気自動車の関連技術が中国に渡ったことが疑われた。産業スパイ事件として世界の注目を集めたが、結局、証拠がないまま事件の解明には至らなかった。

一方、政府は近く「特定秘密保護法案」を提出する。防衛、外交などの分野で漏れると国の安全保障に著しい障害となるものが特定秘密に指定されるようだが、企業秘密と同様、その選別は容易でない。これは一定期間後に公開して、秘匿が正当であったか検証する必要があるだろう。

（二〇一三年一一月号）

新日鉄住金とポスコの訴訟は、二〇一五年、ポスコが三百億円を支払うことで和解した。特定秘密の保護に関する法律は二〇一三年一二月に成立し、翌一四年一〇月に施行された。一五年末時点の特定秘密は、四四三件を数える。

江戸の改暦

国立公文書館で秋の特別展「旗本御家人Ⅲ」を見ながら、江戸の幕臣と周辺が様々な業績を残していたことを知った。たとえば天文方の仕事。冲方丁の小説「天地明察」で一躍脚光を浴びた渋川春海（一六三九－一七一五）の足跡も見ることができる。碁打ちとして名高い安井算哲、のちの渋川春海が成し遂げた改暦の大事業「貞享暦」の実物がある。幕府に呈上された全七巻の自筆本だ。それ以前の日本は、中国唐代の宣明暦を貞観四（八六二）年に採用して以来、ずっと使い続けてきたため、暦と季節のズレが生じていた。天文学に通じる春海は、元代の授時暦と日本国内の観測結果をもとに大和暦と呼ばれる新暦を作成し、幕府に改暦を上申する。観測の結果、その優れていることが実証されたため、貞享元（一六八四）年、改暦の宣旨が下り、翌年から貞享暦の施行となった。その年、春海は功績によって幕府の初代天文方に任ぜられている。貞享暦への改暦で、一般に入手可能なカレンダーとしては大経師暦と呼ばれるものが印刷、販売された。その実物も展示に並んでいる。発行元は朝廷御用表具師の長である大経師で、新暦刊行の権利を与えられていた。冒頭に、御書所、京大経師権之助と発行人が大きく見える。この大経師浜岡権之助は、改暦に伴う全国の暦の発行権を独占しようとして幕府にとがめられ、結局その地位を追われてしまう。近松門左衛門（一六五三－一七二五）に「大経師昔暦」と題した作品がある。正徳五（一七一五）年に大阪の竹本座で初演された人形浄瑠璃で、大経師の妻と手代が下女の仲介で密通し、それが露見して三人とも刑死した実話に基づく。数年前、国立劇場の文楽公演で観たが、ここに貞享新暦の頒布が描かれている。新暦を朝廷や公家方、武家方に配って回る大経師の店のあわただしさ、めでたさが発端だ。近松は前作「賢女手習并新暦」でも貞享暦の始まりを当て込んで書いており、改暦が国中の慶事として受け止められていたことがわかる。貞享暦以後も幕府による改暦の試みは続く。徳川吉宗（在位一七一六―一七四五）は西洋天文学の成果を取り入れた改暦に意欲的だったと伝えられるが、宝暦五（一七五五）年の宝暦暦は貞享暦のわずかな修正にとどまった。しかし日食の予報を外すなど誤差が目立ちはじめ、幕府はついに寛政七（一七九五）年、天文学者の高橋至時（一七六四―一八〇四）を天文方に任命し、改暦に当たらせる。こうして完成したのが寛政暦で、寛政一〇（一七九八）年に施行された。その報告書「寛政暦書」も展示品のうちにある。高橋至時と仲間たちは清代の「暦象考成後編」を研究したといわれ、その著者ケーグラーはドイツ生まれのイエズス会士で、伝道の傍ら中国暦の改良に努めた人物だった。彼の理論は、ヨハネス・ケプラーの楕円軌道で太陽と月の運動を説明するものという。江戸の改暦はこうして中国暦の研究を通じ、西欧理論にも接近していった。この高橋至時の門下生として有名なのが伊能忠敬（一七四五―一八一八）だ。忠敬は十九歳年下の至時から熱心に暦学や天文学を学び、やがて日本全国の測量に基づく地図の作成に向かうこととなる。忠敬も至時も、緯度一度の子午線の弧長を実証的に求めたいという共通の関心を持っていた。それが忠敬の蝦夷地測量のきっかけになり、至時はその事業を側面から支えたといわれる。

ところで至時は晩年、ジェローム・ラランド（一七三二―一八〇七）の天文書「ラランデ暦書」のオランダ語原書を手にして惑星の運動を理解するに欠かせない書物と感じ、「ラランデ暦書管見」を執筆している。杉田玄白（一七三三―一八〇七）等による「解体新書」の翻訳と同じように、西欧知識の吸収はここでも貪欲になされた。展示で目を引いたもう一つは、日本暦、英米などのグレゴリオ暦、ロシアのユリウス暦を三段に分けて比較対照した「万国普通暦」というものだ。安政三年と五年の版で、これが出版物として江戸市中に出回っていたことにまず驚く。諸外国との交渉がそれだけ頻繁になってきた事情を反映するのだろう。

（二〇一三年一二月号）

神話の力

神話の故郷といわれる宮崎県の高千穂を旅してきた。断崖に挟まれた高千穂峡の川面をボートで行き、崖の上から落ちてくる真名井の滝の水しぶきを浴びながら、両岸の紅葉を仰いだ。ひむか神話街道を車で進むと、棚田が広がり、天に連なっているように見える。天孫降臨の神話が生まれたのはこんな場所だ。天岩戸神社の近くに宿をとり、夕食になる。苫屋の形をした入れ物の蓋を持ち上げると、神楽煮しめと名付けた野菜の煮しめが現れる。古代黒米を使った飯やうどんも膳に並んだ。食事を通じて神話時代を味あわせてくれる趣向になっている。夕食を終えて夜道を歩き、公民館で行われている夜神楽の見物に出かけた。この辺りには集落ごとに二十いくつも神楽を催すところがあり、農閑期となる一一月から二月までの毎週末、各地区の公民館や個人宅を回りながら興業するという。演者の人数がそろわないときには、互いに人を融通し合うこともあるらしい。平安時代から伝わり、国の重要無形民俗文化財に指定されている。かがり火が焚かれた入り口から会場に入る。板敷の床の奥にしめ縄を張ってしつらえた空間では、脇の太鼓と笛を伴奏に、天岩戸の神楽が舞われている。神楽はじめの舞、神降ろし、鎮守、岩戸開きなど三十三番が夜通しで行われる。客席には、大皿に盛った焼きたての椎茸や竹筒に入った酒がふるまわれ、にわかの客も氏子となって神事に参加している気分になる。若者が交じる舞手たちは、ときどき雑談したり笑ったりしているように見える。天岩戸に隠れた天照大神を外に出そうと陽気な宴を繰り広げる伝説を踏まえた演出かも知れないが、くつろいだ雰囲気を感じさせる。天岩戸の神話は古事記のほか、日本書紀にも取り上げられている。日本書紀では一書に曰く、一書に曰く、と類話を重ねているので、この話は古代から各地に広がっていたのであろう。天照大神が隠れた岩戸をちょっと開けるのを待っていた手力男神は力任せにその戸を引き開け、どこかへ投げ捨てる。その岩戸が落ちたのは九州とも、信州の戸隠山ともいわれる。戸隠から遠くない安曇野に信濃富士、有明山がある。岩戸がこの地に落ち、天下が明るくなったので山をそう呼ぶと言い伝え、山頂には手力男神を主祭神とする奥社を置く。地元の子供たちは、今日こうした神話を素材に、版画などを描いている。天照大神の孫にあたるニニギは、豊葦原瑞穂国を支配するように命じられて、高千穂に天下ったとされる。高千穂神社をはじめ、日本各地の神社が神話とのつながりを強調しているのはいうまでもない。神話のモチーフは今なお私たちの想像力を刺激する。梅原猛が書き下ろしたスーパー歌舞伎「ヤマトタケル」も、神話に想を得たものだ。さらにこうした神話は朝鮮やユーラシアの神話とも共通するものがあるようで、互いの影響関係に興味が持たれる。西欧に目をむけると、ギリシア神話はローマに受け継がれ、今日に伝承されている。そしてその過程で、文化に多大な影響を及ぼした。神殿などの建築や絵画、町の噴水の彫刻にまで、神話モチーフは容易に見いだされる。ルネサンス期にイタリアで生まれたオペラも、神話を題材としていた。オルフェ神話はとくに好まれたようで、モンテベルディの「オルフェオ」が代表的だが、一九世紀になるとオッフェンバックによるパロディー「地獄のオルフェ」（天国と地獄）が現れる。二〇世紀後半にはジャン・コクトーによる映画「オルフェ」となるほか、リオデジャネイロが舞台の「黒いオルフェ」も忘れられない。北欧神話を題材にしたものでは、ワグナーの「ニーベルンクの指環」が代表作だろう。神話はどんな民族も大切に受け継いできており、それを生み出した心性は今日に至るまで、文化的な創造の源となっている。高千穂を歩いて、そのことを強く感じた。

（二〇一四年一月号）

襲名の意味

暮れの京都南座、顔見世興行で市川猿之助襲名披露の口上を観た。片岡仁左衛門による経緯の紹介の間、市川猿翁から名を譲られた猿之助が頭を下げて客席に向き合っている。名を贈った猿翁は本来脇にいて新猿之助をよろしくというところだろうが、脳梗塞を患う猿翁はそれができず、登場していない。そこで市川中車が猿翁の言葉を代読する演出だった。ややあって後ろの幕が上がると、椅子に座った猿翁が舞台前面に押し出されてくる。そして中車が代読する言葉に合わせ、新しく襲名した猿之助を引き立ててほしいと客席に向かって万歳をするように、お願いのしぐさを繰り返した。これがかつては義経千本桜で宙乗りを見せてくれた猿之助と同じ人物とは思えない肉体の変わりように衝撃を受けたが、そうまでして襲名の儀式にこだわることの意味はなんだろうか。

仁左衛門や猿翁の言葉に表れるのは、興行主松竹と芸道の諸先輩への謝辞、大きい名跡を継ぐことの重み、観客への支援の依頼などで、どれもその意味にかかわってくる。

歌舞伎の芸は役者から役者へ受け継がれ、名跡がそれを象徴的に表している。「勧進帳」は市川家にとって家の芸といえる歌舞伎十八番の一つで、先に亡くなった一二代の市川団十郎は弁慶の役を得意としていた。ただ、それは先代の型をそのまま引き継ぐことではなく、文献に残った弁慶は七代目と九代目団十郎では違う弁慶だったと自らが語っている。

先日、NHKテレビのニュースで市川海老蔵へのインタビューを見た。亡くなった父の団十郎がいかに芸を厳しく仕込んでくれたかを語り、逃げ出したいほどの思いに耐えてきたので父親に接した気持ちがなかったと彼はいう。その口から、団十郎に触れるときしばしば敬語が出てくるのが気になった。父ではなく別格の役者団十郎に対して、思わず出てくる敬語なのだろう。

歌舞伎は世襲が基本だが、このままでは人材の供給が細ってくる。そこで国立劇場は以前から世襲によらない養成を事業としてきているし、松竹も近く公募による子供の「寺子屋」を開いて、俳優育成に乗り出す。歌舞伎よりもっと歴史の古い能楽界にも襲名制度があり、芸の継承に一定の役割を果たしている。観世流能楽師、五六世の梅若六郎は、芸は一代のもので、梅若家に伝わる企業秘密のようなものは全くないという。そして先代の父梅若六郎の、目には見えない、耳には聞こえない、香りのようなものを残そうと思うと語っている。(朝日、一九九八・七・九)。

能と近親関係にある狂言では、かつて襲名をめぐって大きな騒動が持ち上がった。中絶した和泉流の宗家を誰が継ぐかで、三宅藤九郎家の長男と野村万蔵家の四男との争いになった。この場合、芸の継承以前の家の存続が、襲名の大きな動機になっている。落語の世界はどうか。ここでは親族が襲名するとは限らず、先代が弟子のひとりを指名して決まることが多い。遺族が過度の発言権を持たないよう、大きな名跡は落語芸術協会が預かり、その協議で決める場合もあるようだ。さらに真打の昇進には、席亭の推挙が必要ともいう。絵師歌川広重(一七九七—一八五八)は遺書の中で、「広重」を継ぐのであれば大金を出して買い取るか、遺族の面倒を見ることを条件とすると書き残していた。その名跡を最初に継いだのは弟子の重宣で、師には献身的に仕えたほか、養女に入り婿して、二代広重を継いでいる。襲名とは、名声と経済的な価値が結びついた名跡の持つ無形の私有財産を受け継ぐことだが、この財産は社会の共有する、いわば公共財でもある。そこに襲名の難しさがあるといえよう。

(二〇一四年二月号)

屋敷林の保存

国立公園に代表される自然景観や古い町並みなどの都市景観を守る意義は話題になるが、人と自然とのかかわりから生まれた田園風景を残すことには意識が行きにくい。

武蔵野線の車窓から外を眺めていると、広々した田や畑の中に、うっそうとした屋敷林に囲まれた構えの大きな民家を見ることがある。空っ風の吹き上げる砂塵を防ぎ、また家の構えを示すためにも、こうした林はずっと大切にされてきたのだろう。なんとなく心惹かれる風景だ。

明治の作家、国木田独歩（一八七一－一九〇八）は、人が大して気にもかけない風景に美を感じて「武蔵野」を著した。昭和の作家、大岡昇平（一九〇九－一九八八）も「武蔵野夫人」で、「はけ」と呼ばれる地の景観を、人間関係と同様、ていねいに描いている。

先日郷里の安曇野に帰省した折、この地で農業を営む友人の降旗政人氏から「安曇野の屋敷林」と題した本をもらった。降旗氏がかかわった「屋敷林と歴史的なまちなみプロジェクト」の活動報告で、安曇野の優れた景観をなす代表的な屋敷林を五〇近く写真入りで紹介している。欅などの落葉樹、松や杉などの針葉樹の大木が庭園の一部ともなり、本棟造りの家を囲む。雪を頂いた常念や燕岳、白馬岳などを背景に、木造白壁の家とそれを取り巻く高い樹木の屋敷林はどれも絵葉書になりそうな景色だ。安曇野は農業用水路が江戸時代から縦横に整備され、その川沿いや民家には樹木が植えられて、自然と人間の営みが特長のある景観を生み出してきた。土地によっては街道沿いに集落が古くから形成され、何軒かの屋敷林が連なっているところもある。けれどもこうした景観は、戦後徐々に変わり始め、いま急速に変わろうとしている。まず昭和五〇年代の農業構造改善事業が、この地の風景に大きな影響を及ぼした。農業用水路はコンクリート製のU字溝に変えられ、川沿いの樹木がすっかり切られしまった。短歌を詠んでいた私の母はその喪失感を歌に詠み込んでいる。農業用水の確保はこれで容易になり、田や畑の耕作面積が増えたものの、今日、米の生産調整で休耕地が広がっているのは皮肉なことだ。さらにその後、大規模農道が新たに作られると、農業以上に近隣の都市を往復する働き手の通勤道路となり、沿道には住宅開発と商店の新規開店を誘った。この傾向は近年加速され、安曇野全体の景観に変貌をもたらしている。屋敷林に囲まれた大きな家屋敷は、後継者がいないと都市部と同様、更地にされ、細分化した建売住宅に変わっていく。囲炉裏があった時代、屋敷林は燃料の木材を提供していたが、今日その必要がなくなると、樹木を保存する動機も薄れていく。屋敷林を保存するためには、家屋との一体保全が理想だから、まずそれを目指すべきだろう。古民家がデイ・ケアの施設として生き延びているところもある。だが、歴史的な遺産で公共財ともいえる屋敷林の保存には、行政や地域の支援が必要で、保存に向けた条例や基金の実現を考える時期だ。屋敷林の価値を認識する環境教育や啓発の活動も、進める必要がある。降旗氏は地域の歴史の語り部をつとめながら、その一端を担っている。まちなみプロジェクトの活動は報告書にとどまらず、どこからもアクセス可能なデータベースとするのが望ましい。そして、全国規模で活動の連携を図ってほしい。かつて南方熊楠（一八六七－一九四一）は、神社合祀に伴いその森が伐採されていくのを見て、体を張った抗議行動を展開した。神社という共同体の中心的な場所は、存亡の持つ意味がわかりやすい。けれども一見ありふれた屋敷林は個人の生活の場でもあり、保存に向かう努力を結集しにくい憾みがある。それだけに多くの英知が必要とされるのである。

（二〇一四年三月号）

ラオス流の行き方

ラオスを旅してきた。首都のビエンチャンから古都のルアンパバーンに飛ぶ機中より下を見おろすと、緑に覆われた低い山襞のところどころで噴煙が上がっている。あれ、こんなところに火山があったのかと思ったが、それにしては数が多い。人が何かを燃やしているのか。炭焼か、焼畑か。どっちだったのだろう。今回の旅は、さらにメコン川をボートで上流に向かってタイとの国境に近い県都フアイサーイに至る一週間。短い旅ながら、あまり知られていないこの国の様々な顔に接することができた。

ルアンパバーンの朝六時、外はまだ暗い。街角に立っていると、濃い黄色の衣を着た少年僧が列を作って托鉢に回るのに出会う。家の前の道端に、婦人が何人も座っている。僧たちがその前を通るとき、待っていた婦人たちは鉢の中へ食べ物などを入れ、僧の行列はあっという間に去っていく。この少年僧たちは大きな寺院の寄宿舎に普段は寝起きして、共同生活を営んでいる。寺の脇にある鐘楼に太鼓が吊るしてあり、その鳴らす音が生活のリズムになっているようだ。こうした寺はラオスの各地にあり、出家した少年の男子は一定期間、修行の生活を送る。仏教徒が多くを占めるこの国の風景は、隣国のタイなどとも似ている。寺院には熱心な信者が訪れて祈りを捧げ、僧を前に座して対話する場面もときどき見かけた。仏教は、いまだにこの国の精神生活の大きな部分を占めている。

メコン川は中国、ミャンマー、ラオス、タイ、カンボジア、ベトナムを潤し、南シナ海に至る、物流の動脈のようなものだろう。スローボートと呼ばれる船でまる二日間、川をさかのぼった。ところどころ中洲や大きな岩があり、操船は難しそうだが、船乗りは携帯電話で連絡しながら舵を取ったりしている。乗客には土地の人たちよりも、観光客の方が多い。ヨーロッパやオーストラリア、中国、韓国からが目立ち、日本人は少ない。緑の濃い沿岸には炭を焼いているところがあったり、列を組んだ象が荷を運んでいたり、たっぷり旅情が楽しめる。炭は炊事によく使われるようだ。

フアイサーイで夕食に入った食堂。フナに似た白身の魚に香草を詰め、塩焼きにした一品がうまい。料理とラオスのビールに満足して、支払いを現地通貨のキープで払おうとすると、違う、バーツだという。ここはメコン川岸の船着き場を中心に発展した町で、すぐ目の前の対岸はタイだ。人や物の行き来は両岸で盛んだから、ラオスよりもタイの通貨が普通に通用する。それにしても不思議な感覚にとらわれた。主権国家でありながら、外貨の方が好んで使われている。ラオスの人口の多くを占めるラーオ族は、全体の半分ほどで、そのほかは五〇近くの少数民族が分割している。ラオス語が公用語とされるものの、この民族の多様性が、一元的な教育を阻んでいる面もあるらしい。初等教育の就学率は九割を越え、決して低くないが、ラオス語で行われるため、母語がちがう少数民族の子供は苦労するようだ。

ラオスはベトナム戦争時、北ベトナムから南ベトナムに向かう軍事物資の輸送路、ホーチミンルートとなった。アメリカはこのルートを断つための爆撃などを行ったが、世界の目がラオスに注がれることはなかった。ラオスとベトナムは、軍事協定で結ばれているほか、経済協力も密接だ。

ラオスという国は、強固なアイデンティティーを求めるのではなく、周辺国と融和しながら、わが道を行くといった趣がある。人種や言語なども相互に浸透して入り組んでいるので、純粋にラオス的なものを求めることに意味はないのであろう。仏教的な寛容の精神もそれを助けていると思われる。

世界の紛争地域であるアフリカや中近東に、こうした共存共栄の知恵は生まれないものだろうか。

（二〇一四年四月号）

代作問題

被爆二世で全聾と思われていた作曲家、佐村河内守氏の作品は代作だったことが判明し、大騒ぎとなった。代作を担ってきた作曲家新垣隆氏が自ら記者会見してそのいきさつを明らかにし、世間を欺いていたことでは共犯者だといって謝罪した。直接のきっかけは、ソチ冬季五輪のフィギュアスケートで新垣作品の曲「ヴァイオリンのためのソナチネ」が佐村河内守作曲として使われることの嘘に耐えられなかったためという。

新垣氏の告白とともに、佐村河内氏の身辺からもいろいろとぼろがでてきた。全聾というのは事実に反し、最近は少し耳が聞こえるようになっていると本人が認めざるを得なくなった。その後に開かれた佐村河内氏の謝罪会見では、聴覚障害二級の障害者手帳を返納したことも明かされている。騒ぎが大きくなったのは、佐村河内氏が広島市民表彰を受け、「NHKスペシャル」が紹介したり、全国紙がたびたび取り上げるなど、氏の来歴そのものが世間の好む物語に合わせて形作られ始めていたためだろう。

佐村河内守作曲とされた交響曲第1番「HIROSHIMA」をCDで聴いてみる。明白な旋律断片の動機を発展させていく古典の規範に立った職人技だが、ずいぶん古風に響く。二〇世紀前半の音楽で聞いたような感じがし、斬新なものではない。バーバー（一九一〇―一九八一）やオネゲル（一八九二―一九五五）、時にショスタコービッチ（一九〇六―一九七五）などを思わせる。こうした聞きやすい曲が現代に受け入れられることは、しばらく前、ポーランドの作曲家グレツキ（一九三三―二〇一〇）による「悲歌のシンフォニー」が世界的なヒットとなったように、尖鋭な現代音楽の反動として時々繰り返されている。

問題は、作曲という行為による知的財産が誰に帰属するかだ。代作の対価を受け取った新垣氏は著作権を放棄するといっているが、ことはそれほど単純ではない。著作権の管理を信託された日本音楽著作権協会（ＪＡＳＲＡＣ）は帰属がはっきりするまで利用の許諾を保留するという。佐村河内氏は曲のイメージを新垣氏に伝え、新垣氏はその意向に沿うよう曲を組み立てていったらしい。そうすると、代作だけでなく共作の面もある。こうしたことは映画や劇の付随音楽ではめずらしくない。しかも名のある作曲家がラフなスケッチをするのみで、その協力者が細部まで完成させるのも慣行といってよい。交響曲「ＨＩＲＯＳＨＩＭＡ」や多くの佐村河内作品が似たような事情にあったとすると、アイデアの発案者である佐村河内氏と実際に細部を完成させた作曲家新垣氏の双方に成果が帰属してもおかしくない。

一方、新垣氏は著作権を放棄するといいながら、曲を具体的に支配している音楽的な想念を、自身の名で発表する作品で使いまわすこともなくはないだろう。その時、著作権の柱となる財産権と並ぶ人格権を保証した同一性保持権や、翻案権が両者でどう調整されるのか。この先争いが持ち上がらないとは限らないのである。佐村河内氏の謝罪会見で、「ソナチネ」は自分の設計図に基づいて書かれており、どの曲がどれほど著作者と著作権者に分かれていくのかまだわからないと氏は語っている。

近代市民社会は創作物の創造性を尊重する一方、帰属を特定し、みだらな侵犯が起きないような仕組みを作ってきた。他方、伝統的な知識とその利用は個性を問わず共同体に管理が委ねられている社会もいまだに存在する。日本を含む市民社会で、創作の個性信仰は近年高まる一方だが、その信者に一泡吹かせたのが佐村河内事件だった。佐村河内氏は、肥大化した個性の虚像を見事に作り上げてみせた点で、演技者として当分人の記憶から去ることはないだろう。

（二〇一四年五月号）

この事件をきっかけに佐村河内氏の代作を告白した新垣氏は、作曲家としての力量がかえって注目を集めた。バレエ団の委嘱で書き下ろした新作を自身のピアノで披露するなど、活躍が続いている。

STAP細胞

1月下旬、理化学研究所（理研）の小保方晴子研究ユニットリーダーらによる画期的な成果との触れ込みで発表された「STAP細胞」は、その後、国民的な関心を呼びながら迷走を続けている。ごく若いマウスから採ったリンパ球を弱酸性の液体に短期間浸すだけで体細胞の分化状態を初期化し、どんな組織にもなれる新型の万能細胞が得られるはずだった。

発表は一月三〇日号の英科学雑誌「Nature」に論文が掲載されるのに先立ち、一月二八日、理研で行われた記者会見や、三〇日リリースの理研ホームページで行われた。テレビや新聞は当初、この成果を大発見、大発明と持ち上げ、小保方さんは一躍時の人となった。

ところが、発表から半月もすると、論文の不備が次々と明らかになっていく。画像の使い回し、参考文献の他論文との大幅な重複、作成の裏付けが不十分で再現性がないなどだ。共著者は研究の根幹が揺らいだとして論文撤回の意向を示したものの、小保方さんと、彼女の留学時代の指導教官で論文に名を連ねるハーバード大のチャールズ・バカンティ教授は、撤回に同意していない。論文の問題点を指摘され調査を続けてきた理研は、三月一四日、調査委員会による中間報告を発表した。ここではSTAP細胞の存在は証明できず、研究は極めてずさんだったと認めて、理事長が陳謝するはめとなった。半月後の最終報告は、論文をめぐる六つの疑問点に答えている。STAP細胞論文と小保方さんの博士論文との間に酷似した画像がある点は捏造、遺伝子解析の画像の切り張りは改ざんという評価だ。

ゴタゴタはこれで終わらない。四月二五日には、理研内でSTAP細胞論文の不正を調査していた委員会の委員長自身も、責任著者をつとめた論文で画像の切り張りが認められたとして、辞任せざるを得なくなった。そして事件は思わぬ方向に飛び火する。ＳＴＡＰ細胞と比較されることの多かったｉＰＳの発見でノーベル賞を受けた山中伸弥教授まで、研究疑惑が持ち上がり、釈明を余儀なくされたのだ。しかも発表論文の画像の元データは保存されていないという。

一連の動きを追っていると、ネット社会の反応の素早さと酷薄さに驚かざるを得ない。獲得形質の遺伝を唱えたルイセンコ（一八九八－一九七六）の学説が正されるには三〇年かかったが、ＳＴＡＰ細胞は発表直後から、ネット上で真偽の検証が始まっている。著者の過去論文までも引きずり出されて枝葉末節が調べ上げられ、その刃が発表者に向かっていく。関係者が辞任や陳謝に追い込まれたのには、脅迫に近いメールが殺到していたためともいう。ネットは両刃の剣だ。今度の事件で功を数えるとすれば、研究態勢の不備に光が当たったことだろうか。検証に耐える記録を残す必要、実験ノートのありかた、共著者の役割分担、組織と研究者の関係、これらのすべてで問題があることが明らかになった。

研究者の倫理も新しい基準が必要となっている。引用や、画像をはじめとするデータの加工は、どこまで許容されるのか。議論が活発となるだろう。もっとも研究者の意思にかかわりなく、社会の自浄力は発揮されていく。一〇年ほど前、常温超伝導の現象が見つかったとされた説は、今日捏造との判定で見向きもされない。ヒマラヤの氷河が二〇三五年までに消滅するという予測の間違いも判明した。

ところでＳＴＡＰ細胞は昨年四月、理研などによってアメリカで特許出願されている。特許は新しい現象を見つけ、その特長を発明に結び付けたとき、成立する可能性がある。もちろん通常の知識を持つ者が再現できるように明細書が書かれていなくてはならないが、学術論文のような厳密性は求められない。特許の成否も含め、ＳＴＡＰ細胞はどこへ行くのだろうか。

（二〇一四年六月号）

騒動の発端となったNature誌は、二〇一五年九月の電子版でＳＴＡＰ現象が真実でないことがはっきり立証されたと報じている。一方、小保方晴子氏は理化学研究所を退職後、弁明の手記を出版したほか、ＳＴＡＰ細胞の関連論文が以後も別の研究グループから発表されるなど、騒動の余波は続く。

宝塚百年

宝塚歌劇団が初公演から百年を迎えた。阪急などを起こした実業家、小林一三（一八七三―一九五七）が庶民の娯楽として少女のみの歌劇団を持ちたいと望んだ夢は実現し、その活動は一温泉地の宝塚から日本全土へ、さらに海外へと広がっている。

小林一三はもともと芝居好きで青年期には近松や西鶴を好んで読み、小説家を志した時期もあったようで、志向は宝塚にも幾分か反映しているのだろう。少女のみによる歌劇団という性格付けは、もちろん男優中心の歌舞伎など伝統演劇の裏返しだろうが、日本ではもともと芸能の担い手として、女性が重要な役割をはたしてきた。神事を起源とする巫女や、そもそも歌舞伎の始まりとされる出雲阿国にしても、女性であった。近世に入って長く男性により営まれた芸能が、ここに先祖返りしたともいえる。

宝塚の成功は、出演者を養成する宝塚音楽学校抜きには考えられない。日本に新しいタイプの芸能を起こすには、組織的な養成機関が必要だった。劇団が団員の養成機関を持つことでは、一八世紀の末、王立の歌唱学校に演劇学校が加わり、オペラなどの出演者育成の体制を整えていったコメディー・フランセーズの先例がある。

宝塚音楽学校では、厳しい規律の中で演技力や歌唱力を身に着けるのはもちろんだが、協調性や忍耐など、社会人として必要な資質を得る機会ともなった。小林一三の掲げた「清く正しく美しく」のモットーはまず、二年間の音楽学校の生活で植えつけられていく。

宝塚が初の公演を行う一九〇四年は、第一次世界大戦が始まる年にあたる。日本の欧州へ向ける目には熱いものがあり、このころから欧風文化は憧れの対象となっていく。詩人、萩原朔太郎は「ふらんすへ行きたしと思へども　ふらんすはあまりに遠し」と歌った（純情小曲集、一九二五年）。宝塚はこの憧れを満たすものとなっていき、一九二七年のグランド・レビュー「モン・パリ」は大成功をおさめた。

フランスでは前世期から、レビューと称される大衆芸能が人気を集めていた。音楽、舞踏、寸劇、曲芸などが華やかな装置、衣装や照明とともに提供され、ムーランルージュやフォリー・ベルジェールなどがパリでレビューを繰り広げる小屋として評判だった。宝塚は演出家の白井鐵造等をパリに送り込んで、それを日本に移植させる。白井鐵造作のレビュー「パリゼット」（一九三〇年）の主題歌「すみれの花咲く頃」は彼がフランスから持ち帰り、詞をつけたもので、今日まで歌い継がれている。白井はその後、レビューの王様と言われるまでになった。

先日新緑の美しい公園を散歩していると、日比谷図書館が「日比谷に咲いたタカラヅカの華」という展示をしていたので、のぞいてみた。「東京宝塚劇場開場八十周年記念特別展」と副題がある。宝塚の地で少女歌劇団が産声を上げてちょうど二〇年後、宝塚は東京に常設の劇場を持つまでになり、新たなファンを獲得していく。しかし戦争になって活動は停止し、敗戦とともに劇場は進駐軍の接収するところとなった。展示は東京の開場から歴史をたどり、戦後の公演再開、劇場の建て替えと最近にまで及んでいる。公演のビデオや実物の衣装にも目を引かれたが、宝塚歌劇と原作をまとめて展示したコーナーが興味深かった。シェークスピアから人気漫画まで、洋の東西を問わず、原作とされている。「風と共に去りぬ」も「ベルサイユのばら」も、さらに「雨月物語」や「冥途の飛脚」もある。この雑食性こそが宝塚なのだ。それはまさに日本文化の縮図ともいえよう。

（二〇一四年七月号）

縄文の文化

縄文という時代は、人の暮らしを変える発明の爆発期だった。青森県の三内丸山に千葉県の加曾利貝塚と、国内を代表する縄文の遺跡を二つ続けて見てそう思った。

縄文人は前時代と異なり、暮らしやすい場所に定住するようになる。三内丸山は海に近く、海と陸からの収穫を得るのに有利な場所だった。前期から中期にかけて、ここの集落は一〇〇〇年以上も続いたと推測されている。加曾利もやはり海に面していて、豊富な貝を得ていたようだ。定住地には住居跡が残され、それぞれの遺跡で復元が試みられている。

三内丸山では、高床式で掘立柱の大きな建物が復元された。柱穴はほぼ三五センチの単位で位置決めされていたらしく、柱穴には直径一メートルものクリの木柱が残っていた。こうした建築材料を切り出す道具や方法がなくてはならず、石斧は先端が薄く尖った磨製に改良されている。

食糧を得るためには狩猟や漁労が盛んに行われ、効率のよさそうな弓矢や釣り針、銛などの出土品がそれを裏付ける。縄文人は今の我々から見ると相当な珍味を口にしていたらしい。三内丸山では、ノウサギ、ムササビ、マダイ、ブリ、サバ、ホシザメ、ヒラメ、ニシンなどの骨が出土する。

もちろん食材を煮炊きする土器の改良も進み、用途だけでなく、そこには装飾も加わることとなった。縄目によって飾る縄文の技法はこの時代と文化を総称する用語ともなっていく。美的な感性はさらに、さまざまな工芸品の製作にも向けられている。イグサのような植物で綾織りの籠を編んだり、漆器の生産も始めた。しかもその漆は、栽培されていたようだ。

加曾利貝塚の断面を露出させたところを見ると、貝層の厚さは相当なものだ。直径一〇〇メートルを超える環状の巨大な貝塚は、大量にとれる貝を集団で加工する場があったことを推測させ、その貝を近隣に供給していたらしい。三内丸山に復元された大型の住居内でも、土器や道具作り、食料の加工、編み物などが共同で行われていたと思われる。

物的な生活が豊かになっていくのと並行して、縄文時代には精神生活も深化していく。妊娠した女性の顔や乳房などを示した手のひら大の土偶が、両遺跡に共通して見つかっている。これは安産を願う呪術の補助具であったのだろう。盛土の遺構から土器や玉などとともに出てくるところから、何らかの儀礼が行われていたと考えられる。

三内丸山の集落には道路が造られ、道の両側には墓が連なっていた。それらは居住域から一定の距離を置き、死者への思いが感じられる。もっとも子供が死ぬとこの墓ではなく、土器に入れられて大人の墓地の近くに埋葬され、さらに土器の底には意図的に穴があけられていた。それは加曾利でも見つかっており、埋葬の風習が距離を隔てて共通していたことに驚かされる。

ところで三内丸山を中心に青森、秋田、岩手と北海道の南部には縄文の遺跡群が集中しているので、これらをまとめて世界遺産への登録をめざす動きもある。縄文人の信仰に関係がありそうな、中央の石柱を環状にとり囲んだ日時計型の配石は、この地域に共通するようだ。さらに国内各地で類似のものが見つかるほか、同時代と推定されている周辺のアジア諸国の文化でも認められる。土器の形態は平底で文化間に差がないが、周辺の文化では縄文の装飾を欠くなどの違いもある。こうした異同を比較してみるためにも、北海道・北東北の縄文遺跡群が世界遺産に登録されることを応援したい。

（二〇一四年八月号）

江戸の食文化

和食がユネスコの世界無形文化遺産に登録された。寿司バーは世界に広がり、そばや天ぷらなど、日本の食に対する海外の注目度も高い。

ところでこれらの料理の多くは、江戸に始まる。江戸は食文化の花が一気に開いた時代だった。国内の流通路が整備され、陸海を通じて各地の調味料や食材が手に入るようになり、食を楽しむ安定した時代が訪れる。

先日、国立公文書館で「江戸のレシピ―美食から救荒食まで―」と題した企画展があったので、足を運んだ。美食本はもちろん、武士の食卓、コメを節約した粗食のレシピや、飢饉の時の食べ物を紹介する文献などが並んでいる。食文化の広がりは出版の隆盛とも重なっていた。寛永二〇（一六四三）年刊行の「料理物語」は日本最初の料理本とされ、武士や庶民が何を口にしていたかを教えてくれる。たとえば海の魚の部では、鯛、鱸、蛸などが、さまざまな仕方で食べられていたことがわかる。

江戸に八百善という有名な料亭があった。浅草新鳥越の高級料亭で、そこの主人が著した「江戸流行料理通」（天保六年刊）は、春夏秋冬に何の漬物を出したかまで記している。四季に敏感な日本料理の一端がうかがえる。八百善では土産用に、二階で料理を楽しむ客や、働いている使用人の様子がわかる「八百善組立絵」というものを販売していた。店に立ち寄ることが客の自慢にもなったのだろう。もっとも高級料亭の対極にある煮売り屋、蕎麦屋、寿司屋の屋台や茶屋も、庶民文化の一端にあった。

和食の味の基本は味噌、醬油のほか、昆布や鰹などの出しにある。昆布が出しとして普及するのは、生産地の北海道と日本海沿岸や大阪を北前船が結ぶようになってからのこと。鰹節は戦国時代、武士の携帯食だったようで、江戸の後期には一般家庭にまで入り込み、出しとして使われるようになる。

酒とみりんも大切だ。江戸に近い流山で白みりんを売り出した秋元三左衛門はそれで財をなし、俳人小林一茶（一七六三―一八二八）のパトロンとして、彼を何度も家に招いている。みりんを使った料理本「万宝料理秘密箱」や「素人包丁」などが江戸で出版され、みりんでとろとろ煮る「赤貝和煮」や、みりん五分、醬油三分、水二分で煮詰める「牛蒡大銭煮」が載っている。

江戸という大消費地には、近郊農村が野菜を供給していた。市中から人糞を購入し、料亭向きに促成栽培の野菜を作って現金収入を得る農家も現れ、食文化を支える経済システムがあった。栽培品種には、参勤交代で江戸に出て来た武士たちが市中で国元の野菜を作るうちに、品種改良されて広まったものもあるらしい。また、海苔の養殖が始まるのが江戸時代で、浅草や品川から、湾岸の各地に広がっていく。砂糖は唐招提寺を建立した鑑真が薬として日本に持ち込んだのが最初とされるが、広く流通するようになるのは南蛮貿易の時代からだ。長崎で荷揚げされた砂糖は「出島砂糖」の名で長崎街道から各地に運ばれていく。砂糖の流通は、当然菓子の発達につながる。茶の湯や武家の儀礼、町人の日常的な需要を満たすため、様々な工夫が行われている。羊羹の虎屋には和菓子の製法を伝える文書などが多く保存され、時々公開されるが、その虎屋文庫に「菓子製法帖」という一書がある。文化二（一八〇五）年に筆写されたもので、氷砂糖、白砂糖、雪砂糖、太白、出島、黒砂糖など、知らないものも出てくるほど使われている砂糖の種類が多いのに驚く。江戸時代は今日につながる和食の起源といえるが、伝統を正しく継承し、世界に誇る食の文化を打ち出すのがこれからの課題といえよう。

（二〇一四年九月号）

国債の信用

この夏、アルゼンチン政府は全国紙の一面全部を使い、債務交換に応じた国債保有者へ元利を支払う、と明言した広告を掲載して驚かせた。財政破綻に直面しているアルゼンチンの切羽詰まった状況が目に浮かぶ。アルゼンチンは二〇〇一年、すでに一度、財政破綻している。通貨危機や短期に大統領が交代するなどの政治的な不安定で、政府の対外債務の支払いが停止されてしまった。この際民間から借りていた約一〇〇〇億ドルについては、ほとんどの投資家と返済額を七割近く減額することで合意し、新たな国債と交換したうえで利子を払ってきた。しかしアメリカの一部投資ファンドはその減額に応じず、自国の裁判に訴えた。するとアメリカの裁判所は、ファンドに全額支払いをしない限り、新たな国債への転換と利払いを認めないという判決を出したのだ。この判決に対して、アルゼンチン政府の広告はいう。「明白で紛れもない大多数が主張する権利が一パーセントの国債保有者によって奪われ、少数派の態度によって国債保有者の大多数の利益と権利が脅かされ、一丸となって支払義務を履行しようとするアルゼンチン国家と国民の努力が無に帰すようなことはあり得ない」。

国債、公債は中世以降、ヨーロッパで君主や都市などよって繰り返し発行されてきた歴史がある。たとえばフィレンツェは公債を起こす銀行を設立し、応じる人に債券を渡して、月々、利子を払った。こうした債権は額面よりも安値で売られるのが普通だった。キリスト教では利子を取ることが聖書の教えに背くとされていたものが、時代とともに、経費分は徴収して構わないように変わっていく。それでも債権の所有者が換金を望むとき、安値で買い取るのは可能かどうかの神学論争が行われたりしている。教皇の宗教的権威を背景に募集された公債もある。クレメンス七世（在位一五二三―一五三四）が首都を守る名目で起こした「信頼の山」、対トルコ戦を続けるためのピウス五世（在位一五六六－一五七二）の「宗教の山」、パウルス4世（在位一五五五－一五九九）治下の「期間九年の山」などが知られる（ヨハン・ベックマン「西洋事物起原」）。山というのは公債発行のための銀行のことで、今日でもイタリア語の「慈悲の山」は、抵当をもとに金を貸す質屋を意味する言葉として、その名残をとどめている。

日本も日清、日露、第一次、第二次大戦などでは、軍事費を調達するため、多額の国債を発行してきた。日露戦争時の国債発行に伴う裏話は「高橋是清自伝」に詳しい。外債募集の可能性を探っていくうち、四分の利付、額面の九割で発行することができれば成功と言えること、多額の募集には担保が必要になることなどだ。そうして第一回の六分利付、償還期限七年の公債の募集では、英米同時の募集を成功裏に乗り切り、さらに第二回の募集に向かう。その際、政府が煙草専売益金や鉄道収益を担保にする覚悟でいたところ、関税収入の担保を優先させる決断をした。日露戦争は日本の勝利に終わったが、講和談判で日本が償金の要求を撤回したことが報じられると、公債の市場価格が急に下がったりもしている。

先日テレビで、第二次大戦に向かうアメリカの公債募集にチャップリンが一役買い、国民に購入を進める熱い演説をぶっている映像を見た。アメリカに移住したユダヤ系の彼が、対ナチスの戦争に加担するのは理由のないことではない。日本では太平洋戦争時、国民に国債の購入を、ほとんど押し付けていた。

公金の募集に公債を発行するという発明は、数世紀の歴史を経てもなお、その成否が結局、信用力に帰するのである。

（二〇一四年一〇月号）

アルゼンチンは二〇一五年暮れ、政権が規制改革やアメリカのファンドとの交渉に乗り出し、アメリカ裁判所も返済条件を緩和する判断をした。こうして二〇一六年には、新たな国債の発行が可能となっている。

医薬の第二用途発明

西アフリカでエボラ出血熱の脅威が続いている。感染者は七〇〇〇人を超え、死者はその半数近くに上るという。今度の流行はエイズが世に知られるようになった時の気味悪さに通じるものがあるが、ウィルスも特定されていることだから、決め手となる対策がいずれは見つかるだろう。世界各国でその研究が進んでいるなかで、日本の富山化学工業がインフルエンザの治療薬として開発した「アビガン」が、エボラ出血熱の患者に投与されたという。世界保健機関（ＷＨＯ）が効く可能性を認めた、投与容認薬のリストに入っている。こうしてアビガンが実際にエボラ出血熱の治療で効果があると確認されれば、新しい医薬品の用途発明が生まれたものと評価できる。治療薬として正式に承認されるまでには様々な手続きが必要だが、緊急時に使用が先んじることもやむをえないだろう。

アビガンに限らず、ある特定の疾患用に開発された医薬が別の病気の治療に役立つことが後にわかって、新しい治療法に結びつくという例はけっこう多い。ビタミンＣが風邪薬として効くかどうかはいまだに論争があるようだが、効くとするとビタミンＣ本来の使い方ではない。また、睡眠薬として開発されたサリドマイドは新生児に奇形を生じさせる薬害が発生して、いったんその役割を終えたが、多発性骨髄腫の治療薬として復活した。バイアグラも狭心症の治療薬として開発されながら、その方の医薬としては実用化されず、副作用に注目した勃起不全の治療薬として市場に出たものだった。

もちろん最初に開発された医薬が十分な治療効果を発揮し、すぐれた薬として長く使い続けられる例もある。免疫学者岸本忠三氏の開発した関節リウマチの薬「アクテムラ」は多額の特許料を生み、いろいろな奨学金として医学研究者に支給されているようだ。このアクテムラが近年、白血病の治療に使えることもわかってきた。過剰な免疫物質インターロイキン6を抑える効果が共通することから、この知見に至ったものという。

ところでこうした医薬の第二用途の発明は、特許を受けることが可能なのだろうか。後発医薬を国の産業に位置付けようとしているインドや南米諸国は、そもそも第二用途の発明に特許を認めないが、世界的にみると過半数の国で特許の対象となっている。しかしそこにはさまざまな問題が存在する。九月中旬、トロントで開かれた国際知的財産保護協会（ＡＩＰＰＩ）の会議に出席し、関連する議論の展開を追った。医薬の第二用途に知的財産としての保護を認めるとき、侵害者となるのは誰なのか。医薬品メーカーか、医師か、薬剤師か、それとも患者自身か。また、既知の医薬品が第二用途の治療目的で使われたとする基準はなにか。処方箋か、薬の添付文書なのか。問題は山積していて、回答は国ごとに異なり、歩調は決してそろっていない。侵害の罪を問うのも、アメリカのように医師を法律で除外する国とそうでない国がある。

特許保護の対象として先願主義に立つとき、出願の明細書にどこまで技術内容を開示すべきかでは、国によって要求水準に違いがある。医薬の第二用途がある疾患の治療に有効だというのは、推量だけでいいのか、きちんとした実験成績も添えるべきなのか、早いもの勝ちで先んじるには、しっかりした見通しを得るのを待たずに見切り発車したくなるのが、発明者や特許出願人の習性だ。真に必要とされる医薬品の開発を促す特許制度の役割は高まっているので、こういった点を踏まえ、制度の国際調和が急がれている。そして、医師、薬剤師や医療機関、さらに患者は、特許侵害から免責されるべきだろう。

（二〇一四年一一月号）

欠落の補完術

謎の恐竜ともいわれたデイノケイルスについて、およそのことが見えてきた。半世紀前にモンゴルで腕の化石が見つかったものの、詳しいことはわからないままだったが、このほど北海道大学などの国際調査チームが新たに発見した化石などをもとに、ほぼ全身の骨格を解明した。成果は英科学誌ネイチャーに発表されている。国際チームは数年前からの二度にわたる調査で約七〇〇〇万年前の地層に二体の化石を発見し、さらに盗掘されてドイツにあった頭部の骨なども総合して、解明にこぎつけたという。全長が約一一メートル、背中には帆のようなものがあることなどがわかった。

七〇〇〇年前の恐竜を解明する困難は言うまでもないが、近年の欠落を補うことも決して容易ではない。ヨーロッパの都市には爆撃で失われた建築群をできるだけ元の姿に再現している例が各地にある。ニュルンベルクやワルシャワなどは復元の執念とともに、人間の記憶を保存することの意味を感じさせてくれる。東京駅の復元も、そうした例に加えてよいだろう。空襲で焼失した南北のドームや装飾を大正時代の創建時の姿に戻すのに、駅舎の再建チームは大変な苦労を重ねた。ドーム内部の色、天井のレリーフ、屋根材などが、当時の雑誌や記事、写真などを参考に決められていった。外壁の赤レンガの色や形の再現には、愛知県内の土を使い、試作に六年をかけたという。

復元建築は、資料の解釈によって違った結果に至ることもある。青森県の三内丸山遺跡は、縄文時代という時代の情報量の少なさから、竪穴式住居が茅葺、土葺、樹皮葺それぞれの可能なパターンで復元されているが、断定を避けたのも一つの見識だろう。

島根県立古代出雲歴史博物館には鎌倉時代の出雲大社本殿の復元模型が五つ展示されている。これは過去の発掘調査で鎌倉期の巨大な柱が出てきたため、建築史の研究者五人が五通りの復元案を提示し、それを形にしたものだ。依拠した資料は、宮司家に伝わる「金輪御造営指図」という本殿の平面を示した見取り図と、同時代の境内を描いたと推測される「出雲大社幷神郷図」など。ただ、神殿の高さの決定には正面図がなかったため、一説の一六丈（約四八メートル）と現在の高さのもの（約二四メートル）まで、解釈が異なる結果となった。

先日、ＮＨＫスペシャル「カラーでよみがえる東京――不死鳥都市の一〇〇年」を見た。白黒フィルムで残されていた映像にコンピューター処理により着色することで、浅草十二階の外壁の色や関東大震災で迫る炎の色が生々しく蘇った。ＮＨＫとフランスの専門家がチームを組み、厳密な時代考証を経て色を特定したもので、建造時の東京駅の姿も含まれていた。デジタル技術を駆使して実現させたという。

現代では演奏されなくなった雅楽の楽器の復元も、試みられている。天平時代の箜篌《くご》と呼ばれる弦楽器は正倉院御物として実物が伝わるため、復元してその演奏が行われたことがある。

去る九月、目の加齢黄斑変性という疾患の治療に、理化学研究所などのチームは患者の皮膚から作製したｉＰＳ細胞を網膜の組織に分化させたものを移植させる手術を行い、成功したと伝えられる。網膜下の傷んだ組織を正常な組織に置き換えたもので、再生医療の本格的な始まりを予感させる。恐竜のＤＮＡから恐竜を現代によみがえらせるジュラシック・パークの世界に一歩近づいた。欠落を補完するには、復元に必要な情報と技術がそろっていなくてはならないが、インターネットなどによるビッグデータが利用できるようになったことで可能性が広がり、復元や再生は新しい時代に入ったといえよう。

（二〇一四年一二月号）

鬼の創造

先ごろの長野県神城断層地震では、青鬼《あおに》地区に、その後の雨による土砂災害を気遣って避難指示が出されたという。地震はまさに鬼のようなものだったろう。そこから遠くない県北部には鬼無里《きなさ》という地名もある。当て字かも知れないが、土地の人の意識の中に、鬼が潜んでいることはまちがいない。あいつは鬼だと言ったり、鬼ごっこが子供の遊びの中にあるのは、現代でも鬼をやっかい払いできていない証拠だ。昨年一〇月には三重県の鬼ヶ城で、全国鬼サミットまで開かれている。

国立能楽堂の平成二六年一一月公演は、月間特集が「鬼の世界」だった。初日、舞台に立った歌人で鬼の研究家、馬場あき子が鬼の意味づけとして、死者が異界から親族を訪れるものとの説があることを紹介していた。祖霊の訪問には、子孫を災厄から守ったり、戒めたりという意味があったろう。また、現代の鬼の代表は戦争だとも語っていた。能や狂言では、鬼の民間伝承がさまざまに取り込まれ、舞台をにぎわしている。この日の狂言「節分」でも、当然鬼が出てくる。節分の豆まきは、疫病退散の宮中行事が民間の習俗に入り込んだものといい、狂言では蓬莱の島からやってきた鬼が女に一目ぼれし、小唄を歌って気を引こうとする道化役を演じている。

続く能の「鉄輪《かなわ》」は、新しく妻を迎えた夫に捨てられた女が、その恨みを晴らそうと、貴船神社へ丑の刻参りをして祈願する怖い話だ。ここでは女が復讐の鬼となり、その面が怨霊を印象づける。男に捨てられた女の情念と復讐を描く平家物語の「剣巻《つるぎのまき》」が下敷きになっているという。源氏物語に由来する能の「葵上《あおいのうえ》」も、女の怨霊が鬼となる。葵祭の行列見物で車争いを起こし、葵上の従者に辱めを受けた六条御息所は、悪鬼となって葵上に復讐を図る。また「大江山」は、御伽草子の酒呑童子を鬼とみて源頼光が退治する話を能に仕立てている。けれどもこの鬼は騙されて退治される敗者で、朝敵とされた先住民族の悲哀が投影されているという分析もある。

鬼が日本の文献に表れるのは「出雲国風土記」や「日本書紀」にさかのぼる。「日本書紀」の巻第二十六、斉明紀には「是の夕に、朝倉山の上に、鬼有りて、大笠を着て、喪の儀を臨み視る」とあり、居合わせた人々が皆怪しんだという。鬼の出てくるのは節分、大晦日や庚申の夜以外に、夜行日という日があり、百鬼夜行日もあった。赤鬼、青鬼やさまざまな妖怪が行列する様は、大鏡や今昔物語などで描写されているほか、絵巻や屏風絵、浮世絵など多くの絵画資料が残されている。ここでの鬼は妖怪の総称ということになる。秋田県の男鹿地方に伝わる旧正月行事のナマハゲは、角のある面をつけた鬼を体現している。角をはやした鬼の姿は、平安時代の創造といわれる。

鬼は、中国伝来の陰陽五行説をもとに呪術を施した陰陽師が利用する観念でもあった。また、彫刻に見る四天王に踏まれた鬼や、絵画に描かれた地獄の鬼は、仏教的なイメージを伝えている。

朝鮮の民話にはトケピといわれる子鬼が登場する。日本のこぶ取り爺さんの話によく似ているほか、類話はさらに世界的な広がりを見せている。ヨーロッパのワルプルギスの夜に登場する魔女なども、どこかこの鬼に通じるものがある。結局、日本の鬼は古来からの祖霊信仰に仏教、道教など外来の思想が入り込んで、独自の発展を遂げたものだろう。これまで芸能や文学、美術への影響は見てきたとおりだが、それは形を変えて、今後も存続し続けると思われる。心に闇を抱えた人間存在は、そのどこかに鬼を住まわせるしかないのである。

（二〇一五年一月号）

言語と身振り

近頃、テレビ画面の一角に手話を挿入した番組をよく見かける。ニュースなどが中心で、聴覚の障害者には助けとなっているだろう。

日本で普通に使われている手話は、手指と頭や口の動きを総合して表現するが、日本語にそのまま対応させたものではない。また、地域による表現の違い、つまり方言があるという。英語を基礎にした手話では、アメリカとイギリスで方式が異なり、アメリカ手話は動詞に語尾変化をともなう自然言語だとされる。日本の手話は、歴史的にこのアメリカ方式の手話から影響を受けているようだ。

ところで日本風の手話は、台湾や韓国などでもある程度通じるらしい。昨年十一月、台湾観光協会から招かれて当地を訪れた大阪府の手話通訳、松山正明氏は、台湾と日本の手話は似ているので親近感を覚えると語っている（朝日、二〇一四・一一・二六）。かつての植民地には、早くから手話も伝わっていたと思われる。同様なことは韓国との間にも認められ、障害者同士の交流が図りやすい。日本が韓国を併合した後の一九一三年、朝鮮総督府は官立の聾教育機関として、教員のほとんどに日本人を送り込み、日本式の表現を広めた。ところが韓国と北朝鮮の間では、その後手話の乖離が進んで、南北分断の長期化による影響が表れてきているという。話し言葉の乖離はすでに指摘されていたが、手話にも及んでいるのだろう。いずれにせよ、コミュニケーションの必要は、話し言葉や書き言葉のほかに、身振りによるさまざまな方法を、随時生んできた。テレビの音楽番組を見ていたら、初めてオーケストラに来演した指揮者が、最初の棒の一振りで普段とは全く違う音を引き出したという演奏家の言葉を紹介していた。これは棒を振る動作以上に、指揮者の存在感に由来する暗黙の訴求力が発揮されたとみるべきだろう。混んでいる食堂や居酒屋などで勘定をしてほしいと言いたいのに、声を出すのがはばかられるとき、手や腕で×をして〆の意味を伝えたり、手の平に字を書く真似をしてチェックを求めることがある。これも一種の身体言語といえ、かなりあちこちで通用している。海外旅行に出かけて、外国語はできなくてもジェスチャーでなんとか通じたという話も聞く。言語能力は、人間に生得的に備わっているものなのだろう。ただ、音声と身振りとは、どちらが先だろうか。人間の言語が身振りから始まり音声へ進化したという主張は、もっとものように見えるが確証はない。類人猿は身振りを使い続けているのに、人間が音声言語を獲得したのはなぜなのか。これらは択一的な関係にあるのではなく、口で言葉を発しながら手話を同時に行ったり、話し手が身振り手振りも交えて、説得力を補強しようとしていることもよくみられる。

天才チンパンジーとして有名になったアイは、図形文字やアルファベットを組み合わせた言葉をマスターすることで、数字と数の概念や、色などを動作で示すことができるようになった。ここには言語による思考が確かに介在していると思われる。また一方、市原ぞうの国を訪れたとき、象が鼻にくわえた絵筆で驚くほど立派な絵を描くのを見たことがある。この場合は、調教によって人間の視点で絵画表現になっている手本を象が教え込まれたのだろうと想像がつき、象に画才があるという気はしなかった。

情報処理技術の進展により、自動翻訳はかなりの精度にまで来ているようだ。これからは、言語と身振りを仲介する方法の開発も視野に入ってくるだろう。さらに視覚や聴覚以外の、臭覚や触覚による伝達手段も、見直される時に来ている。

（二〇一五年二月号）

スローガンの商業価値

年の始め、フランスの週刊新聞シャルリー・エブドなどを襲ったイスラム過激派による連続テロの余波はまだ続いている。テロの連鎖や「イスラム国」による人質を使った要求と殺害など、おぞましい出来事が止む気配はない。

一方、シャルリー・エブドが襲われたのはイスラムの風刺画を掲載したことへの反発とされたため、表現の自由をめぐる議論が沸騰した。さらにシャルリー・エブドとの連帯を示すため、「私はシャルリー」という言葉がネット上で広がったほか、これを合言葉にしたデモが組織され、フランスなどの街に標語があふれる事態となった。

そして案の定というべきか、時局に便乗して「私はシャルリー」と記したTシャツやマグカップまで売られ始めた。早くもフランス工業所有権庁には「私はシャルリー」の商標登録を求める出願が相次ぎ、それらをフランス工業所有権庁はすべて拒絶しているという。理由は共同体が使用する表現を私人が独占すべきでなく、この商標には識別力がないというもので、判断は妥当だろう。こうした出願はフランスだけでなく、アメリカにまで及んでいるらしく、広告や通信の分野を対象にしたものなどがあるようだが、アメリカ特許商標庁がどんな判断を下すか、注目される。

「私はシャルリー」を使い始めたのはジャシム・ロンサンというファッション誌のデザイナーで、事件の犠牲者に連帯を示すためツイッターのハッシュタグに用いたのが広まった。ロンサン氏は、自らを攻撃されたシャルリーと同化しているわけだ。もっともシャルリーは新聞の紙名であって、特定の人物ではない。このスローガンが商業主義に利用されるのは耐えられないということで、ロンサン氏は商標出願によって阻止しようとしたが、その時点ではすでに他者による出願があったらしい。

日本人フリージャーナリストの後藤健二さんが殺害されたと伝えられたすぐ後にも、「私はケンジ」の英語表記がサイトで拡散している。被害者への共感を表そうと、自らを被害者になぞらえるのは「私はシャルリー」を踏襲しているのだろう。ただこの場合はシャルリーと違って実在の人物だ。仮にこれを日本で何らかの商品などに向けて商標登録の出願をしても、やはり拒絶されると思われる。了解を得ていない他人の氏名を含んだ商標であり、しかも事件に便乗した商標の使用は、公の秩序や善良の風俗を害するおそれがあるとされよう。

中国では、二〇一二年から「釣魚島ビール」が発売されている。尖閣諸島の中国名が釣魚島で、この年、日本が尖閣諸島を国有化したのを受け、中国各地で反日デモが起きたことは記憶に新しい。発売元は広州の酒造会社で、話題性があり知名度が上がると考えたのか「釣魚島ビールを楽しく飲んで、愛国心を固める」と缶に書かれている。そして、「釣魚島ビール」は中国で商標登録された。

日本では、やはり尖閣の二字を用いる商標が波のような図案とともに商標登録されたが、これはまず国内から反対の声が上がった。尖閣の周辺で獲れる魚を対象にしたもので、地名を独占的に使用することへの拒否感があった。それに尖閣の政治問題化がからんで、商標登録の可否が議論になっている。

政治的なスローガンは話題性に富むだけに、商標登録への誘惑がからむ。ただ、世間に広がった表現が登録の対象とされると、一般人から表現の自由を奪うことにつながりかねない。さらに、スローガンを好むか好まないかで、公の秩序に一定の影響を与えるだろう。「私はシャルリー」の標語は、パリには氾濫したものの、アフリカ系やアラブ系が多い郊外でこの標語は見当たらなかったという。

（二〇一五年三月号）

日本では二〇一六年四月に商標審査基準が改訂され、従来は登録が困難であったキャッチフレーズが、商品、役務の宣伝広告、企業理念、経営方針、あるいは造語として認識できる場合には、その商標登録が可能となっている。

アルガンオイル

モロッコを旅してきた。イスラム世界が騒然とするなかで、この国は落ち着いていて、表面上、騒動とは無縁のように思えた。一つには王国という国の形が、社会を歯止めのない変容から守っているのかもしれない。首都ラバトにあるムハンマド五世（在位一九五七ー一九六一）の霊廟や、カサブランカに築かれた世界最大級のハッサン二世モスクなど、王権とつながりが深い宗教的な建造物も、権力者による力の誇示というより、民衆の信仰心が結晶した優美な建築物のように見える。

国を東西に横断するアトラス山脈は、その北と南を全く違う風土に分けた。北は地中海式の気候で緑が濃く、街路樹などのオレンジが目を和ませる。それがアトラスを越えるとき、二〇〇〇メートル以上の高所に来ると、雪は目の前で、スキー場があったりする。そして山脈の南は、サハラ砂漠に連なっている。モロッコは現在アラブ世界の一角を担ってはいるが、歴史的にこの地を最初に支配したのはベルベルと呼ばれる遊牧民だった。ローマ帝国の支配下だった時期を経たのち、やがてイスラム教の勃興とともにアラブ化していき、一九世紀以降はフランスの保護領となるなど、変転を繰り返して、二〇世紀の後半、ムハンマド五世の時代に独立国となった。今日人口の三分の二はアラブ系で、彼らが都市部に住むのに対して、残り三分の一のベルベル人が農村部や砂漠に住んでいる。このベルベル人たちは日干し煉瓦で築いた住宅に住みながら、牧畜のほか、ヤシの実の加工などで現金収入を得て生活しているようだ。もろい土の壁は時がたつと崩れていき、廃屋になる。ヤシの木が茂ったオアシスのなかに点在するそうした廃墟は、どことなく日本的な無常観を呼び覚まし、旅情をそそる。

アトラス越えの時、土地の特産品アルガンオイルを売る店に立ち寄った。モロッコの南西部にのみ自生している広葉常緑樹アルガンの種子からとった油が、「モロッコの黄金」とも呼ばれるアルガンオイルだ。砂漠の厳しい環境に耐えてきたアルガンには独特の薬効が認められ、古来、子供が生まれるとその肌に油をさして健康を祈願したという。食用、美容などに利用価値が高いようで、今日、需要は世界に広まっている。オレイン酸、リノール酸や、ビタミンEに富む。

店の入り口には数人のベルベル人女性が腰を下ろし、油を搾る作業を実演してみせる。固い種子を石で割り、白い核を取り出して石臼で挽くと、油が少しずつ出てくる。二〇〇個の種子からわずか五〇ミリリットルしか搾れないといい、かなり貴重なものだ。こうした実演が観光用、宣伝用なのはもちろんで、自生地に近いアガディールの町に生産組合が組織されている。売店には日本人の学者による成分分析や薬効などを示す論文も掲示してあり、事業に日本の援助があるのかもしれない。ところが需要の急増から、一時アルガンの木が絶滅の危機に陥ったため、現在は採油の時期が限定されているという。

需要の高まりにもかかわらず生産量が限られているとなれば、水増しが行われるのは必然で、モロッコ各地で売られるアルガンオイルとそれを使った様々な商品は、不純物により増量されているらしい。

先住民ベルベルが伝統的に守ってきた、アルガンの木から油を搾りだし様々に役立てる知識は、今日、各地に広がった。それが伝統の保持者を少しでも潤すことにつながってほしいが、商業的な外部からの搾取に行き着くならば悲劇だ。モロッコの特許は、ヨーロッパの特許をそのまま承認することになっている。アルガンオイルを使ったヨーロッパの特許が、モロッコの地場産業を委縮させるようなことになってはならないだろう。

（二〇一五年四月号）

写真史の断面

デジタルカメラの時代、写真の撮影は誰でも簡単にできるようになった。技術的には驚くべき進歩だが、シャッターを押し、画像を固定するときに感じる創造の喜びは、逆に減ったのではないか。

子供のころ、家の雨戸に空いた節穴から射してくる朝の光が、内側の障子に上下の逆転した画像を結ぶのを見て、不思議な気がしたものだった。今思えば、カメラの語源となるカメラ・オブスクラになっていたわけだ。ルネサンス時代、画家はこの現象を利用して風景を画紙の上に固定し、写生の補助とした。けれども像を描くのは、あくまで画家自身の手だった。感光材を使って画像を固定するのに成功したのは、一九世紀に入ってからのこと。フランスで、ニセフォール・ニエプス（一七六五－一八三三）はアスファルトの感光性に着目し、太陽光により取り込んだ像を定着する方法を思いつく。こうして一八二六年、自らのアトリエから望まれる窓外の屋根を、八時間という長時間の露光によって撮影した。ヘリオグラフィーと呼ばれる発明の誕生だ。同じころフランスの画家で写真法の研究を進めていたルイ・ダゲール（一七八七－一八五一）という人物がいる。ダゲールはニエプスの協力を得て、一八三七年、銀板上にヨウ素の蒸気でヨウ化銀の膜を形成し、感光させる写真法に到達する。撮影後に水銀蒸気を当てると銀板上に像が現れるもので、一八三九年、フランス政府はこの発明に特許を与えた。写真機は前面にレンズを備えた入れ子の箱を前後にスライドして焦点を合わせ、後面に感光材を配している。シャッターはなく、露光はレンズキャップの開閉によって行う。この単純な写真機の構造と銀板に画像を固定する方法とを合わせ、ダゲレオタイプの写真術として後の発展の端緒となった。写真術がさらに飛躍するためには、像の複製が容易に行えることと、取り扱いが容易な紙に印画する方法が必要となる。そしてこの発明は、ダゲレオタイプの発表からわずか一年後、英国人ウィリアム・タルボット（一八〇〇－一八七七）によって世に出た。感光材に銀塩を用い、紙の上にネガの画像を作った後、それを反転させて再び紙の上にポジを得るもので、カロタイプと呼ばれる写真術の発明だ。タルボットはこの方法を秘密にしていたため、発明の名誉をダゲールに譲ることとなった。鮮明な像を短い露光時間で得ることが以後の課題となり、やがてガラス板にコロジオンと呼ばれる薬液を塗って感光性を与えたものを撮影直前に用意する湿板写真が登場する。一八五一年、イギリスのフレデリック・スコット・アーチャー（一八一三－一八五七）が発明したコロジオン湿板写真で、露光は数秒ないし二分にまで短縮された。日本では幕末から明治にかけて流行し、その後も長く昭和になるまで利用が続く。我が家には写真を趣味にした父がガラス板に写したネガが沢山あったが、いつの間にか散逸してしまった。写真術の発展とともに、記録や再現性では写真が絵画を凌駕していく。一方、写真を芸術表現に用いる試みも盛んになってくる。その過程で一九世紀末から二〇世紀の初頭、ピクトリアリズム（絵画主義）という潮流が現れる。写真が当時の絵画表現に接近していくのだ。先日、富士フイルムスクエアで開催中の「ピクトリアリズム　―近代写真の夜明け―」展に引かれて会場を訪れた。ロベール・ドマシーが一九世紀末に撮影した「エメリンとキティー」の一枚など、ルノワールの肖像画を見ているような質感と印象を与える。エミール・コンスタン・ピュヨーの池に映った姿を見つめる乙女らの写真。これもラファエル前派のタブローを前にしている思いがする。これらは銀塩でなく鉄塩の感光性を使い、手がかかるプラチナプリントを行っている。写真史は一直線でなく、退行と遡行の軌跡でもある。

（二〇一五年五月号）

藤田嗣治の画業

東京国立近代美術館の常設展示に、藤田嗣治（一八八六―一九六八）の戦争画が何点か並んでいる。その異常な迫力が生む感銘は、画面を離れてもしばらく脳裏を去らない。

アッツ島玉砕を描いた巨大な画面。死体が累々と横たわるのを前に、なお敵味方が至近距離で向き合い、ピストルをかまえる相手を剣で突こうとする兵がいる。その兵のむき出した白い歯が生々しい。あるいは刃で敵兵のとどめを刺そうとする兵もいる。これらが全体に暗い褐色系の画面でまとめ上げられていて、戦場の酸鼻が肌に伝わってくるようだ。

サイパンの万歳クリフと呼ばれる崖から身投げする婦人や、その脇で死を前にした家族を描いた大きな一枚は、悲劇を呼び覚ます。さらにノモンハンの衝突を描く大作、哈爾哈《ハルハ》河畔の戦闘もある。これには陸軍の発注者が日本兵の死体に衝撃を受け、厭戦気分が広がることを懸念して描き直しを求めたという。展示されている作品は死んだ兵士を削除した別の絵だが、最初に描かれた方は今どこにあるのだろうか。いずれにしても二〇世紀初頭のパリで女や猫を描いて洒脱な画風を確立し、エコール・ド・パリの寵児となった画家、藤田とはまったくちがう一面がここに見られる。その猫の絵も隣にならんでいて、戦う猫同士を何匹も円のように配し、繊細な描線で輪郭を描いているところは、アッツ島の兵士の歯の描き方に通じるものがある。藤田の描いた戦争画は、当時各地を巡回しながら、大変な数の観衆を集めたといわれる。

藤田のこうした絵が近代美術館に並ぶようになったのは、それほど昔のことではない。彼の戦争を描いた作品は戦後になって、戦争協力者として藤田を非難する声を生み、作品もずっと否定的な評価を受けてきた。藤田はその声に反発して日本を去り、フランスに帰化する。そしてキリスト教の洗礼を受け、レオナール・フジタを名乗る画家として晩年を生きた。

以前フランスのシャンパーニュ地方を訪れた際、ランスの小さなチャペルに入る機会があった。このチャペルは壁面全体にフレスコ画のような絵が描かれていて、筆を執ったのがほかならぬ藤田だった。絵の中の民衆のうちに藤田の自画像があるのは、中世以来の宗教画の伝統に倣ったのだろうが、彼の信仰心を明かすものでもあろう。ところで藤田の作品が、これほど戦前戦後で評価が分かれたのはなぜだろうか。藤田の父は陸軍軍医で、軍医総監にまで上り詰めた人物だった。また家系に軍関係者がいたこともあって、戦時は軍に協力を求められるようになったと思われる。陸軍美術協会理事長の地位にもついている。けれども藤田は若くしてフランスに渡ったように、連合国側に敵意を持つ好戦的な人物であるはずがなく、戦争画も喜んで描いたわけではなかった。しかし画家の本能というか、身に着けた技をふるう場面が与えられると、当然のことのように本領を発揮した。心ならずもであったかしれない戦争画を描くことが、やがて精魂を傾けた仕事となり、結果として自信作が仕上がった。

戦争協力者のレッテルを貼られた作家や画家が、戦後冷遇される話は藤田に限らない。小林秀雄（一九〇二―一九八三）も戦前の評論活動が戦争協力的だと非難されたことがある。このとき小林は、「利口な奴はたんと反省するがいい。俺はバカだから反省などしない」と開き直った。藤田にそれだけの胆力があったならと惜しまれる。藤田が日本を去るとき残した言葉は「絵描きは絵だけ描いてください。仲間喧嘩をしないで下さい。日本画壇は早く国際水準に到達して下さい」だったという。

（二〇一五年六月号）

ナバホ族とアメリカ

砂漠の中に巨大な岩がそそり立つアメリカ西部の景勝の地、モニュメントバレーを訪れた。「駅馬車」など、ジョン・フォードの西部劇や、最近ではテレビのCMの舞台にもなっている。大自然の懐に抱かれて日没や日の出に立ち会うと、何か神秘的な思いにとらわれる。ここは古くからナバホ族が住み、彼らにとっての聖地だ。ナバホ族は先住民の中で最も人口が多いとされる。アメリカ政府が保護する居留地で、外部の人間が立ち入るには、入域料を納めなくてはならない。

五月の初め、ラスベガスを発着するツアーの一員となり、この地に入った。自動車道が尽きる峠で車を乗り換え、ナバホ族の男が運転とガイドを務める車で、細い道を谷底に向かって降りて行く。陽気で話や歌が巧みなガイドだ。名前はバークリーという。英語化した名前で、話す英語にはなまりがない。彼の話に聞き入った。道路わきの灌木をさして、これはジェニファーといい、薬効があるなどと教えてくれる。その木のナバホ名も教わったが、発音が難しくて真似るのが容易でない。

祖父は医師を兼ねた祈祷師で、かつては病気になった人が治療を求めて多く訪ねて来たという。その祖父には子供のころ、日の出とともに光を浴びてひたすら走ることを求められた。太陽の気を受けることが健康につながるという考えだ。また、飲酒は体に良くないと厳禁されたため、近くのビール工場に勤めていた頃も含め、口にしたことがないという。

巨岩の一つ一つに精霊や神の存在を感じるらしく、それが身近なものとなっている。もっとも彼自身は伝統的な宗教観に立つが、妻はキリスト教徒で、今日ナバホ族の半数ぐらいはキリスト教徒だといわれる。

バークリーはガイドになる前、サンディエゴなどで建設の現場にもいたらしい。つまり白人社会の中で生活した経験がある。しかし彼は先祖伝来の慣習を受け継ぎ、それを次代に引き渡すことを使命としている。踊りの名手でもあり、ナバホ族の儀式や観光の場のほか、他の部族との交流にも積極的に参加して、披露するという。

この夜、巨大な岩陰のベンチに腰を下ろし、満月の明かりでナバホの伝統料理を味わった後、踊りを観る機会があった。その一つ、戦闘に発つ前の戦士を鼓舞する踊りでは、伝来の羽飾りに自ら手を加えたものを身にまとい、笛や太鼓の響きに合わせて激しく踊る。部族間の戦いがしばしば起こった時代の記憶を引き継ぐが、不戦の時代となった今では、剣を鳥の羽に代えた飾りを使うという。バークリーは双子の姉妹を含む四人の子持ちで、子供たちにはそうした伝統芸能を熱心に教えている。彼らが通う学校では英語の授業が主体だが、ナバホ語の授業もあるようだ。

宿はホーガンという彼らの伝統的な家屋に泊まった。母親が中心となる女性の家で、丸屋根の下の空間は子宮をイメージし、円形の周囲に配した一〇本の木の柱は、妊娠期間に対応しているという。彼らの宇宙観と象徴体系の一端を見る思いがした。ナバホには自治体の首長を選ぶ選挙のほか、アメリカ大統領選などの機会も保証されている。長老たちは概して保守的で、先祖伝来の地が観光開発で俗化していくのを好まないが、バークリー自身は、最近、ある程度の開発を必要と認めるようになったという。西欧文明のただなかにあって、伝統的な価値をどう引き継ぐか。明治の開化に直面して、夏目漱石ら知識人はその悩みを語ったが、いまアメリカのナバホ族が同じ悩みの中で、必死にその道を模索している。

（二〇一五年七月号）

画法の共時性

先日、日比谷図書文化館でマリー・アントワネットやジョゼフィーヌに仕えた宮廷画家ルドゥーテ（一七五九－一八四〇）の「美花選」展を見た。そのとき洋の東西で画法に共通するところがあるのに気付いて、なぜだろうと思った。

ルドゥーテという画家は、ベルギーのフランス語圏サンチュベールで画家の家系に生まれている。まず父親から絵を学び、若いころネーデルランドで修行しながら腕をみがいて、パリへ出ていく。そして植物図譜など、花の絵を得意とするようになり、フランス革命の動乱期を生き抜いて、「花のラファエロ」や「バラのレンブラント」呼ばれるまでになった。

出展された「美花選」は一八二七年に刊行が開始され、完成に六年かかった多色刷りの版画集を一枚ずつ額装して見せるもので、絵が醸し出すほんわかとした質感がいい。画題にはバラのほか、椿、あじさい、チューリップ、牡丹やすみれなどが単独で、あるいは組み合わされ、さらに蝶などの動物を配したものもある。ヨーロッパはもちろん、日本にもルドゥーテの愛好家は多いようだ。彼が描いた画譜は版画にとどまらず、やがてチェンバロのような楽器や茶碗の絵付にも採用され、デザインが独り歩きしていく。

ところで、この版画は、針で銅版に無数の点を刻印し点の粗密で濃淡を出す点刻彫版法という技法を用い、画像の輪郭線を省いている。ルドゥーテの点刻彫版法は、ロンドンに滞在していた折、キュー王立植物園の植物を描く際に見聞したイタリア人フランチェスコ・バルトロッティの技法に由来するといわれる。版下の絵をルドゥーテが描き、刷りはラングルワという工房に委ねているので、この分業は浮世絵の版画に通じるところがある。

展示は版画だけでなく、ベラムと呼ばれる子牛の皮に描いた肉筆画が数点あって注目された。紫と黄色のパンジーなどは、絵具の発色が鮮やかだ。ここで日本の浮世絵師たちも手掛けている肉筆画を思い出した。彼らは浮世絵の版下画を描いただけでなく、折に触れて掛け軸ともなるほどの大きさで、肉筆画を描いた。ルドゥーテとほぼ時代の重なる葛飾北斎（一七六〇―一八四九）にも、いくつかの肉筆画がある。もちろん描いたのは紙や絹布の上で、ベラムとは絵具の乗りが違うが、多色の鮮やかさではひけをとらない。浮世絵の錦絵は木版技術の粋を凝らした多色刷りで、点刻彫版法とともに、どちらも濃淡の表現には向いていた。錦絵ではルドゥーテの「美花選」にさかのぼること半世紀、鈴木春信が、着物や帯の繊細な模様とともに、輪郭線を描かない女性を世に出している。北斎はもともと探究心の旺盛な画家で、和漢洋の画法を貪欲に吸収した。彼の図案集「北斎漫画」は近代マンガの先例にあげられるほど有名だが、その中に「三ツワリの法」という透視画法を説明したものがある。この遠近法は「富嶽三十六景」のシリーズにも応用され、彼に西洋画の画法がどれほど浸透していたかを示している。長崎を経由してオランダからもたらされた書物や絵画は、西洋画法の目新しさで、当時の日本の画家を強く刺激したと思われる。谷文晁のように輸入されたオランダ画を模写した油絵を残している画家もいる。一方、輸出される陶磁器の包み紙としてヨーロッパに渡った錦絵は、やがてかの地で画家たちの熱狂を引き起こした。それはモネ、ゴーガンや、オランダ出身のゴッホら印象派の画中に、模写に近い形で取り込まれることになる。画法をめぐる洋の東西の並行関係が興味深い。

（二〇一五年八月号）

伊能忠敬

海の日の休日、佐原の伊能忠敬記念館を訪れた。この地は東日本大震災で忠敬の旧宅をはじめ多くの家屋が被害を受けたが、それから四年たった今、町を貫く小野川沿いの建物は修理が終わり、古さを残した家並沿いに散策する観光客の姿が戻ってきた。

二〇一八年の忠敬没後二〇〇年を前に、記念館ではプレイベントの企画展「伊能図でみる地形―海岸―」が開催されていた。館を入ってすぐ、ランドサットの衛星がとらえた日本列島を、伊能図と重ねて見せるのが目を引く。同じ縮尺の二つを交互に入れ替えていくとき、両者がほとんど同じであることに驚嘆した。ただ緯度方向ではほとんどずれがないのに対して、経度方向で若干のずれが認められる。これは当時の技術で天測により緯度が正確に把握されたのに対して、日食などを利用した時間、時刻の測定が必要な経度の誤差を、修正するのが難しかったことによる。展示はまず忠敬本人の出自や性格を語り、後年の事績に入っていく。商才にたけた学問好きの婿養子が、家業の成功を見届けた後、隠居して地図作りの道に進むという話は、かつて教科書で読んだ。大筋はその通りだろうが、和歌を詠む趣味人で、旅行好き、地域社会に尽くす義の人という面も、あわせ持っていたことを知る。

蔵書を紹介したパネルに目を止めた。忠敬は当時の文化人としては第一級の読書家であったと思われる。和漢の書は暦法などの専門書があるかと思えば、西洋事情の紹介書もある。各地の藩士、大名とは、地図や書物の貸し借りをする仲で、知識をどんどん広げていく、好奇心が旺盛な人だった。

忠敬の地図作りは、主に海岸線を描いていくものだ。このため内陸にはほとんど手を伸ばしていない。測量は東北、北海道の南部を手始めとする第一次から、関東、東海、北陸、畿内、中国、四国、九州に至る八回の大掛かりな事業となる。そして彼が参加しなかった伊豆諸島や江戸の第九、一〇次の測量を経て、事業は一八二一年、大日本沿海輿地全図として完成を見た。忠敬はその三年前に没している。初めは費用のほとんどを自ら持った個人事業であったものが、成果を認めた幕府の御用事業になっていく。展示からは、彼が誤差の排除に腐心した様子が伝わってくる。富士山の頂上など、目印となる方位を複数の地点で測り、この目印が一致するよう製図する。忠敬が開発させたという方位磁石、わんからしんという道具に影響が及ばぬよう、刀などの金属を遠ざける気も配っている。一メートルほどの木の棒の先に磁針計を着けたわんからしんが展示されているほか、忠敬自らがそれを手にしている絵図の展示に目をとめた。測量隊は各地で多くの人に注目されたことがうかがえる。

測量は軍事上秘しておきたい情報を入手することにもつながるため、幕府の事業といいながら、第四次測量の加賀や糸魚川など、現場の抵抗にあうこともあった。

文政一一（一八二八）年、帰国直前のシーボルト（一七九六－一八六六）の所持品から、国外持ち出しが厳禁されていた大日本沿海輿地全図の縮図がみつかり、関係者が処罰される大事件に発展した。これは幕府の天文方、高橋景保（一七八五－一八二九）がシーボルトから「世界周航記」を受け取った見返りとして、彼に贈ったものといわれる。シーボルトは大日本沿海輿地全図がヨーロッパの地図と比較しても遜色がない出来栄えと認め、深く感銘を受けたと記している。けれども国禁を犯した高橋景保は捕えられて獄死し、シーボルトは国外追放となった。この高橋景保は、伊能忠敬が教えを受けた師である高橋至時（一七六四－一八〇四）の長男であるだけに、運命の痛ましさを感じさせられる。

（二〇一五年九月号）

花火

夏の花火大会では国内随一の人気を誇る、長岡の花火を見てきた。信濃川の河川敷に何万人という人が集い、夜空を見つめ鮮やかな光模様が描かれるたびに歓声を上げる。スターマインや三尺玉の豪華な色彩に続いて、ドンという腹に響くような打ち上げ音が伝わってくる。川を横切る二つの橋には仕掛花火があり、橋伝いに火の玉が横に移動したかと思うと、光の瀑布が川面に落ちていく。空には月が上がって、ときどき花火と重なって見えるのが面白い。

長岡の花火の起源は江戸時代、天保年間にさかのぼるといわれ、明治、大正、昭和と続いてきたが、戦争中は中断されていた。それが昭和二〇年八月一日の大空襲によって旧市街の八割が焦土と化し、千五〇〇人近くの死者を出したことから、復興を祈念して翌昭和二一年に再開されている。このため打ち上げられる花火は戦死者を悼むとともに、かつてこの地を襲った中越地震にも思いをはせるものだった。

八月はとくに、全国で様々な花火大会が催される。夏に楽しむのにふさわしく、終戦やお盆の季節とも重なるので、慰霊、復興、そして平和を祈るという意味を持たされて、各地で行われるに至ったのだろう。永井荷風（一八七九―一九五九）に「花火」という随筆風の短編がある。作者はどこかで花火の音がするのを聞き、「今日は東京市欧州戦争講和記念祭の当日であることを思い出した」。つまり第一次大戦の終結を祝う日で梅雨明けの近い、一九一九年七月一日のことから書き始める。「しかし路地の内は不思議なほど静かである。表通りに何か事あれば忽ちあっちこっちの格子戸の明く音と共に駆け出す下駄の音のするのに、今日に限って子供の騒ぐ声もせず近所の女房の話声も聞えない」といい、官製の祭りに住民がすぐに浮かれたわけではないことも書き記している。

花火は紀元前三世紀ごろ、中国で発明された火薬がやがて武器や狼煙として使われるようになっていったのが、歴史的にもっとも早い例のようだ。ヨーロッパでは中世のフィレンツェで、祝祭的な意味での使用が始まっている。テレビの紀行番組を見ていたら、そのフィレンツェの復活祭の出し物が紹介された。広場に置かれた山車に向かい、一〇〇メートルほどの距離から作り物の鳩が火種をくわえ、ワイヤー沿いに飛んでいく。そして山車に仕組まれた火薬に点火すると、出発点まで戻っていき、山車は激しい爆音を轟かせるという仕掛けで、多くの人がその巧みな進行を見て、喝采していた。

蔡國強という中国出身の現代アーティストがいる。火薬や花火を使った絵画とパフォーマンスで知られ、二〇〇八年の北京オリンピックでは、開会式や閉会式で花火のパフォーマンスをしている。キャンバスの表面で火薬を爆発させて絵画的な表現を行うものでは、作品が生まれる過程が見ものだ。いま横浜美術館では彼の「帰去来」と題した個展が開かれていて、テレビのインタビューを受けた蔡は、自身にも予期できない、毎回異なった結果が生まれるところがおもしろいと答えている。

各地の花火大会のニュースが流れてくる八月一二日、中国の天津で大規模な爆発事故が起きた。数キロ離れたところまで建物や自動車を焼きつくし、火炎は宇宙から人口衛星でも観測されている。死者、行方不明あわせて二〇〇人近くに上る大惨事となった。火災の通報を受けた消防隊が現場に駆けつけて放水したところ、倉庫にあった硝酸アンモニウムや硝酸カリウムなど、水と接触すると激しく反応して引火する物質にまで水をかけてしまったという。これらの化学物質は、火薬や花火の原料になるものだ。中国は数千年前に発明した火薬で、自らの身に災いを招いたのである。

（二〇一五年一〇月号）

災害と避難

気候変動の影響だろうか、このところ毎年のように大雨の被害が繰り返されている。自然災害はある程度避けられないとすれば、それへの備えと万一の時の避難方法はどうあるべきか。選択肢が多く、広範な人を巻き込んでその合意形成が難しい問題が、私たちの周辺にはゴロゴロしている。代表は原子力発電の扱いで、リスクを考慮すれば原発をやめる方向に行くことになるが、国民的な合意がないまま、日本はその道を選択しなかった。この結論が正しいかは、将来になってみないとわからない。

水の災害に対する備えといえば、洪水を防ぐダムの建設か、増水した河川が氾濫しないように堤防を高くすることが、これまでの対策の主なものだった。あるいは消極的に氾濫を許容し、その間の不便は忍ぶというのも決してありえない選択ではない。ナイル川は雨期に氾濫するのが約束事のようなもので、その時に運ばれる栄養分が土壌の肥沃をもたらして、流域の農業を助けてきた。上流に建設されたアスワンダムやアスワンハイダムは、氾濫に伴う災害を遠ざけ、電力を得るという便益をもたらしたが、土壌の堆積が行われなくなり、地中の塩分が上がってきて耕作を不可能にしてしまう負の効果も生んだ。日本では、八ッ場ダムに見るようにダムの建設は曲がり角にあり、合意形成の難しさや、効果への疑問などが強調される時代となった。

先の関東・東北豪雨では、茨城県常総市で鬼怒川の堤防が決壊して大規模な洪水が発生し、多くの住民が避難を余儀なくされた。決壊の原因は、川の水があふれ、堤防を越えて流れる「越水」が起こったためと推定されている。国交省の調査結果によると、このあたりは上流や下流に比べ、堤防の高さが数十センチから一メートル近く低かったという。それで堤防を越えて水が約二〇センチあふれ、堤防の外側が深くえぐられることとなった。長大な堤防は、川沿いに均一な高さで施工されるとは限らない。ただ、この高さのチグハグがどこから発生したかは、検証の必要があるだろう。江戸時代、木曽川を挟んで「美濃側の堤防は尾張側より三尺低くすべし」という不文律があったといわれる。鬼怒川沿いで堤防の高さがそろっていなかったのは、政治的な背景があったのか、施工時期の予算の関係か、それともほかに合理的な理由があったのだろうか。さらにこの近傍では、堤防の外に砂が吹き上げられるパイピングと呼ばれる現象が起きたことも報告されている。堤体の下にモグラのような穴があると、そこを通じて水が通り、堤体が弱くなる。こうなると堤防の高さとは関係なく、破堤に至る。

東日本大震災の復興地では、防潮堤の高さをどうするかが、今でも議論を呼んでいる。復興地に住民が戻ってこない状態で、高い防潮堤を築くことは、コストや景観上からも望ましくないだろう。復興地の将来にわたるグランド・デザインが描けないのであれば、過大な投資は避ける方が賢明だ。

ところで、防災への備えがあってもなお、被害がそれを大幅に超えそうだとなると、避難するほかない。ところが避難指示や勧告が出ても、実際には避難しない人がかなりいるようで、この人たちの心理は複雑だ。事故を起こした原発の近くで放射線量が高く、健康被害が予想されるといっても、長年住み慣れたところを離れたくないと思う。あるいは土砂災害や洪水の予報の不確かさもあって、どうせ実際には来やしないと高をくくる人もいる。こういう場合を、正常性バイアスと呼ぶらしい。悪い方でなく、いい方に転ぶと理由もなく楽観的に考えてしまう傾向のことだ。防災教育や警報の出し方が重要になってくるが、結局は個人の欲求に依存し、バイアスの除去は容易でない。価値観の多様性を許容する現代社会は、合意が難しいだけ、結果責任を各人に問う社会だともいえよう。

（二〇一五年一一月号）

東日本大震災の復興地で防潮堤の高さをどう設計するかの議論は終息していない。構造物で守ることを第一義とするか、過大な自然災害は避難を優先するか、原則がはっきりしないまま復興計画が進んだことの混乱が続いている。

杭工事の偽装

横浜市の大型マンションで、支えの杭の一部が地盤の支持層に届いていなかったため、建物が傾いて大問題となった。別棟に渡る廊下の手すりがずれているのに気づいた住民の指摘で、住宅の販売会社が調査したところ、杭工事の欠陥と、施工の状況を示すデータの偽装が判明した。工事の信頼性が揺らぎ、同一施工業者が絡む全国の工事が見直される結果にまでなっている。こうした欠陥は施工後ただちに現れるわけでなく、今度の場合、一〇年ほど経過している。偽装は当初、特定の個人が意図的にしたものとされていたが、その個人とは無関係な北海道などの施工でも、偽装が見つかった。そうすると、建設業界に構造的なものであることがうかがえる。

今度の杭工事について、いま責任を取らされているのは、マンションの販売会社と建設を請け負った元請けの建設会社、そして直接現場で杭打ちを行った二次下請けの工事会社だ。この何層もの構造が責任の所在をあいまいにしているが、結局彼らが責任を分け合うことになるだろう。さらに工事を監督する立場にある行政や、安易な工事を容認する社会にも、責任がないとは言えない。

産業社会は分業を必然とし、一方で、部分を担う個人は達成感が得にくく、職業倫理を踏み外しやすくなっている。チャップリン（一八八九－一九七七）の映画「モダンタイムズ」は、労働のパーツ化を早くから戯画として見せた例だろう。分業化が進んでいる建設の現場で、各人がどのように生きがいを持ってそれぞれの仕事に向き合えばいいのか、問いは続く。日光の東照宮ではいま陽明門の修理が行われおり、ここでは見えない部分にまでていねいな作業が求められていて、従事する職人たちの意識は高い。設計と施工の乖離は、これまでも重大な事故につながる恐れを指摘されてきた。けれども施工の不備が問題化するのは、大事故が発生した時だけだった。今度のように、一カ所のほころびが全国に飛び火するのは珍しい。事件そのものは不幸な出来事だが、同様なことが繰り返されないために、原因をとことん追求して再発の防止策にまで進むならば、雨降って地固まるのたとえの通りとなろう。

下請け構造の多重化は、末端にコストや工期の過重な負担を強いることにつながる。見えない地中の杭打ち工事は、事前にボーリングを行い、地表から支持基盤までの厚さを推定しなければならない。その精度にはばらつきがあるから、実際の施工時に予想値と違った場合、臨機応変な対応が求められる。工期が決まっているとき、それが可能かどうか。また、掘削機のドリルで地盤に穴をあけ杭を打ち込むとき、ドリルの抵抗値が支持層に届いたかを教えてくれる。そのデータがうまく得られなかったとすると、作業員は他の杭のデータを転用してつじつまをあわせる誘惑に駆られないか。

データの偽造防止に、作業をビデオに記録して品質管理にあてたら、という提案もある。今度のような、マンションの全棟建て替えほど巨額な付けを回されるくらいなら、ビデオによる監視コストなど大したものではない。ただ、そこまで性悪説に立たなければならないのだろうか。

監督責任のある国や自治体も、データ提出の義務がない現状では、検査で偽装を見抜くのは難しいとして、新たな方策を探っている。

フォルクスワーゲンによる排ガス規制逃れの不正ソフト搭載問題、東洋ゴムによる防振ゴムの性能偽装など、国の内外で産業と社会の関係に亀裂を生じさせる不正が相次いでいる。いまは欠陥品を生まない品質管理のための新しい工夫、発明が求められているといえよう。

（二〇一五年一二月号）

デザインと創造性

二〇二〇年東京五輪のシンボルマークとなるエンブレムは、いったん佐野研二郎氏のデザインに決まりながら、ベルギーのリエージュ劇場のロゴマークと似ていることが問題視され、取り消しとなった。新しく大会エンブレムの募集が行われ、子供も含めたグループでも応募できるとあって、一五〇〇〇件近くの応募があったという。授業で著作権や知的財産権について学んだ中学生が「ネットは見ない、人の作品は見ない、自分の構想を口にしない」という条件のもとで応募した例も伝えられている（朝日、二〇一五・一一・二五）。シンボルマークが佐野研二郎氏のデザインに決定と発表された後、ネット上ではリエージュ劇場のロゴ以外でも類似や酷似が認められるという声が相次いだようだ。一方で、盗用ではないとして擁護する業界内の意見もあり、賛否が分かれたが、結局は盗用論に押し切られた形で決着がついた。両者をよく比べてみると、上部三分の二を占める目立つ位置に配されたTとLを合体したような文字の装飾は、確かに共通している点がある。リエージュの劇場は地名のLに、東京五輪の方は東京のTに比重があるのだろう。縦の太い柱の上端左側と下端右側には両者とも同じサイズの爪のような飾りが付けられ、これだけなら差異はほとんど認められない。爪の飾りがリエージュでは若干縦の柱から離れた位置にあるのに対して、東京は接しているところが違う。そのうえで東京は右肩に日の丸を思わせる赤い丸を打ち、Tの字の上部の横棒を補強しているが、リエージュにその丸はなく、Lの字の全体を包み込むような黒い円盤が背後から、Lを白抜きで浮き立たせている。さらに東京はＴＯＫＹＯ２０２０のオリンピック開催を示す文字と数字の下部に五輪マークを組み合わせている。一方リエージュはTHEATRE DE LIEGEの劇場名を同様の二段に表記しているが、共通した印象はない。このような両者の全体を観察して見たとき、部分的なLの字体の一致だけで盗作だ、剽窃だとするのは佐野氏に酷というものだろう。字体のデザインが偶然似てくることはあるし、佐野氏がリエージュの劇場ロゴをどこかで見ていてその印象がデザインに反映したとしても、責めるには当たらないと思われる。

陶芸家の北大路魯山人（一八八三―一九五九）は、自らの作陶についてこう語った。「やきもの作るんだって、みなコピーさ。なにかしらコピーでないものはないのだ。ただし、そのどこを狙うかという狙い所、真似所が肝要なのだ」（魯山人陶説）。魯山人のおおらかな時代と違って、現代はインターネットが類似を見つけ出す技を精緻化させてきている。佐野氏はその罠にかかってしまったのだろう。

ゲーテ（一七四九―一八三二）は「イタリア紀行」のなかで、ヴィチェンツァを訪れた時のことを興味深く記している。ここはルネサンス時代の大建築家パラディオ（一五〇八―一五八〇）のいた町で、ゲーテもその作品となるパラディオの私邸を偏愛していた。そこのアカデミーの会合に出席したときのこと。議長が「創作と模倣といずれが美術上、より多くの利益をもたらしたか」という課題を出し、アカデミーの会員がそれぞれの立場でひねった議論を展開した。つまりこのテーマは古くからあるものなのだ。パラディオの名前が双方から持ち出され、議論は白熱するが、ゲーテは大製糸業者フランチェスキニを持ちあげた発言に興味を示している。リヨンやフィレンツェの織物を模倣して自身とベネチアの町に多大な利益を与えたこの企業家を称賛したいという論を、軽妙洒脱にやってのけたものだ。場内には哄笑の声がしきりに起こり、一般に模倣賛成論者の方が喝采を博したとも記す。

あらゆる創造は先例の何らかの影響下にあり、その連鎖が古代から連綿と続いている。模倣の当否を判断するには、そのことを踏まえていなくてはならないだろう。

（二〇一六年一月号）

再募集が行われた東京五輪のエンブレムは、野老《ところ》朝雄氏によるデザインに決定した。伝統的な市松模様を、藍色の四角形の組み合わせで描く。

異教の受容

アメリカの次期大統領を選ぶ選挙が近づいているなか、共和党のドナルド・トランプ候補が移民やイスラム教への露骨な反感を示す発言を繰り返している。二〇一五年一一月にパリで起こったテロ事件や一二月のカリフォルニア銃乱射事件の後、犯人が過激派組織IS（イスラム国）の支持者と伝えられてからは「イスラム教徒の入国禁止」まで言い出した。人権の尊重を高く掲げ、異文化への寛容を示してきたアメリカの大統領を目指す人の発言がこれでは困るというわけで、対立する民主党の候補はもちろん、共和党の身内からも批判の声が上がった。けれども世論調査で共和党のトップを行くのは、トランプ候補らしい。中世以来のキリスト教、イスラム教の対立を念頭に、現在のイスラム過激派との戦いを十字軍のそれに見立てたアメリカ大統領もかつていたが、異教の受容は世紀を越える難問であることを思い知らされる。先日、日本へのキリスト教伝来と関係が深い九州の長崎、平戸と島原を回りながら、各地の遺跡や博物館で当時の様子をしのんだ。種子島への鉄砲伝来から六年後の一五四九年、フランシスコ・ザビエル（一五〇六－一五五二）が鹿児島に上陸し、キリスト教を伝える。翌一五五〇年、ポルトガル船が平戸に入港。領主の松浦隆信は南蛮貿易を行うようになった。ザビエルもこの地に移って布教に従事し、平戸はその拠点となっていく。松浦氏の重臣が洗礼を受け、領地では集落ごと改宗するなど、キリスト教の受容は順調のように見えた。織田信長（一五三四－一五八二）の時代になると、彼がキリスト教に寛容であったため、京都や安土には南蛮寺や、聖職者の教育機関セミナリヨが建てられるまでになる。そして大友宗麟（一五三〇－一五八七）や高山右近（一五五二－一六一五）などが洗礼を受け、キリスト教は北海道の松前にまで広まった。

信長に続く豊臣秀吉（一五三七―一五九八）は、キリスト教の保護から迫害に転じている。台風で土佐に漂着したスペイン船の船員から「スペインは世界の強国で、宣教師を派遣した先で現地人を改宗させ、占領する」と聞いたのが原因という（カトリック長崎大司教区監修「大浦天主堂物語」）。一五九七年、フランシスコ会の宣教師ら二四人が捕えられ、長崎で十字架にかけられるという大迫害が続く。

さらに徳川家康（一五四三―一六一六）も寛容から次第に禁教に傾いていく。その寛容であった時代、長崎は日本の小ローマと称されるほど、教会や、病院まで立ち並んだ。しかし家康は長崎を舞台にしたポルトガル船を巡るいさかいがあったあと、キリスト教を厳禁するに至る。徳川秀忠（一五七九―一六三二）の時代になると、一六一二年、天領にキリスト教の禁教令を出し、二年後、それを全国に広げて、キリシタンの取締りに入っていった。

キリスト教徒がいなくなったはずの二十数年後、徳川家光（一六〇四―一六五一）の時代に、天草四郎（一六二一？―一六三八）を首領とする島原の乱がおこる。信仰を守ろうとする宗教戦争であったほか、島原藩主による重税にあえいでいた領民の一揆という面もあった。幕府側は一二万人の大軍でこれを鎮圧。一揆軍が立てこもった島原半島南部の原城跡からは、近年おびただしい数の人骨と、信徒の身に着けていた十字架などが出土している。これ以後幕府はカトリック色の強いポルトガルとの貿易を断絶し、オランダ商館を平戸から長崎の出島に移す。長崎の教会は壊され、キリシタンを選別する絵踏みも始まった。以来、キリシタンは明治の初めまで隠れて信仰を続けることになる。外国人と関係したことから国外追放になった女性や子供がジャカルタから書き送った望郷の手紙、いわゆるジャガタラ文が、復元された平戸のオランダ商館に展示されていて、哀切をそそる。西洋文明と不可分の関係にあるキリスト教といかに付き合うかは、日本外交政策上の大問題であった。受容から反発まで、試行錯誤と振幅を繰り返しながら、日本は、在来宗教とのバランスに一定の回答を見出したということだろう。

（二〇一六年二月号）

ドナルド・トランプ氏は、その後大方の予想に反して、第四五代のアメリカ大統領に当選した。選挙期間中の主張がどう展開されるか注目される。

建築の継承

　五輪をにらんだ新国立競技場の設計は、公募によりいったんザハ・ハディド（一九五〇―二〇一六）氏の案に決まりながら、工費や工期の問題から取り消しとなり、再募集が行われた。その結果、日本の二チームが応募して、建築家の隈研吾氏等による案が選ばれている。もう一方の、建築家、伊東豊雄氏等による案も全体の外観では似たところがあり、両案は激しく競り合ったと伝えられる。初案の選定が密室で行われたという批判もあって、再度の公募は審査基準と評価が公表され、それだけ透明性が高まったといえよう。軒を支える柱を強調し、三層の各層に植生を取り込んで日本的な情感に訴える隈氏等の案と、同じく建物を取り巻く列柱が目を引き、屋根に赤色を配してモダンな伊東氏らの案は、いずれも美的な快感を呼ぶ。したがって、どちらが選ばれても不思議はないように思われる。

　隈氏等の案が採用と決定されたとき、隈氏は各階の腕木が法隆寺を意識したものだと報道陣に語っていた。隈氏といえば、先の新歌舞伎座の設計でも、建て替え前の歌舞伎座の、左右対称の大屋根と入り口の外観をそのまま引き写して近代的な高層ビルに組み込んだ手腕が注目された。ここでは記憶を受け継ぎ再生することが課題だったというが、その方針は新国立競技場の設計でも変わらない。

　記憶の保存と継承は、隈氏に限らず建築の基本原則といっていいだろう。ルネサンス時代の大建築家パラディオ（一五〇八―一五八〇）は、ローマ時代の古典的な様式を数千年の後に蘇らせた。その影響はさらに後世になってホワイトハウスの外観にまで及んでいる。また、日本には伊勢神宮の造営に代表される式年遷宮という伝統がある。一定の年限を定めて社殿をそっくり同じに造り替えるもので、ここには徹底した継承の思想がある。

隈氏が依拠したと語っている法隆寺の建築にしても、日本の世界遺産ではあるが、よく知られているように、外来様式を取り込んでいる。ギリシア神殿のエンタシスの列柱を起源とする中部から上部へと細くなっていく柱があり、木組みの格子状天井などは汎アジア的な意識の結晶とみることができる。法隆寺はシルクロードの東西に偏在する価値観を継承しており、隈氏等による新国立の設計案は、さらにそれらを意識したものともいえようか。

ところで新国立の設計案は、日本で開かれる五輪の施設としての、さらにこれが建つ場所の意味を表現することも求められる。いわば、らしさが現れていなくてはならない。軒を見上げた時の木の格子は日本建築の美の基本とされているので、これを踏襲し、開催国の心意気を示す。さらに神宮外苑の静寂な環境とは、緑化の植生をベランダに持ち込むことで、なじませる。

ザハ・ハディド氏の初案が撤回されるまでのごたごたは記憶に新しいが、再度の公募で決まった隈氏らの案に、今度はハディド氏の側がクレームを付けた。「デザインはわれわれが二年かけて提案したスタジアムのレイアウトや座席の構造と驚くほど似ている」というのがその言い分で、隈氏らに敗れた伊東氏も、表層部分は違うが、中身はハディド氏案にかなり近いと批判的だ。これには案を募った日本スポーツ振興センターが著作権の譲渡をハディド氏側に求めているようで、隈氏らの案がハディド氏のデザインを一部借用しているのは事実なのだろう。

建築の原理が記憶の継承にある以上、先行例とのある程度の類似は避けられない。ただ、案の募集に先立って、建築の著作権の扱いをもっと明確にしておく必要があったと思われる。いずれにしても、せっかく決まった案がこれ以上ゴタゴタを重ねることなく、実現するように望みたい。

（二〇一六年三月号）

旧案に入選した建築家ザハ・ハディド氏は、二〇一六年三月、急死した。法隆寺の列柱がギリシャ神殿のエンタシスとの類似を示すという指摘は古くからあるが、これに対しては無関係とする異論も根強い。

香取神宮

先年、春日大社を訪れた際、ここには鹿島神宮や香取神宮も祀られていることを知った。建国神話にゆかりのある武神を祭神とする二社が、平城京鎮護のために合祀されたのであろう。

先ごろ千葉県立美術館で「香取神宮―神にささげた美」と題した特別展が開かれたので、この神宮への興味から足を運んだ。関東を代表する香取神宮は東国の守護神として広く信仰を集めており、末社の数は全国で四二〇に及ぶという。地域の共同体が祀る氏神信仰に発した神道は、やがて力のある神を勧請するようになり、末社が増えていった。八幡は八〇〇〇、伊勢は四〇〇〇近くの末社を数えるといい、香取はそれほどでもないが、やはり驚くほどの数がある。香取神宮は農業、商工業、海上守護、心願成就、縁結びや安産の神として信仰されてきたうえに、近年は勝運、交通安全、災難除けとしても、多くの信者が参詣している。

会場に入ると、まず折本の「日本書紀」巻第二が目を引いた。ここには斎主《いはひぬし》の神が東国のかとりの地に在すとあり、香取神宮の起源が説かれていて、建国神話とのつながりがうかがえる。

展示物では、四月の神幸祭の模様を描いたいくつもの絵巻が、祭りのにぎわいを伝えていて見応えがあった。中世から近世にかけて描かれたもので、氏子が供奉する神輿を中心に盛大な行列を繰り広げるさまが、色彩豊かに表現されている。午歳にあたる一二年ごとの式年神幸祭は今日でも盛大に祝われ、その記録ビデオが会場で映写されているのを見た。神輿が御座船に乗り利根川を遡る船上祭が珍しい。

海上守護の意味を持つのだろう。国宝の海獣葡萄鏡も、展示の目玉だった。中国隋時代の作といい、日本三明鏡の一つに数えられている。こうした宝物が香取にあるということは、鏡の霊力を取り込んだ神宮の重みを示す。ところでこの宗教的な権威が世俗の支配勢力に利用されてきた歴史も、展示の文書から垣間見える。香取神宮やその神職大禰宜家が伝える古文書の前で足が止まった。もともと神宮は有力者の寄進などにより広大な神領を抱えていたが、中世、この神領を横領しようとする国人領主と呼ばれる階級が出てくる。そうすると外部から来てその地を治める守護と、在地の国人領主が対立する構図が生まれる。鎌倉幕府が介入して争いを調停しようとするが、うまくいかない。幕府を支えていた御家人の惣領制が崩れて、家臣層が在地支配を強化していく様子が、香取神宮領をめぐるいざこざから見えてくる。一四世紀後半の資料は、神宮領一三郷のうち九郷が守護方に奪われたことを教えている。また、利根川や霞ヶ浦沿岸の漁民が香取神宮に対して負担してきた海夫役という課役も、納入されなくなってくる。これも香取神宮への納入責任者が、義務を果たさない国人領主へ移行していったことに対応するようだ（段木一行「香取神宮と国人領主」房総の郷土史第九号）。

宗教的な権威は世俗の権威を保証するものとして機能しているうちはいいが、都合が悪くなると世俗の権威が刃向ってくることが珍しくない。中世ヨーロッパに目を向けると、聖職叙任権をめぐるローマ教皇グレゴリウス七世（在位一〇七三―一〇八五）と神聖ローマ皇帝ハインリッヒ四世（在位一〇五六―一一〇五）の対立が思い出される。このときはハインリッヒ四世がグレゴリウス七世にひざまずいて破門を解くよう願い出るカノッサの屈辱によって、宗教的な権威が世俗への優越を示した。今日まで信仰が続く香取神宮は、それだけ信仰の需要を引き受けているのだが、裏には意外な歴史が隠されていた。

（二〇一六年四月号）

おわりに

本書のそれぞれの文章は発明協会（現発明推進協会）発行の月刊誌「発明」に二〇〇五年一月から二〇〇七年一二月までの三年間、毎月連載した「発明文化論」と、翌二〇〇八年一月から二〇一六年の四月までの一〇〇回、科学技術と経済の会の月刊紙「技術と経済」に連載した「発明文化論」で、これらをとりまとめて一冊とした。

掲載誌が異なりながら、同じ表題のまま、毎月という期間を中断させないで一三六編集めた一一年間のエッセー集である。ただし、月刊「発明」のさらに一〇年さかのぼる連載を、「発明文化論」として二〇〇五年に刊行していたので、本書は先の書名と区別し、知財を幅広く取り上げた内容を反映して、「知財文化論」と名付けた。

もととなった「発明文化論」の連載は、「発明」誌で当初の二年分が横書き、次いで残り一年分が縦書き、「技術と経済」誌では一〇〇編のすべてが横書きだった。日本の書式が近年横書きを多用するようになったことは事実だが、新聞や小説の大半は、なお縦書きを採用している。そして本書に先立つ「発明文化論」も縦書きである。このため二書の連続性を考慮し、本書はあえて縦書きにした。

縦書き、横書きはパソコンの変換術でいかようにでもなると思っていたものの、実は数字の扱いやアルファベットの並びは、機械的な操作で済まない部分が多く発生する。それで、校正には多少の苦労をともなった。さらに縦書きであっても、漢数字が次第に使われなくなっている。つまり日本では、書式自体が変化の過程にある。

また、掲載二誌の字数制限のちがいから、後のものほど文章が長くなった。すべてを見開きの左右二ページに収めるため、改行を省略する必要が生じたものもある。

エッセーの多くは、当然ながら時評性を帯びており、これを今日の読者に伝えるためにどうするかが課題となる。文中に年号を中心とした注を加え、文末に雑誌の掲載号を載せること、さらに掲載時から本書の発行までに大きな変化があった場合、記載を改め、必要により補注を置くことでそれにあたった。

本書の刊行では、発明推進協会出版チームの城水毅、高橋尚美の両氏に大変お世話になった。両氏にここで感謝の意を表したい。

丸山　亮

著者プロフィール

丸《まる》 山《やま》　　亮《りょう》

1945年４月１日、長野県に生まれる。

1968年３月、京都大学工学部衛生工学科を卒業し、同年４月、労働省に入省。

1969年４月、特許庁に出向。同年10月より1971年７月まで、フランス政府給費留学(Conservatoir des Arts et Métiers)。同年８月、特許庁に復職。

1974年４月、審査官。

1985年４月、審判官。

1992年４月より1994年３月まで、(社) 発明協会 (現(一社)発明推進協会) 研究管理部参事。同年４月、特許庁に復職、上級審判官。

1996年４月より工業所有権研修所に併任。

2000年１月、特許庁を退職し、(社) 日本国際知的財産保護協会 (現(一社)日本国際知的財産保護協会) (AIPPI・JAPAN) 国際法制研究室長に就任。

2005年４月、AIPPI・JAPANを退職し、弁理士登録。

現在、特許業務法人　共生国際特許事務所副所長　弁理士

作曲家、マルチメディア・アーティストとしても活動中。

作品に音楽童話「かわいそうな象」(音楽之友社)、混声合唱曲「ぬるせぎ」(マザーアース社)、シアターピース「オルフェの旅」「風の女」「幻視」などがあり、国内外のフェスティヴァルに招かれ出演している。

著書
「発明文化論」(発明協会)

論文
「技術移転の効果的な推進」(1982年佐藤栄作賞)
「国際文化交流の拡大をめざして」(1985年金子賞)
「TRIPS 協定と医薬品アクセス問題の今後」(季刊『企業と法創造』第２号(早稲田大学21世紀ＣＯＥ))
「地理的表示の保護と団体・証明商標制度」(『特許研究』38 (発明協会))

知財文化論

2017年（平成29年）2月8日　初版1刷　発行

著　者　丸　山　　亮

発　行　一般社団法人　発明推進協会

発行所　一般社団法人　発明推進協会

所在地　〒105-0001
東京都港区虎ノ門2-9-14
電　話　03(3502)5433（編集）
03(3502)5491（販売）
Fax.　03(5512)7567（販売）

乱丁・落丁本はお取替えいたします。　印刷：㈱廣済堂
ISBN4－8271－1284－9　C3032　Printed in Japan